中國學術思想

研究輯刊

二八編

林慶彰 主編

第 9 冊

宋代湖湘學派理學研究

劉榮賢 著

花木蘭文化事業有限公司

國家圖書館出版品預行編目資料

宋代湖湘學派理學研究／劉榮賢 著 — 初版 — 新北市：花木
蘭文化事業有限公司，2018〔民 107〕
目 2+194 面；19×26 公分
（中國學術思想研究輯刊 二八編；第 9 冊）
ISBN 978-986-485-481-3（精裝）
1. 理學 2. 宋代

030.8   107011424

ISBN-978-986-485-481-3

中國學術思想研究輯刊
二八編　第　九　冊　　　　　ISBN：978-986-485-481-3

宋代湖湘學派理學研究

作　　　者　劉榮賢
主　　　編　林慶彰
總 編 輯　杜潔祥
副總編輯　楊嘉樂
編　　　輯　許郁翎、王　筑　美術編輯　陳逸婷
出　　　版　花木蘭文化事業有限公司
發 行 人　高小娟
聯絡地址　235 新北市中和區中安街七二號十三樓
　　　　　　電話：02-2923-1455／傳真：02-2923-1452
網　　　址　http://www.huamulan.tw 信箱 hml810518@gmail.com
印　　　刷　普羅文化出版廣告事業
封面設計　劉開工作室
初　　　版　2018 年 9 月
全書字數　162975 字
定　　　價　二八編 12 冊（精裝）新台幣 22,000 元

宋代湖湘學派理學研究

劉榮賢　著

作者簡介

劉榮賢，台灣嘉義人，一九五五年生，東海大學中文系畢業，一九九四年東海大學中文所博士。曾任靜宜大學中文系副教授，現任東海大學中文系教授。研究專業在中國思想史、先秦道家及宋明理學，近年轉至佛教思想研究。著有專書《張子正蒙注研究》、《宋代湖湘學派理學研究》、《莊子外雜篇研究》及期刊論文三十餘篇。

提　要

　　湖湘學派原以胡安國的《春秋》學起家，而其學術有超出傳統《春秋》學之處：安國一變自來治《春秋》者重禮樂刑政的傳統，開始注意人主的「心術」問題。故安國之子胡五峰在《春秋》之外又注意到《論語》中的性命之學，湖湘學派於是從經史之學逐漸開出理學之路。五峰之時湖湘理學大興，乃成方面重鎮。

　　湖湘學派理學承繼北宋濂溪、橫渠、明道三大家的思想傳統，加以吸收整合：以「氣」之流行立「性」為天下之大本，而「心」則是能「知天地，宰萬物」以成「性」之主體，湖湘學派的理學結構在宋明理學史上可以說是代表一個「基本原型」的意義。

　　本文除就師弟、學友間學脈傳承的立場敘述湖湘學派人物之間思想演進的學術脈絡之外，更逐一分析其重要理學觀念的實質內容，以期對湖湘學派人物在理學方面做較深入的研究。

　　湖湘學派理學傳至南軒之後，在思想內容上雖稍有轉轍，然尚足以術湖湘之旗幟以與朱子之理學相激盪，對朱子理學思想的發展與定型的過程之中起了重大的影響。因此從朱子四十歲以前參究已發未發的「中和」問題的過程中與南軒湖湘思想中的相互激盪影響中，即可看出理學發展到南宋之後「朱子」與「湖湘」兩大系統之間的歧異，以及造成此一歧異的理論根源。

　　另外，由於湖湘學派理學在理學史上具有原型結構的形態，因此與宋明理學中的主要學者，如朱子、象山、陽明，及明末逐漸重「氣」觀念的王廷相、王船山等人的理學在「內在結構」上都有一定程度的關聯性。本文最後即論述湖湘學派與這些理學上的重要學者在理學思想結構上的內在關聯性，並從這些思想關係來確定湖湘學派理學在整個宋明理學史上的意義與地位。

目次

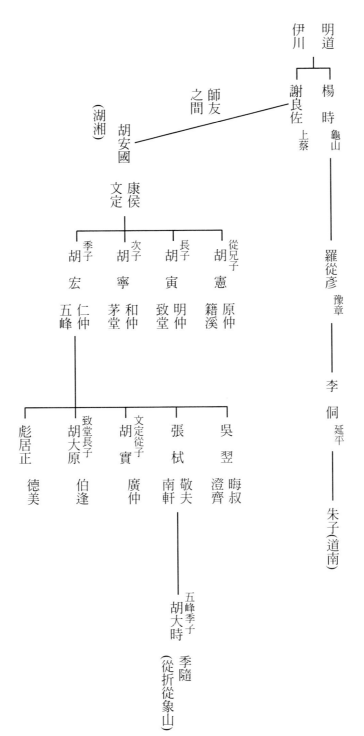

湖湘學派人物關係圖

第一章　湖湘學派由史學轉入理學之脈絡

本章提要

胡安國曾自述學脈：謂其《春秋》乃得之於伊川「以經視《春秋》，不以史視《春秋》」的精神。然而「以經視《春秋》」的態度實爲歷來《春秋》學的主流。宋初孫復、劉敞諸人雖廢傳解經，自出新義，然仍不出此一格局，因此這不足以爲伊川、安國《春秋》學之特色。本文認爲二人眞正爲宋代《春秋》學別開生面者在於將《春秋》學的重心逐漸從外在的「禮樂」轉移到內在的「人心」問題之上。漢以下至唐，治《春秋》者以孔子的微言大義爲本，重政治社會制度之安頓，其要在「禮」；而安國治《春秋》乃更進而注重人主之心術，及其對世道風俗之影響，其意義在於提升「人心」在歷史事件中的地位。安國這種觀點是湖湘學派經史學的傳統，原本不屬於理學的範圍，卻又和理學有關係，這正是湖湘學者從「經史學」轉入「理學」的脈絡，也是本章主要的論述內容。

另外，湖湘與朱子論《春秋》都重視心術問題，然安國以「經」視《春秋》，朱子則以「史」視《春秋》，則兩家又有不同。湖湘由治《春秋》而開理學，也重視微言大義，其理學之發揮立基於以經學觀點解釋的史學，故重「氣性」之合一；朱子從經學入手，故重「性理」的合一，這又是湖湘與朱子理學發展不同的脈絡。本章也兼論此一問題，以做爲以下章節討論湖湘與朱子理學思想體系之所以有重大歧異的解釋根據。

第一節　胡安國《春秋傳》所受伊川之影響

前　言

湖湘學派學術的發展主要在南宋時期。胡安國進呈《春秋傳》時已是高宗紹興六年（西元 1136）。經過北宋一百六十年的發展，宋代經史學與理學已有某一程度的發展。宋人治經不喜歡因襲前人之注說，解釋《春秋》甚至不依《三傳》，主要就當代之政治社會問題發揮。北宋一代大家輩出：濂溪、橫渠、二程在理學體系上皆有發明，且儼然形成兩套理學上的發展方向〔註1〕。若就整體北宋學術的發展脈絡看來，「理學」顯然是延續「經史學」的發展而轉變出來的另一種學術形式。其意義代表宋代學術從外在社會的政教改革，轉移到內在主體心性上的抉發。湖湘學派的經史之學以胡安國為代表，而理學則大成於五峰，是一個以經史學起家而開出理學系統的學派。

然而胡安國的時代已到南宋初期，此時學術早已從經史學中發展出理學，此既為一學術之趨勢，則安國雖致力於《春秋》，其內容已非全然北宋經史學之舊轍。換言之，安國之《春秋傳》中已帶有與理學有關聯的思想成分。傳至五峰，湖湘乃成為宋代理學之一重鎮。因此探討胡安國《春秋》思想中與理學有關聯的部份，應該可以解釋湖湘學派之所以由經史學之中開出理學的關鍵。這是研究宋代湖湘學派首先必須注意的問題。欲探討此一問題，則須先從北宋經史學的大環境說起：

北宋《春秋》學的背景

由於六朝以來士族門第歷經中晚唐及五代的長期戰亂之後逐漸消失，北宋一朝較之前代已具有平民社會之風格。中唐安史之亂後兩百餘年之間，天下分崩離析。趙宋初立，天下粗定，加以北方屏障盡失，強敵壓境，因此政治社會改革的要求更形迫切，士人從傳統「經術」中發揮政治社會改造之理念蔚為風潮。傳統經術中最容易在這方面發揮者則為《春秋》。宋人在經部方面的著作著錄於《宋史‧藝文志》者，以《春秋》一類為最多〔註2〕，即可見

〔註1〕 濂溪、橫渠較重視宇宙論的發揮，注意宇宙天地的氣化生成以強調「實有」；二程則主要在建立心性與天地貫通為一的本體論根據。勞思光先生的「一系說」認為「（周張）以天為主要觀念，混有形上學與宇宙論兩種成分；二程則以性或理為主要觀念，淘洗宇宙論成分而保留形上學成分」。見勞思光《中國哲學史》第三卷上，（香港：友聯出版社，1980 年 6 月，頁 55）。

〔註2〕《宋史‧藝文志》著錄《春秋》類著作共 240 部，2799 卷，於諸經中居第一。

此中之消息。自漢代之後經學義理再度發揮其對中國政治社會的影響力者，以有宋一代最爲明顯。

漢、宋兩代雖然同樣受《春秋》的影響，然而在經義的抉發方面，已因時代的不同而有所轉移。大略言之：漢以下至唐，雖治《春秋》者有「專門名家」與「會通三傳」之不同，然其所闡釋以爲孔子之微言大義者，則在禮樂刑政之「王政」上。所謂「孔子《春秋》爲有漢一代立法」，其所注意者大多在政治制度，因此重點常在「禮制」部分。然而宋代的《春秋》學則逐漸將重點轉移到人主的「心術」，以及統治者心術所直接影響的所謂「風俗」的問題上。其重點已不在「禮制」而在於「人」。這是漢、宋兩代的《春秋》學在精神面貌上的根本差異。

然而宋代《春秋》學精神的轉移，並非始於北宋初期。今就北宋初期治《春秋》之大家如孫復、劉敞、孫覺等人之著作觀之，其所注重者仍然在於「考時之盛衰，而推見王道之治亂」，這是北宋初期的政治形勢使然。北宋《春秋》學精神之轉移，關鍵乃在胡安國，而其所受之啓發則在伊川。

安國《春秋》學之所以由看重「禮樂刑政」轉而至於看重「心術風俗」，強調「天理人欲」之分，則又與北宋一朝士人以「心性」與「治平」分別做爲「學之體、用」的思潮有關。此一思潮直接表現在學術上者，則爲「經學」與「理學」的分合。這代表宋儒就《春秋》一書中所發揮的所謂聖人的微言大義已不止於政治上禮樂刑政之啓發，而是希望更深一層地就人心之微來尋繹「理」與「欲」之分際，以做爲人主發政施仁的內在準則，甚至進一步做爲一般士人修養處世之依據。宋代湖湘學派以胡安國起家，安國之學本在《春秋》，而五峰則爲一代理學大儒。湖湘一派學者之家學由「經史之學」轉入「理學」之脈絡，幾乎就是北宋一朝學術轉移的軌跡。本章正是就此一問題加以探索，以做爲解釋湖湘學派理學傳統之開端。以下則先述安國《春秋》學與伊川之關係。

伊川之《春秋》學及其對胡安國之影響

《宋元學案》卷二十五〈龜山學案〉附錄云：

> 胡文定曰：吾于謝、游、楊三公，義兼師友，實尊信之。若論其傳
> 授，卻自有來歷。據龜山所見在《中庸》，自明道先生所授；吾所聞
> 在《春秋》，自伊川先生所發。〔註3〕

〔註 3〕見《宋元學案》卷 25，（臺北：華世出版社，1987 年 9 月，頁 956）。

這是安國自述其學脈之語，值得注意。其中龜山所受明道《中庸》學的問題，將於本書第二章再行論述。本文此處先探討湖湘學派早期人物胡安國之《春秋》學的內容，藉以尋繹湖湘學派「經史學」與「理學」之間的發展關係。

伊川〈春秋傳序〉曰：

> 先儒之傳曰：游夏不能贊一辭。辭不待贊也，言不能與於斯耳。斯道也，惟顏子嘗聞之矣。……後世以史視《春秋》，謂褒善貶惡而已，至於經世之大法則不知也。《春秋》大義數十，其義雖大，炳如日星，乃易見也；惟其微辭隱義，時措從宜者爲難知也。……夫觀百物，然後識化工之神；聚衆材，然後知作室之用。於一事一義而欲窺聖人之用心，非上智不能也。故學《春秋》者，必優游涵泳，默識心通，然後能造其微也。〔註4〕

伊川此序之重點在「後世以史視《春秋》，謂褒善貶惡而已，至於經世之大法則不知也」數語。伊川反對以「史」視《春秋》，認爲《春秋》是「經」不是「史」，其中一事一義都有聖人之用心在。而讀《春秋》之目的即在於從一事一義中求「義理之安」，以做爲「制事之權衡」。也就是從事義之中來反觀孔子之心，而以一己之心加以印證。如此則《春秋》一書之中事事都有聖人處事之義理在，非獨會盟、征伐之史事而已。故必須「優游涵泳」、「默識心通」，才能造其「微」。伊川提出《春秋》大義首重聖人之「用心」，而讀《春秋》也貴在能「心通」。這是北宋《春秋》學的一個新方向，胡安國所受的影響即在於此。然伊川卻又說：

> 後王知《春秋》之義，則雖德非禹湯，尚可以法三代之治。〔註5〕

伊川認爲如果真能知《春秋》之義，則縱使德不若湯禹，也能藉著「通其文」以「求其義」、「法其用」。伊川這種說法已經和強調《春秋》大義在乎聖人用心之觀念有所牴觸。故朱子已有批評：

> 〈春秋序〉云：「雖德非湯武，亦可以法三王之治」，如是則無本者亦可以措之治乎？語有欠。因云：「伊川甚麼樣子細，尚如此。難！難！」〔註6〕

〔註4〕《河南程氏文集》卷8〈春秋傳序〉。《二程集》，（台北：漢京文化事業有限公司，1983年9月，頁583）。

〔註5〕伊川《河南程氏文集》卷8〈春秋傳序〉。見《二程集》，頁584。

〔註6〕《朱子語類》卷83，（台北：華世出版社，1987年1月，頁2154）。

史外傳心——胡安國《春秋》學與伊川之不同

　　朱子對伊川的批評，在於指出經史之學必須有其「本」，而胡安國對伊川的《春秋》學進一步發揮之處，正在於這朱子所謂的「本」之上，胡安國將問題的重點落在「心」之上，強調《春秋》乃聖人「史外傳心之要典」。其序曰：

> 古者列國各有史官，掌記時事。《春秋》魯史爾，仲尼就加筆削，乃史外傳心之要典也。而孟氏發明宗旨，目為天子之事者，周道衰微，乾綱解紐，亂臣賊子，接跡當世，人欲肆而天理滅矣！仲尼，天理之所在，不以為己任而誰可？

> 知孔子者，謂此書遏人欲於橫流，存天理於既滅，為後世慮至深遠也。百王之法度，萬世之繩準，皆在此書。故君子以謂五經之有《春秋》，猶法律之有斷例也。〔註7〕

胡安國與伊川相近之處在於都以「經」的角度來看《春秋》。故安國說《春秋》雖是魯史，然仲尼就加筆削，乃「史外傳心」之要典，可見安國也不把《春秋》當「史」看。因此對伊川所謂「一事一義中窺聖人之用心」大加發揮，主張「仲尼，天理之所在」，即以天理、人欲之分別解釋伊川所謂「聖人之用心」。安國《春秋傳》中言及天理人欲者不下數十次，這都是受伊川不以史視《春秋》，而欲藉事義以窺聖人用心之影響。

　　此外，伊川提出學《春秋》的方法在「優游涵泳，默識心通」。「識」的工夫，已見於明道「識仁篇」，而伊川所言「動見天地之心」〔註8〕，主張應於喜怒哀樂已發之際觀之，也可以說就是「識」的工夫。這是以對外在事物的警悟來反證吾人之心性，也就是在與事物相接觸之時返照吾人之心，以尋繹人心之所同然者。《春秋》中所謂「事物」即是「歷史事件」。歷史事件固然與吾人當下所處的時空已有一段距離，然而透過史書的研讀，也可以抉發、印證歷史事件中聖人所寄託的普遍心靈。而之所以能產生此一「心之感應」，則在於肯定「人心之所同然」。這就是伊川所謂的「默識心通」。安國強調《春秋》是聖人「史外傳心」之要典，又說：「世有先後，然人心之所同然一爾。

〔註7〕《四部叢刊》續編經部《春秋胡氏傳》，（臺北：臺灣商務印書館，1976年6月，頁2263～2264）。

〔註8〕參看《河南程氏遺書》卷18「伊川與蘇季明論中」部分。伊川曰：「自古儒者皆言靜見天地之心，唯某言動見天地之心」。《二程集》，頁201。

苟得其所同然者，雖越宇宙，若見聖人親炙之也」〔註9〕。於此可見安國《春秋》學之法要，實得之於伊川而又進而有以光大之者也。

然就伊川之理氣論觀之，既然主張「性即理也」，又說「性中只有仁義禮智四者，幾曾有孝弟來？」〔註10〕，可知其「理」與「氣」分屬於形上與形下兩個世界。因此其所謂「默識」之工夫只用在形下之「心」。然湖湘學者自五峰以下，基於「性氣合一」的基本肯定，論「心」之時都貫通「性」為一，故有「以心成性」的工夫進路。因此若以五峰之思想格局來看，所謂「默識心通」，就是外在「事物」與吾人內在心、性當下的貫通。在五峰而言，這可說是一種「智的直覺」〔註11〕，而不是伊川只就形下之心氣言「默識心通」以求《春秋》經世大法之義用而已。安國雖然沒有明白提出「默識心通」的方法，然由其以《春秋》為聖人史外傳心之要典，又以為「人心之所同然一爾」等思維方向來看，可以斷定其必然傾向於「以心成性」之下「默識心通」的工夫模式。可惜安國語錄留傳者不多，無以證成此說。然而安國在《春秋》史學上受伊川影響應該是可以肯定的，而其與後來五峰所開出的理學體系之間的關係也就隱約可見了。

第二節　胡安國《春秋傳》的重要內容及其所以開出理學之路徑

前　言

上文論述胡安國的《春秋》學受伊川「不以史視《春秋》」觀念的影響，而有「史外傳心」之說，似乎已將《春秋》由外在政治問題轉移到內在心性問題之上。其實並不全然如此，安國只是有了新方向的開展，但並未完全否定傳統《春秋學》的舊路。安國於《春秋傳》卷首「敘傳授」中曰：

> 傳《春秋》者三家，《左氏》敘事見本末，《公羊》《穀梁》詞辨而義精。學經以傳為按，則當閱《左氏》，玩詞以義為主，則當習《公》、《穀》。〔註12〕

〔註9〕《四部叢刊》續編經部《春秋胡氏傳》，頁2264。
〔註10〕《河南程氏遺書》卷18。見《二程集》，頁183。
〔註11〕借用牟宗三先生之語。
〔註12〕見《四部叢刊》續編經部，《春秋胡氏傳》，頁2265。

另外安國又於「述綱領」中列舉孟子、莊周、董仲舒、王通、邵雍、張載及程頤等人對《春秋》一經之意見，也都不離傳統《春秋》學的範圍。可見安國對於《春秋》雖然有新路徑的開發，然而對於傳統《春秋》學所涉及的問題也並非全無發明。只是因為宋代的政治社會與前代已有不同，因此安國對傳統《春秋》學中的問題有不同的發揮。本文以下就安國承襲傳統《春秋》學所討論的問題先行論述，然後再進一步探討其所謂「別出蹊徑」者的內容，藉以看出湖湘學派之所以由安國的《春秋》學開展出理學體系的演進脈絡。

中國傳統《春秋》學之大要

孔子作《春秋》本為當代立法，其大義在於復興周代的禮樂，企圖從歷史的流變中尋繹出一代政教的規模，因此藉魯史筆削而成《春秋》。孔子之意：只須臚列史事，觀察其隱藏在時間流變之中的「因果性」，則人類行為的價值自然可以顯現，此所謂「借事以顯義」。只是舊史記注自有史官傳習之條例，而孔子只欲顯示其政教之大者，因此必須對原有的史料加以剪裁，此即所謂「筆削」。並非孔子自作《春秋》之史文，而將褒貶大義寄託於字句之間。孔子並沒有孟子「作新王」的觀念，其志向仍然在於復興周代舊有的封建禮樂精神，這可由其慕周公，尊管仲之事窺知〔註13〕。孔子的學術思想在於恢復舊歷史的光榮，而不是開創一個新時代之宏規。司馬遷在〈太史公自序〉中曾說：「春秋者，禮義之大宗」，正是此義。

孔子作《春秋》，游夏之徒不能贊一辭。可見《春秋》是孔子不欲與人共同商榷的獨抱心懷。因此孔子是否曾以《春秋》傳弟子，仍屬可疑之事。《左氏》不傳春秋，應無疑義〔註14〕。《公羊》、《穀梁》雖以專家說經，然去聖未遠，已是人言言殊。如果孔子確實曾以《春秋》大義親授弟子，絕不至於在百餘年間，已有如此異解產生。何況《公》、《穀》之外又有鄒氏、夾氏之師。本文認為：公、穀、鄒、夾等各家對《春秋》的解釋，其實都是出於孔子後學之發揮，並不是真有得之於聖人微言大義之親傳。

漢代建立之後，承秦代以下封建破滅天下一統之局，除因襲秦制之外，讀書人急於想尋求政教上的新精神與新格局，因此對《春秋》之義有大發明。

〔註13〕孔子尊管仲，而孟子則不喜言管仲。孔、孟在此一問題上的差異，其實正代表二人在政治上「守舊」與「開新」之不同。

〔註14〕從《春秋》與《左傳》所記史事之逐年比對中即可知《左氏》非《春秋》之傳。故應稱《左氏春秋》，不應稱《春秋左氏傳》。

漢代學者先注意《公羊》，後又有《穀梁》，然其所謂聖人寄託聖經爲漢立法之大義，其實都是漢代士人對其當代政治問題及解決方法的論述與創發，孔子只不過是一個被依託的對象而已，這在《公羊》經學上尤其是如此。而離「事」以言「義」的結果，乃成爲「非常異義可怪之論」〔註15〕。故言《公羊》者曰：「夫子之作《春秋》，將以黜周王魯，變周之文，從先代之質」〔註16〕。《穀梁》所言，雖較精實，然亦不外「離事言義」之格局，與《公羊》也不過是五十步之遙而已。於是杜預乃據《左氏》以解經〔註17〕，以爲「仲尼因魯史策書成文，考其真僞，而志其典禮。上以尊周公之遺制，下以明將來之法。其教之所存，文之所害，則刊而正之，以示勸戒，其餘則皆即用舊史」〔註18〕。杜氏以孔子《春秋》上比之於周公之遺制，視爲周文系統的「王官學」。這與漢代《公羊》、《穀梁》等今文學者視孔子《春秋》乃爲漢創制之「家言」者又有不同〔註19〕。然不論視《春秋》爲王官學或百家言，何休與杜預皆爲專門名家以解《春秋》者。此因漢代家言之風氣尚強，故不論尊《公》、《穀》，抑或尊《左氏》，其實目的都在於成一家之言，以有補於當代之政教。北朝《公羊》學盛，其後北周乃尊《周禮》，此即《公羊春秋》專家學之特色有以致之。因此漢代以下《春秋學》之流衍，《公》、《穀》、《左氏》三傳之爭衡，其實都是「家言」的本質，而家言又與中國的政治施設有密切之關係。因此可謂兩漢六朝數百年以來中國士人之治《春秋》者，其目的大多在於做爲政治建設之指導，故其所抉發的《春秋》大義幾乎都著眼於「禮樂刑政」上的創制損益，而且都強烈地帶有成一家之言，以積極創新政教的進取精神。

　　迨至有唐一代，歷經近千年的政治制度改良工程已大致完成，政教制度粲然大備之後，家言風氣乃漸消歇。故唐人治《春秋》，較少專門名家以創制一代政教規模之觀念。而啖助、趙匡、陸淳乃會通三傳以解經。雖名爲「會

〔註15〕見何休〈公羊傳注序〉。
〔註16〕見唐代陸淳《春秋集傳纂例》卷1〈春秋宗指議第一〉。《文淵閣四庫全書》冊146經部五春秋類，（臺北：臺灣商務印書館，1983年，頁379）。
〔註17〕以《左氏》解經，自東漢鄭眾、賈逵以來已然。後鄭學衰而服虔注出，賈、服訓解乃盛行於曹魏之世，迨至晉世而杜預之《集解》出。南北朝時服、杜兩家各擅勝場，迨至陳隋，服注寖微，而杜氏《集解》乃一枝獨秀。
〔註18〕見杜預〈春秋經傳集解序〉。
〔註19〕請參看錢穆先生《兩漢經學今古文平議》中所收〈孔子與春秋〉一文。（台北：東大圖書公司，1978年7月，頁235）。

通三傳」，其實是自出新義〔註20〕。而專家之風既熄，三傳之地位乃隨之降低。至於宋儒乃并三傳而廢棄之，直接就《春秋》經文發揮大義，藉以創通北宋一代之新政教格局。故唐代啖、趙、陸三儒不守家法，變專家爲通學，實爲宋代《春秋》學之先聲〔註21〕。北宋前期治《春秋》諸儒皆帶有積極爲當時政治形勢做扭轉努力之用心，與漢代士人「通經致用」之精神同樣都帶有濃厚的家言性質。

北宋《春秋》學中的「尊王」之義

北宋儒之所以廢棄三傳，獨抱遺經，其原因當然是認爲《公》、《穀》、《左氏》已不能有助於對孔子微言大義的了解，反而造成迷惑與阻礙，於是代以己意重新解經。此一心態上的轉變其實即是宋代《春秋》學由傳統重「禮樂刑政」之政治施設轉而至於重「心術風格」而能別開生面之契機。然若就北宋早期的《春秋》學者如孫復、劉敞、孫覺等人之著作觀之，則此一轉變尚未十分明顯。這是因爲北宋前期政治問題仍相當能吸引及鼓舞士人的企圖心，故論《春秋》大義者仍大致著眼於政治問題。其中最具代表性者則爲孫復，其所著書名曰「尊王發微」，則其大意可知。書中論及「尊天子」、「黜諸侯」、「攘夷狄」者可謂俯拾即是：

> 天子失政，自東遷始；諸侯失政，自會渓梁始。故自隱公至于渓梁之會，天下之政，中國之事，皆諸侯分裂之。自渓梁之會至于申之會，天下之政，中國之事，皆大夫專執之。自申之會，至於獲麟，

〔註20〕 陸淳《春秋集傳纂例》卷一〈春秋宗指議第一〉云：「啖子曰：夫子所以修《春秋》之意，三傳無文。說左氏者以爲《春秋》者周公之志也。暨乎周德衰，典禮喪，諸所記注，多違舊章。宣父因史成文，考其行事而正其典禮，上以遵周公之遺制，下以明將來之法。言《公羊》者則曰：夫子之作《春秋》，將以黜周王魯，變周之文，從先代之質。解《穀梁》者則曰：平王東遷，周室微弱，天下板蕩，王道盡矣！夫子傷之，乃作《春秋》。所以明黜陟，著勸戒，成天下之事業，定天下之邪正。使夫善人勸焉，淫人懼焉。吾觀三家之說，誠未達乎《春秋》大宗，安可議其深指。可謂宏綱既失，萬目從而大去者也。予以爲春秋者，救時之弊，革禮之薄。何以明之？……」見《文淵閣四庫全書》冊146經部五春秋類，頁379。

〔註21〕 皮錫瑞指出宋儒治《春秋》者皆可歸入唐代啖趙陸一派，其中亦包括胡安國之《春秋傳》。見《經學通論》第四冊「論啖趙陸不守家法，未嘗無扶微學之功，宋儒治春秋者皆此一派」，（台北：臺灣商務印書館人人文庫，1980年6月，頁58～59）。

天下之政，會盟征伐，皆吳楚迭制之。聖王憲度，禮樂衣冠、遺風舊政蓋掃地矣！周道淪胥，逮此而盡。前此猶可言者，黃池之會，晉魯在焉；後此不可言者，諸侯泯泯，制命在吳，無復天子會盟、征伐之事也。是故《春秋》尊天子，褒齊晉。褒齊晉，所以貶吳楚也；尊天子，所以黜諸侯也。尊天子、黜諸侯始于隱公是也；褒齊晉、貶吳楚終于獲麟是也。嗚呼！其旨微哉！其旨微哉！〔註22〕

可謂一篇之中，三致意焉。而孫莘老作《春秋經解》十五卷，亦以「尊王抑霸」為主旨〔註23〕，甚至主張「君雖不君，臣不可以不臣」〔註24〕。由此可知，北宋初期的《春秋》學大多結穴於「尊王」一義。這自然是《春秋》學者對北宋當時的政治情勢所做出的因應。

胡安國《春秋傳》中的觀念——內諸夏而外夷狄

處於北宋後期的胡安國，自然也受到當時《春秋》「尊王」觀念的影響。所謂「尊王」其意義最重要者在於「內諸夏而外夷狄」。這對於目睹靖康之難的安國而言，應是別有會心，故於《傳》中亦隨處可見，如：

- 中國者，禮義之所出也；夷狄者，禽獸之與鄰也。（襄公七年）
  〔註25〕

- 吳本伯爵也，後雖益熾，浸與中國會盟，進而書爵，不過曰「子」，亦不以本爵與之。故紀於禮書曰：四夷雖大，皆曰「子」。此《春秋》之法，仲尼之制也。（成公七年）〔註26〕

- 《春秋》之法，中國而夷狄行者則狄之，所以懲惡也。（成公三年）〔註27〕

〔註22〕 見《春秋尊王發微》卷12。《文淵閣四庫全書》冊147 經部五春秋類，頁124～125。

〔註23〕 孫覺《春秋經解》自序：「孔子於是因魯之史以載天子之事，二帝三王之法於是乎在。《春秋》之所善，王法之所褒也；《春秋》之所惡，王法之所棄也」，又曰：「如經書王正月者，大一統也；先王人者，卑諸侯也；不書王戰者，以見天下莫之敵也。書王而加天者，別吳楚之僭偽也。《春秋》尊王如此」。見《文淵閣四庫全書》冊147 經部五・春秋類，頁555。

〔註24〕 見孫覺《春秋經解》莊公二十四年。見《文淵閣四庫全書》冊147 經部五春秋類，頁623。

〔註25〕 《春秋胡氏傳》，頁2361。

〔註26〕 《春秋胡氏傳》，頁2353。

〔註27〕 《春秋胡氏傳》，頁2352。

此處不過隨舉三例，《胡氏傳》中類此言及「夷夏之防」者尚多，這正是北宋《春秋》學最主要的「尊王」之義。

論《春秋》復仇大義

細觀《春秋胡氏傳》全書，安國論及此「夷夏之防」時語氣尚稱平和，然一旦論及「復仇大義」時，則語氣明顯的較為激越：

> 隱公見弒，魯史舊文必以實書。其曰「公薨」者，仲尼親筆也。古者史官以直為職，而不諱國惡。仲尼筆削舊史，斷自聖心。於魯君見弒，削而不書者：蓋國史一官之守，春秋萬世之法，其用固不同矣！不書弒，示臣子於君父有隱避其惡之禮；不書地，示臣子於君父有不沒其實之忠；不書葬，示臣子於君父有討賊復讎之義。非聖人莫能修，謂此類也。夫賊不討，讎不復，而不書葬，則服不除，寢苫枕戈，無時而終事也。以此法討罪，至嚴矣！故曰：《春秋》成而亂臣賊子懼。（隱公十一年）〔註28〕

又曰：

> 今莊公有父之讎，方居苫塊，此禮之大變也，而為之主婚，是廢人倫滅天理矣！《春秋》於此事，一書再書，又再書者，其義以復讎為重，示天下後世臣子不可忘君親之意。（莊公元年）〔註29〕

安國於《春秋》之中遇有弒君之事，皆大發「復讎」之義，以為廢人倫而滅天理，希望為人臣子者不忘君父之讎，這是因為安國親身經歷了北宋覆亡，二帝淪為臣虜的奇恥大辱。後人讀安國《春秋傳》最易感受其對北宋當代時事及國難之感發者也往往在此。孫復的《春秋尊王發微》及北宋諸《春秋》名家之書，都因為北宋立國之時飽受北方遼、金之威脅，因此對「尊諸夏，攘夷狄」之義再三致意。安國的《春秋傳》更因為「靖康」之難而於「不忘君父之讎」之義一再大聲疾呼，這都可見宋代《春秋》學立基於當代政治社會問題上的現實性。

誅亂臣必深絕其黨與

此外，安國之《春秋傳》中又有一特別注意而大加發揮之處，則是「討

〔註28〕《春秋胡氏傳》，頁2279。
〔註29〕《春秋胡氏傳》，頁2292。

亂臣賊子，必深絕其黨與」一義。安國於成公六年魯滅鄆而《春秋》書「取鄆」下曰：

> 此《春秋》尊君抑臣，以辨上下，謹於微之意也。人倫之際，差之毫釐，繆以千里。故仲尼特立此義，以示後世臣子，使以道事君，而無朋附權臣之惡。於傳有之，犯上干主，其罪可救；乖杆貴臣，禍在不測。故臣子多不憚人主，而畏權臣。如漢谷永之徒，直攻成帝，不以爲嫌；至於王氏，則周旋相比，結爲死黨。而人主不之覺，此世世之公患也。歸父家遣，緣季氏也；朝吳出奔，因無極也；王章殺身，忤王鳳也；鄆侯寄館，避元載也。惟殺生在下，而人主失其柄也。是以黨與眾多，知有權臣而不知有君父矣！〔註30〕

安國又於宣公元年「公會齊侯於平州」條下云：魯宣公篡立，欲定其位，故與齊侯會於平州。《春秋》經文之所以不稱「公及齊侯會於平州」，而稱「公會齊侯於平州」者，安國指出此即是討賊之法：「凡討亂臣賊子，必深絕其黨，而後爲惡者孤矣！」〔註31〕。安國此義由其「抑權臣」之觀念引申而出。這固然是有懲於唐末五代藩鎮之禍，以順應宋代強幹弱枝之政策，然更重要的恐怕是鑒於「新舊黨爭」所造成對北宋政治之巨大傷害〔註32〕，故於權臣及其黨與深致痛惡之情。這又是安國《春秋傳》中別有會心之處。

《胡傳》中亦有貶天子之論

以上所述安國《春秋傳》中有關「嚴夷夏之防」、「不忘君父之讎」及「抑權臣」等論議，都不離北宋《春秋》學中「尊王」之觀念。孟子所謂「《春秋》者，天子之事也」之語實爲安國一書之主題，此即所謂「《春秋》當自貴者始」之義。

然而胡安國的「尊王」之義有時也以反面「貶天子」的方式來表達。安國於〈春秋傳序〉中明言「仲尼，天理之所在」，又舉《論語·子罕篇》：「文王既沒，文不在茲乎？」一語，以爲「聖人以天自處」。則安國之意，聖人乃

〔註30〕《春秋胡氏傳》，頁2353。
〔註31〕《春秋胡氏傳》，頁2336。
〔註32〕余英時的《朱熹的歷史世界》一書中曾說北宋的「國是」問題主要圍繞在王安石新政的贊成或反對之上，因此形成「新黨」與「舊黨」，各結朋黨，相互傾軋。這應該就是胡安國所指謂的問題所在。見余著《朱熹的歷史世界》上篇，（台北：允晨文化實業股份有限公司，2003年6月）。

是人君之權衡。故《胡傳》中對於人君之失道者亦不假寬貸。文公五年春正月「王使榮叔歸含且賵」條下安國曰：

> 不稱「天王」者，弗克若天也。《春秋》繫王於天，以定其名號者，所履則天位也，所治則天職也，所敕而悖之者，則天之所敘也，所自而庸之者，則天之所秩也，所賞所刑者，則天之所命，而天之所討也。夫婦，人倫之本，王法所尤謹者，今成風以妾僭嫡，王不能正，又使大夫歸含賵焉，而成之爲夫人，則王法廢，人倫亂矣！是謂弗克若天而悖其道，非小失耳。故特不稱天，以謹之也。〔註33〕

又同年「王使召伯來會葬」條，安國亦以爲《春秋》不稱「天王」而僅稱「王」者，乃譏王之德有失而不能若天。凡此都是安國《春秋傳》所寄託的貶天子之義。

《胡傳》在貶天子中寄託對人君之期望

安國於《春秋傳》中貶天子，其實隱藏著藉其義而深有期待於宋代爲人君者之苦心。表面上譏刺王德之不若天，其實是對王德的深度期許，這也是有鑒於北宋宗社淪亡，二帝蒙塵之痛，而希望能有一旋乾轉坤之聖王，能寄之以家國復興之大業。故安國於《春秋傳》開宗明義即曰：

> 即位之一年必稱元年者，明人君之用也。大哉乾元，萬物資始，天之用也；至哉坤元，萬物資生，地之用也，成位乎其中則與天地參。故體元者，人主之職，而調元者，宰相之事。元即仁也，仁，人心也。《春秋》深明其用，當自貴者始。故治國先正其心，以正朝廷與百官，而遠近莫不壹於正矣！（隱公元年）〔註34〕

安國以「天德」期之於聖王。故以「仁」釋元年之「元」，而提出「治國先正其心」之說。此說乍看之下卑之無甚高論，然實爲宋代《春秋》學別開生面之契機。安國的春秋義從「尊王」到「貶天子」，再從貶天子到期待人主能「體元」，最後將一部《春秋》之大義歸結於人主之一心。一步步從《春秋》史學中開展出心性義理之學。

《春秋》大義歸結於人主之「心」

安國之前論《春秋》之學者大要皆以禮樂刑政、尊王攘夷之大義爲主，

〔註33〕《春秋胡氏傳》，頁2329。
〔註34〕《春秋胡氏傳》，頁2268。

少有論及「正心」者。其中只有王晳的《春秋皇綱論》曾約略觸及此一問題，
其書卷一「孔子修春秋」中曰：

> 夫經制可以定天下，則《春秋》之經制備矣；至誠可以贊元化，則
> 《春秋》之至誠深矣。執經制，推至誠，則承天治民，統正萬事。
> 體道德而繼之以禮法，本仁義而振之以權綱。尊君與賢，旌善黜惡，
> 王道之權衡，太平之事業也。此仲尼之道與其才識舉見之於《春秋》
> 矣！〔註35〕

王晳提出孔子《春秋》之大義在「經制」與「至誠」。而至誠則在於「體道德」、
「本仁義」，已在政治問題之外又注意到「人心」的問題，可謂孤明獨發。然
王晳所言只是點到為止，而安國乃針對此一問題大加發揮：

> 元者何？仁是也；仁者何？心是也。建立萬法酬酢萬事，帥馭萬夫，
> 統理萬國，皆此心之用也。……故一心定而萬物服矣！（隱公十一
> 年）〔註36〕

安國將《春秋》之大義歸結於人主之「心」，而心之所以能「建立萬法，酬酢
萬事，帥馭萬夫，統理萬國」，其要則在於「理」：

> 詩不云乎：天生蒸民，有物有則；民之秉彝，好是懿德。此言天理
> 根於人心，雖以私欲滅之，而有不可滅也。（僖公九年）〔註37〕

安國此處所謂「天理根於人心」一語，可說已為湖湘學派從經史學之中發展
出理學開出一條途徑。《春秋》之性質原本為史官記注之國史，論史者只就時
間流變的因果性來尋求人類社會發展的軌跡，因此多半著眼於人群社會中的
現實活動；並不在於探討此一歷史演進之背後是否有放諸四海而皆準，百世
以俟聖人而不惑的理則。因此在歷史的演進之中企圖尋求一套永恆不變的理
想，其實已溢出「史學」的範圍而帶有「經學」的意義。然而中國歷來研究
《春秋》者又幾乎都是為了尋求做為政治施為的理想，因此也可說中國的《春
秋》學基本上都是經學的角度。

　　然而歷代學者縱使企圖在春秋二百四十二年的歷史事件中尋找禮樂刑政
運作所依循的理想原則，也絕少有將歷史事件直接牽連於人之內在心性問題
者。因此，安國以「仁」釋「元」，又以「人心」釋「仁」，最後又以「理」

〔註35〕《文淵閣四庫全書》冊 147 經部五・春秋類，頁 130。
〔註36〕《春秋胡氏傳》，頁 2279。
〔註37〕《春秋胡氏傳》，頁 2313。

解釋「人心」，其實又已經溢出所謂「經學」的傳統範圍而別開生面。而這正是湖湘學派之所以能於經史學的傳統中開出理學路徑的重要關鍵。

安國《春秋》學與北宋政治社會現況的關聯

安國的《春秋》學之所以由「事」轉入於「心」，和北宋學術演變的大勢也有關聯。北宋中期之後，和北方異族爭雄的局勢在失敗後的妥協之下已進入穩定時期。而南方也早已統一，因此政局有一段近百年的安定時期，政治問題的迫切性降低。加上慶曆和熙寧兩次變法改革未能成功，促使部份士人回「用」向「體」，認為政治施設之良窳繫於個人「心性」之隆污，非徹底教育士人滌盪心腸，不足以淨化社會，重建政教規模〔註 38〕。這固然是理學興起的契機，而北宋的《春秋》學也同樣受到這個思維方向的影響。因此胡安國作《傳》乃將所謂的大義結穴於此，而提出「《春秋》乃聖人史外傳心之要典」的觀念。這對於北宋的《春秋》學可謂柳暗花明，別開一番新天地了！

天理根於人心——安國所謂「史外傳心」之義

安國既然以「天理根於人心而不可滅」，故「天下莫大於理」。

> 夫天下莫大於理，莫強於信義。循天理，惇信義，以自守其國家，
> 荊楚雖大，何懼焉。（桓公二年）〔註 39〕

又曰：

> 仲尼一言咸重於三軍，亦順於理而已矣！故天下莫大於理而強眾不
> 與焉。（定公十年）〔註 40〕

天下莫大於「理」，而理又根源於吾「心」，則安國之所謂「史外傳心」者又歸之於「天理、人欲」之分。天理、人欲因何而見？則必見諸於行事，不可形之以空言。而二百四十二年之行事，則又有「常典」與「權制」的不同，也不能空以一形式之理以準繩之。故學《春秋》者在於就史事之權變以尋求「人之所同然之心」，藉以洞明理、欲之分際。此即是安國所謂「學是經者，信窮理之要矣」之義〔註 41〕。《五經》之有《春秋》，就如同法律之有斷例，

〔註38〕當然，佛教的興盛產生了對中國士人生命觀的深刻影響，使得傳統士人亟思
建立一套基於傳統儒家倫理的安身立命的人生觀，藉以穩定中國的社會，也
是學術上「迴用向體」的原因之一。

〔註39〕《春秋胡氏傳》，頁2282。

〔註40〕《春秋胡氏傳》，頁2389。

〔註41〕見胡安國〈春秋傳序〉。《春秋胡氏傳》，頁2264。

安國於《春秋傳》中幾乎凡事都以天理人欲來做爲決斷事理之依據。如桓公六年秋八月「蔡人殺陳佗」下曰：

> ……聖人於此，抑揚與奪，遏人欲於橫流，存天理於既滅，見諸行
> 事，可謂深切著明矣！〔註42〕

陳桓公卒，陳佗殺太子免而自立，至是踰年而蔡人殺陳佗。安國認爲：之所以稱陳佗之名，是因爲不以爲君而以爲賊，並且稱讚蔡人能討賊。此外安國又論及魯桓公、宋華督、齊公子商人及蔡公子般等人皆弒君而自立。然鄭伯與魯桓盟，而四國納宋督之賄。而齊公子商人、蔡公子般見殺之時，或稱位，或稱爵，皆不以爲賊。安國於是加以批評，以爲聖人於此「抑揚與奪，遏人欲於橫流，存天理於既滅」〔註43〕。安國此「嚴分天理人欲」的觀念很容易和其以「天德」尊王的主張相結合，而將歷史演進的隆污歸結於「人主之心術」，而這正是安國《春秋傳》全書之綱領。比起之前的孫復《春秋尊王發微》已顯見其特出之處。前文所引隱公元年《胡傳》所謂「體元者人主之職」、「天即仁也，仁人心也」、「治國先正其心」者，孫氏《發微》於《春秋》同一處經文下則曰：

> 孔子之作春秋也，以天下無王而作也。……春秋自隱公而始者，天
> 下無復有王也。欲治其末者，必先端其本；嚴其終者，必正其始。
> 元年書王，所以端本也。〔註44〕

泰山以《春秋》因無王而作，故元年書王以「端其本」。其所謂「無王」，其實意在尊王，《發微》一書即以此義終篇，然泰山卻始終未曾將「尊王」之義導向「心術」上發揮。吾人若詳細比較孫、胡二書，則泰山以尊王之義貶諸侯大夫而表其惡者，安國則常引申至「人主心術之隆污」抑或是「天理、人欲的分別」之上。如「莊公二十四年春三月刻桓宮桷」一事：泰山不過指出莊公「忘父之怨，侈宗廟以夸讎女」之非禮；而安國乃以此爲「廢人倫，悖

〔註42〕《春秋胡氏傳》，頁2285。
〔註43〕《春秋》經文對人物或稱名，或稱爵等是否寓有褒貶之義，歷來有不同的見解。亦有學者主張此乃史官記注之條例。縱弒君自立，若得與諸夏之國結盟，則亦承認其君位。其中未必有聖人「抑揚與奪」之義，否則此四者都是弒君之賊，應一概鳴鼓而攻之，又何以有稱位稱爵之斟酌？然安國卻於其間大發議論，此無怪安國之《春秋傳》雖流傳甚廣，影響甚大，然其時治《春秋》者也常認爲其於經義不甚相符。《四庫全書·總目提要》卷27《春秋》類二胡安國《春秋傳》條下云：「顧其書作於南渡之後，故感激時事，往往借《春秋》以寓意，不必一一悉合於經旨」。
〔註44〕《文淵閣四庫全書》冊147經部，頁3。

天道」，認爲《春秋》記錄此事是爲了「謹禮於微，正後世人主之心術」〔註45〕。又如「僖公九年，秋七月，晉侯詭諸卒。冬，晉里克殺其君之子奚齊」：泰山以奚齊爲庶孽，不當立，《春秋》不與，故書以惡之。而安國則以爲天理根於人心而終不可滅，以此直指獻公之罪〔註46〕。此外安國於隱公十一年末所附之〈總論〉中強調「元者乃仁」，「仁者乃心」之時，更直接舉出堯、舜、禹之相授受都在於「一心」之危微〔註47〕。凡此都可明顯看出安國《春秋傳》所重視者，幾乎都在於人主的心術對歷史政治所產生的影響。

歷史事件中「人」地位的提升

安國於《春秋》之義常傾向於就天理、人欲之分際上發揮，這代表了《春秋》學的一個新方向：提升了歷史事件中「人」的地位。較之以往《春秋》學重視歷史事件中所呈現的「人類群體社會的共同規範」的所謂「禮」者已有明顯的不同。而此一轉變與北宋一代學術由「重政治改革之經史之學」逐漸朝向「重心性改造之理學」的演變實相爲表裡。因此宋代整個學術環境之流變其實可說具體而微的表現在《春秋》學本身的演變上。

安國的《春秋》學仍不能稱為「理學」

上文討論安國將《春秋》學的主軸從歷史的事件轉移到人主的心術問題之上，提升了「人性」問題在歷史學上的份量。然而如果就「外在政治」與「內在心性」兩個範疇而言，安國的《春秋傳》整體看來其實仍屬於「政治」。這是因爲《春秋胡氏傳》中所提出的人心問題和眞正宋明兩代的「理學」在精神面貌上終究仍有一段距離。然而也正因爲安國的學術還不能完全稱之爲理學，於是乃成其爲湖湘學派轉入五峰、南軒理學之脈絡所在。安國在《春秋》學中只簡單的提示「天下莫大於理」，強調政治之隆污決於人主之「心術」，這與宋明理學「繭絲牛毛，無不辨析」的情況不可同日而語〔註48〕。安國之學不能直接稱爲「理學」，然卻又與理學有足以引起學術轉變上的關聯。吾人就以上之論述觀察安國之《春秋》學以「史外傳心」爲基礎，喜言「天理人欲」，又歸結於人主之心術，其中環結即可思過半矣！

〔註45〕《春秋胡氏傳》，頁2302。
〔註46〕《春秋胡氏傳》，頁2313。
〔註47〕《春秋胡氏傳》，頁2279。
〔註48〕借用黃宗羲《明儒學案・發凡》中之語。

第三節　胡安國與朱子論《春秋》之異同

朱子與胡安國論《春秋》之觀念不同

前文曾論述伊川以「經」視《春秋》，認為經中有聖人之大法，須於史事中一字一義求之，因此主張以「默識心通」的方法讀經。安國受伊川的啟發，而五峰又承繼其家學，於是有「以心成性」和「察識端倪」的工夫。然朱子對於《春秋》與伊川、安國之觀念有大不同。五峰之弟子南軒與朱子為論學之友，朱子與南軒在理學上的觀念也有所不同，這些差異都可以從朱子的《春秋》學觀念中得到某些解釋。本文以下針對朱子的《春秋》學略加探索，指出其與湖湘學派在理學觀念上的不同其實有一部分導源於彼此在史學觀點上的歧異。

朱子以「史」視《春秋》

朱子論《春秋》與伊川、安國最根本的不同在於伊川、安國以「經」視《春秋》，而朱子則以「史」視《春秋》。

> 問：《春秋》當如何看，曰：只如看史樣看。曰：程子所謂以傳考經之事跡，以經別傳之真偽，如何？曰：便是亦有不可考處。曰：其間不知是聖人果有褒貶否？曰：也見不得。如許世子止嘗藥之類如何？曰：聖人亦只因國史所載而錄之耳。聖人光明正大，不應以一二字加褒貶於人。若如此屑屑求之，恐非聖人之本意。〔註49〕

朱子或許並不截然否認《春秋》經中有孔子所寓褒貶的微言大義，所謂「不可考」、「見不得」只是朱子認為不必從這個角度讀《春秋》。朱子所謂「聖人光明正大，不應以一二字加褒貶於人」，可說是發前人之所未發。若依朱子之說法，則古人於一字一義屑屑求聖人之本意者，豈不是轉而失之！北宋初期士人秉持改造政治社會的胸襟意氣，希望重新開發經學中的微言大義，以做為一代政教之所本。孫泰山作《春秋尊王發微》，企圖求識孔子之意，為有宋一代制法。而胡安國《春秋傳》於當世及後世大受重視，甚至垂為科場功令，豈不是正因為其書能得聖人之微意！而朱子則一概廓清之，只教人老實就文本讀，不必多所作意。

> ・問：孔子作《春秋》，空言無補，亂臣賊子何緣便懼？且何足為《春秋》之一治。曰：非說當時便一治，只是存得箇治法，使這

〔註49〕《朱子語類》卷83〈春秋・綱領〉（台北：華世出版社，1987 年 1 月，頁 2148）。

　　道理光明燦爛。有能舉而行之，爲治不難。當時史書掌於史官，
　　想人不得見，及孔子取而筆削之，而其義大明。孔子亦何嘗有意
　　說用某字使人知勸，用某字使人知懼，用某字有甚微詞奧義，使
　　人曉不得，足以褒貶榮辱人來！不過如今之史書，直書其事，善
　　者惡者了然在目，觀之者知所懲勸，故亂臣賊子有所畏懼而不犯
　　耳。近世說春秋者太巧，皆失聖人之意。又立爲凡例，加某字其
　　例爲如何，去某字其例爲如何，盡是胡說。

・　問讀《春秋》之法，曰：無他法，只是據經所書之事跡，準折之
　　以先王之道，……只將自家平日講明底道理去折衷看便見。看《春
　　秋》亦如此。只是聖人言語細密，要人子細斟量考索耳。

・　問：胡文定《春秋解》如何，曰：說得太深。蘇子由教人看《左
　　傳》，不過只是看它事之本末而以義理折衷去取之耳。〔註50〕

朱子之意：孔子作《春秋》只不過是將史學之精神加入周代封建政治下的禮
樂文化之中，企圖從歷史的流變中透顯出人類行爲的準則與群體生活演進的
規範。故讀《春秋》者只須「將自家平日講明底道理去折衷看便見」，並沒有
甚麼「微詞奧義」。若要從一字一義上去理會聖人之意，「你如何知得他肚裏
事？」，「除非是得孔子還魂親說出」〔註51〕。

朱子讀《春秋》之法與其理氣論之關聯

　　朱子既是以史書看《春秋》，認爲其中本無「微詞奧義」，因此讀《春秋》
的方法自然與伊川、安國所謂於一事一義上「默識心通」者不同，主張以平
日講明的道理來折衷，此即所謂「老實格物」。朱子平日講學，不喜人在隻字
片語略有所悟時即自謂光景在此，故朱子於程門「識心」之義了不相契。寧
可主張平時格物窮理，以漸涵養義理，工夫不宜太快。「義理」靠平日從事事
物物中去講求，非可於一字一事中驟然「默識心通」。有人問朱子讀《左傳》
法，朱子曰：「也只是平心看那事理、事情、事勢」〔註52〕，「理」即在「情」
與「勢」中。必須從事實之流變中去體會出理來，故曰「折衷」而非「默識」。
朱子分理、氣爲二，以「心」屬形下之氣，而「性」是形上之理，故讀《左

〔註50〕《朱子語類》卷55〈孟子五〉，頁1318〜1319。
〔註51〕《朱子語類》卷83〈春秋・綱領〉，頁2144、2155。
〔註52〕《朱子語類》卷83「叔器問讀左傳法」，頁2184。

傳》主張平心看事勢；而湖湘學者則心、性同屬一氣，故讀《春秋》主張「默識心通」。二者在理學觀念上的差異似乎也影響了其史學方法上的不同，宋代學術中「史學」與「理學」常有關聯，於此也可見一斑。

朱子讀《春秋》之所以主張據史實以折衷於事理，而事理須待格物窮理逐漸透顯出來，非可於一事一義中驟得。此乃因平時之格物工夫固可窮「理」，但格物本身卻不即是「理」，而是仍屬於「氣」之活動。甚至主張格物窮理之「心」亦是「氣」而非即是「理」。在朱子的思想體系中，「理」是一個「淨潔空闊的世界」。由此觀之，朱子之讀《春秋》勢不能不分理、氣爲二，而以「理」爲首出〔註53〕。

朱子既分理、氣爲二，又將「理」推高一層，於是又有「理先氣後」的主張。朱子論史首重「心術」應與此「理先氣後」的觀念有關。朱子嘗曰：「論學便要明理，論治便須識體」、「凡事皆有箇體，皆有箇當然處」〔註54〕。朱子又常說：「惟某某有這本領，方做得」、「他人無這本領，當不得」〔註55〕。朱子所謂「識體」、「本領」其實指的是心性之正，故曰：「須是先理會箇光明正大底綱領條目，且令自家心先正了，然後於天下之事，先後緩急，自有次第」〔註56〕。

朱子與胡安國《春秋》學的不同

由此觀之，朱子論《春秋》時似乎與安國同樣都重視「心術」問題，然安國以「經」視《春秋》，而朱子則以「史」視《春秋》。以「史」視《春秋》在某種意義上代表並不特別看重《春秋》，故朱子又看重《資治通鑑》。朱子之意：論史貴在通古今之變，不能只就一本史書看，否則全部歷史無法綜觀。看史若只看一部，與看經何異？故朱子實有「重經輕史」之傾向〔註57〕。朱

〔註53〕朱子有「所謂理與氣，此決是二物」之語。見《朱文公文集》卷46〈答劉叔文〉。（臺北：臺灣商務印書館，1980年10月，頁738）。

〔註54〕見《朱子語類》卷95〈程子之書一〉，頁2449。

〔註55〕如《朱子語類》卷45《論語・衛靈公篇》「顏淵問爲邦」章云：「又問：文武之道，未墜於地。此是孔子自承當處否？曰：固是。惟是孔子便做得，它人無這本領，當不得。且如四代之禮樂，惟顏子有這本領，方做得。若無這本領，禮樂安所用哉！」，頁1157。

〔註56〕《朱子語類》卷73〈易九〉，頁1848。

〔註57〕《朱子語類》卷11：「看經書與看史書不同。史是皮外事，沒緊要，可以簡記問人。若是經書有疑，這箇是切己病痛。如人負痛在身，欲斯須忘去而不可得。豈可比之看史，遇有疑則記之紙邪！」，頁189。

子論史雖然首先重視心術問題，強調必須先立其大體，才能夠實有本領；然而朱子讀《春秋》卻又勸人只做史樣看，似乎其中全不曾有聖人之義理。這是因爲朱子的理氣觀念若就「理」言，則「理先而氣後」；若就「氣」言，則反而是「氣強而理弱」。故「理」也只能就「事情」、「事勢」的實際內容來看，仍必須著實於「氣」中格物窮理，否則空言「義理」皆是胡說。由此看來：朱子之所以老實看史，其實目的並不在於「事」，而仍是在於「理」。故朱子所重應在「經」而不在「史」。

安國則與朱子不同。安國雖以「經」視《春秋》，不以「史」視《春秋》，似乎只重視聖人的微言大義而不重視史事。其實不然，以「經」視《春秋》正代表安國認爲史事之中就有聖人的大義存在，其意乃是「重史」而非「輕史」。正因爲聖人傳心之典要就在史事之中，故自然主張「理氣合一」，而且相對而言也比較重視氣性之活動。這些觀念都和以下湖湘學派理學的發展脈絡息息相關。而反觀朱子：既認爲格物致知皆只是形下心氣之功夫，「性理」別有更高一層在，故以《春秋》史書爲「無甚曲折」〔註58〕，而轉於《春秋》以外之經書中求，又不足，故乃有《論》、《孟》、《學》、《庸》四書之成立。朱子於《四書集注》幾乎窮畢生之力而爲之，即可知其意在彼而不在此。而安國治《春秋》既受伊川啓發，主於一事一義中見聖人之奧旨，以得吾心之大體。天理之大不離事業之小，形上形下，在一「默識心通」之工夫下貫通爲一。故「心氣」之活動，「性理」即在其中，心、性不可分，由心之逆覺以成性，重心尤過於重性。而工夫則重在先「察識」而後「涵養」，更進而以「已發」爲「心」，而以「未發」爲「性」。凡此，安國雖皆未明言，然從「卒傳其父之學」的五峰，以及五峰之弟子南軒的思想內容來看，則湖湘學派之理學思想由安國《春秋》學轉化而來之發展脈絡其實隱然可見！

朱子與安國《春秋》學之異同釋例——

　　基於以上論述，本文再舉《春秋》中閔公元年「季子來歸」之事爲一實例，以見安國與朱子讀史方法之不同，以及湖湘與程門理學與史學之間的關係脈絡。先列其前後史事如下：

〔註58〕《朱子語類》卷83〈春秋・綱領〉：「世間人解經，多是杜撰。且如《春秋》只據赴告而書之，孔子只因舊史而作《春秋》，非有許多曲折。」，頁2146。

莊公二十三年：春，公自至齊。

夏，公如齊觀社，公自至齊。

二十四年：春王三月，刻桓宮桷。

夏，公如齊逆女。

秋，公自至齊。八月丁丑，夫人姜氏入。戊寅，大夫、宗婦覿用幣。

三十二年：秋七月，癸巳，公子牙卒。

八月，癸亥，公薨於路寢。

冬十月，己未，子般卒。

公子慶父如齊。

閔公元年：夏六月，辛酉，葬我君莊公。

秋八月，公及齊侯盟於落姑。季子來歸。

二年：秋八月，辛丑，公薨。

九月，夫人姜氏孫于邾。

公子慶父出奔莒。

冬，齊高子來盟。

魯桓公死於齊，莊公忘君父之仇，又娶姜氏女，且行「刻桷」及「使宗婦覿用幣」等非禮之事。莊公兄弟慶父，叔牙、季友又因莊公立嗣事而黨爭。季友酖叔牙，慶父弒莊公之嗣公子般，季友乃奔陳。哀姜、慶父立閔公。季友自陳歸魯，然亦不能止慶父。哀姜通於慶父，又弒閔公。哀姜孫于邾，齊人殺之。慶父奔莒，季友以賂求之，慶父自縊而死，季友乃立僖公。安國《春秋傳》於莊公二十四年「刻桓宮桷」下云：

> 公將逆姜氏，丹桓宮之楹，刻其桷，爲盛飾以夸示之，此非特有童心而已。御孫諫曰：儉，德之共也；侈，惡之大也。先君有共德，而君納諸大惡，無乃不可乎。自常情觀之，丹楹刻桷，疑若小失，而《春秋》詳書於策，御孫以爲大惡，何也？桓公見殺于齊，則不能復而盛飾其宮，夸示仇人之女，乃有亂心。廢人倫，悖天道，而不知正者也。御孫知爲大惡，而不敢盡言；《春秋》謹禮於微，正後世人主之心術者也。〔註59〕

莊公刻桓宮之桷，乃爲迎哀姜，盛飾以夸示之，亦不過莊公之侈心而已。安

〔註59〕《春秋胡氏傳》，頁2302。

國則視爲大惡，以爲「廢人倫」、「悖天道」，人主之心術於此判然可見，此即朱子所謂「說之太深」。安國《春秋傳》閔公元年「季子來歸」下又云：

> 按左氏盟於落姑，請復季友也。其曰季子，賢之也；其曰來歸，喜之也。自外至者爲歸，是嘗出奔矣，何以不書？莊公薨，子般弒，慶父主兵，勢傾公室，季子力不能支，避難而出奔，恥也。魯國方危，內賊未討，國人思得季子以安社稷。而公爲落姑之盟，以請於齊，則是賢也。《春秋》欲沒其恥，故不書奔；欲旌其賢，故特稱季子，聖人之情見矣！隱惡而揚善，舜也；樂道人之善，惡稱人之惡，孔子也。爲尊者諱，爲親者諱，爲賢者諱，春秋也。明此可以畜納汙之德，樂與人爲善矣！其不稱公子，見季友自以賢德爲國人所與，不緣宗親之故也。堯敦九族，而急親賢，退囂訟；周厚本枝而庸旦仲，黜蔡鮮，義皆在此，而親親之殺，尊賢之等著矣。此義行則內無貴戚任事之私，外無棄親用羈之失，而國不治者，未之有也。此春秋待來世之意。〔註60〕

慶父弒子般，立閔公，國既有主，季子乃自陳歸，魯史據以直書其事而已。而安國乃據之大書特書：認爲不稱「公子」而稱「季子」，乃是「季友自以賢德爲國人所與，不緣宗親之故也」，甚至以「堯敦九族」、「周厚本枝」喻之，以爲此乃「春秋待來世之意」，亦可謂張皇太甚矣！朱子讀《春秋》則不如此。《語類》曰：

> 《春秋》書「季子來歸」，恐只是因舊史之文書之，如此寬看尚可，若謂「春秋謹嚴」，便沒理會。或只是魯亂已甚，後來季友立得僖公，再整頓得箇社稷起，有此大功，故取之，與取管仲意同。然季子罪惡與慶父一般，春秋若褒之，則此一經乃淪三綱斁九法之書爾！當時公子牙無罪，又用藥毒殺了。季子賜族，此亦只是時君恩意，如秦呼呂不韋作「尚父」耳。正淳曰：季子雖來歸，亦有放走慶父之罪。曰：放走慶父罪小，它自身上罪大，亦治慶父不得。」〔註61〕

朱子認爲《春秋》褒揚季子來歸之事與孔子讚揚管仲意同〔註62〕。《語類》此條下附錄云：

〔註60〕《春秋胡氏傳》，頁2306～2307。
〔註61〕《朱子語類》卷83〈春秋・經〉，頁2163。
〔註62〕孔子與子路、子貢討論管仲之事見《論語・憲問篇》。

《春秋》書季子來歸，不知夫子何故取季友？恐只是如取管仲之意，
但以其後來有功社稷，所以更不論其已前罪過。

朱子之意：季子並非無罪惡，只是就其立僖公，存社稷之大處著筆而嘉許之，
此意已較安國平允。《語類》又曰：

成風事季友，與敬嬴事襄仲一般，《春秋》何故褒季友？如書「季子
來歸」是也。人傑謂：季子既歸，而閔公被弒，慶父出奔，季子不
能討賊，是其意在於立僖公也。先生曰：縱失慶父之罪小，而季子
自有大惡。今《春秋》不貶之，而反褒之，殆不可曉。蓋如高子仲
孫之徒，只是舊史書之，聖人因其文而不革。所以書之者，欲見當
時事跡，付諸後人之公議耳。〔註63〕

此處朱子則肯定季子有大惡，而以《春秋》不貶反褒爲「不可曉」，又以爲此
乃魯史舊文，孔子因而不革，欲付後人公議。朱子於此處已起疑情。《語類》
又曰：

問季友之爲人。曰：此人亦多可疑。諸家都言季友「來歸」爲聖人
美之之辭。據某看此一句，正是聖人著季氏所以專國爲禍之基。又
「成風聞季氏之繇，乃事之」。左氏記此數句，亦有說話，成風沒巴
鼻，事他則甚？據某看此等人皆魯國之賊耳！〔註64〕

又曰：

「季子來歸」如「高子來盟」、「齊仲孫來」之類。當時魯國內亂，
得一季子歸國，則國人皆有慰望之意，故魯史喜而書之。夫子直書
史家之辭。其實季子無狀，觀於成風事之可見。一書「季子來歸」，
而季氏得政，權去公室之漸，皆由此起矣！〔註65〕

其實史官何喜怒之有？不過據實以書而已。然朱子能據《左氏》記載看出季
子之惡，以爲季氏專魯國之政乃自此始，可謂特識。此即所謂於「事情」、「事
勢」中著實格物窮理，以求其「事理」的讀史方法；與安國就一事一義深入
義理，直指心性，以爲得聖人奧旨者實大異其趣。而此讀史方法之異又與其
理學思想中的實踐工夫甚至天道論之不同有很深的關聯。而朱子與湖湘的歧
異也由此可見。

〔註63〕《朱子語類》卷83〈春秋·經〉，頁2162。
〔註64〕《朱子語類》卷83〈春秋·經〉，頁2163。
〔註65〕《朱子語類》卷83〈春秋·經〉，頁2164。

第二章　湖湘學派理學人物及其學術之傳承

本章提要

　　湖湘學派以胡安國起家。安國雖不及見二程，然與程門弟子謝上蔡、游定夫、楊龜山等人都有交誼，與上蔡更是在師友之間。明道與伊川學術路徑已有不同，其異正是湖湘與道南之分歧，爲後來五峰、南軒與朱子思想結構產生分異之源頭。本章即以五峰與程門的學脈關係爲基礎，論述代表湖湘重鎮的五峰學術中的主要傳承脈絡。

　　安國之子胡寅承其父經史之學，對於北宋政教困境的解決方法多有創發，更於《春秋》家學之外又兼重《論語》一書，隱然已透顯出湖湘學派由經史之學轉入心性之學的痕跡。故論述致堂學術之要，以爲安國至五峰之間學術演變之過渡。

　　南軒從遊五峰之日淺，雖仍是湖湘血肉，精魂已略有走失。其與五峰思想差異之處本章皆論述之，以見湖湘理學之轉折，及其之所以常受朱子影響之原因。

　　此外，其他湖湘諸子如胡寧（和仲）、胡憲（籍溪）、胡實（廣仲）、胡大原（伯逢）、胡大時（季隨）及吳翌（晦叔）等人，則依其年輩順序分別略述其重要的思想脈絡。

第一節　程門理學與湘湖學派之關係

前　言

前文已論述胡安國之《春秋》學及其轉入理學之脈絡。以下本文則以宋代理學爲背景，列敘湖湘學派人物師弟、學友之間的學術傳承及演進之脈絡，以見湖湘人物理學之觀念受前人啓發以及本身相互影響的整體內容。本章基本上採用「學術史」的研究方法，故重點在於學術人物前後相互影響的脈絡之整理。至於觀念本身之分析，則留待第三章論及湖湘學者之「思想內容」時再行討論。

胡安國非謝上蔡之弟子

今仍以胡安國爲湖湘學派第一個人物。胡安國（1074～1138），字康侯，建寧崇安人。朱子列安國於上蔡門人之目，然據安國自身所言，以及胡寅〈先公行狀〉之所述則似乎有所出入〔註 1〕。朱子之所以將胡安國列爲上蔡之弟子，原因在於朱子企圖在諸家之異同中建立一個統合的儒學體系。朱子早年耽於禪學，後雖折從儒學，然當時在心性修爲的見解上較接近於湖湘學者，因此與南軒論學頗爲相契。既而又得新悟，於伊川之語渙然冰釋，而南軒亦頗折從於朱子，至是朱子乃確然於伊洛之學無疑。可見朱子之學是從湖湘轉手而入二程。而安國之學又受二程極大的影響，這也是朱子所深知者。安國既不及見二程，又禮上蔡甚恭，則列安國於上蔡門牆，正足以表示湖湘之學亦源出於伊洛。由此可見朱子於學術系統常主合而不主分。

湖湘理學源於二程之關鍵在胡安國

安國雖然不是上蔡之弟子，然深受上蔡啓發則無可否認。故湖湘理學思想之源頭可以由安國透過上蔡而上溯至伊洛程門。可見湖湘學派雖然本身有從「經史學」轉出「理學」的發展脈絡，然若純就理學體系之發展而言，則

〔註 1〕 胡安國曾説：「吾於游、楊、謝三公皆義兼師友」（《宋元學案・龜山學案》，頁 956）。而胡寅於〈先公行狀〉中敍述安國與楊時、謝良佐及游酢諸人之交游時，都與劉奕、向子韶、曾開、唐恕、朱震等安國之友同列，觀其行文語氣，謝、游、楊三人應是安國的友朋輩，而不是師長輩，〈行狀〉又曰：「雖定夫、顯道諸丈人行，亦不以此謀之」，此「丈人行」應是胡寅對其父安國之友輩之稱呼。胡寅之〈先公行狀〉見《斐然集》，收入《四庫全書》集部第 1137 冊，頁 678。

其源頭應來自於二程兄弟。因此依據安國與上蔡之關係以及上蔡之於二程之間的思想體系之分合，可以尋繹出湖湘學派思想發展之根源，而其代表人物正是胡安國。只是安國之文集、語錄流傳者不多，無法直接就文本部分加以論述，只能就安國與程門諸子如上蔡、龜山等人的思想關係中間接抉發其脈絡。欲疏通此一問題，首先必須先從二程兄弟本身之異同述起。

二程之異

明道與伊川思想的不同，其根源在於性格的差異所導致的工夫實踐上的不同。明道去世較早，伊川則得享天年，其單獨講學之時間達二十年，因此伊川的性格及工夫得以凸顯出來成為與明道不同的思想樣貌。然而在「主敬以格物窮理」及「盡性」、「至命」等方面，二程之間其實並無多大不同。「格物窮理」延續了北宋儒藉經史之學從事政治社會改造的格局；而「盡性至命」則是二程超越北宋經史之學，直追孔孟心源，開有宋一代理學發展之智悟。此為二程所共見，然而明道天資高，故工夫多圓頓而少漸進。明道嘗云：

> 窮理盡性以至於命，三事一時並了，元無次序。不可將窮理作知之
> 事，若實窮得理，即性命亦可了。〔註2〕

此條語錄學者大多耳熟能詳。「窮理」、「盡性」、「至命」三位一體，而特別強調「不可將窮理作知之事」，可見明道在修為工夫上與伊川所謂「進學在於致知」強調循序漸進者不同。此外再如明道〈識仁篇〉及〈定性書〉中所謂「不須防檢，不須窮索」、「此道與物無對」、「以己合彼，終未有之」、「以有為為應跡，以明覺為自然」等，朱子曾謂「一篇之中都不見一個下手處」。明道將「仁」的範圍擴大，將人心與事理統攝在生生不息的「仁」之中，形式上雖是挽「宇宙」與「人生」為一體，實則以一心統攝宇宙萬理，此即明道所謂「天理二字是自家體貼出來」之義。

而伊川則主張「性即理也」。然只說「性即理」，不說「心即理」。若以「心」為主體來論心與物的統合，伊川與明道的境界形態顯然有差異：明道一心之統攝即是天理，而在伊川則一心之統攝只能「彰顯」天理，不能「即是」天理。二程此一歧異，其先只是性格上的差異所引起的工夫之不同，而後乃導致思想結構形態的根本差異。

〔註2〕《河南程氏遺書》卷第二上，見《二程集》，頁15。

　　若更進一步言之：二者在實踐工夫上的差異在於明道言「識仁」，言「體貼」，言「明覺」；而伊川則言「窮理」、「致知」。其實明道也說「窮理」，也不反對「致知」。然明道卻甚少強調「窮理以致知」，反而說「不須防檢，不須窮索」，甚至說「不可將窮理作知之事」。可見二程在基本知見上並無多少歧異，只是在下手工夫上因於天資性格而有不同。伊川天資或不及明道，不喜人下手太快，論工夫乃貴漸進，故教人欲其篤實優遊〔註3〕。二程之異，實已開以下湖湘之與朱子，甚至是朱子之與象山異同之端緒。

上蔡資質近於明道

　　既然工夫之異同常決定於性格與資質，則上蔡於程門中「天資英發，高邁卓絕」（朱子語），應與明道較為相契。明道之工夫全在一「識」字，即所謂「體貼」。工夫所在，即是本體，比較不表現工夫累積之過程義，故常曰「不須防檢、不須窮索」。這固然是明道天資高，然並非天資高者，即可不必用工夫，只是其工夫直下超然，直貫本體，與朱子日日格物，事事窮理，以待來日「一旦豁然貫通」者不同而已。其實是所用的「工夫」不同，並非「無下手處」就是「無工夫」〔註4〕。

　　上蔡由於性格較近於明道，因此工夫模式也比較相近。論「仁」則主「有知覺，識痛癢」〔註5〕，此一「覺」字是上蔡上承明道，下開湖湘，甚至是象山的關鍵。所謂覺必然是逆向的，故又稱「逆覺」。直下反諸本心，故必歸結於「識心」。所謂「識心」就是要先辨認「心」之「體性」，此「心之體性」即是「天理」，而所謂「辨認」即是「覺」。「覺」者是由外在事物之警悟激發而體現本心，當下挽內外為一。此「本心」之呈現即是「真心」。

〔註3〕宋代理學家之目的在於重新抉發孔孟儒學之真精神。在印度佛教思想瀰天蓋地的籠罩和影響之下，欲從另一不同於先秦儒的角度重新闡揚儒家心性之學，其目的不止於「治民」，而更在於「養士」。理學家根本上並不只求「為民之師」，而是更進一步欲「為士之師」。故理學實是一種社會知識階層的養成教育，因此當然必須顧及一般士人之根器，不能只針對最上根器者講學。伊川較明道在陳義與工夫上都較為平實，或許即是代表此一時代之意義。

〔註4〕象山之學亦當做此解釋。

〔註5〕上蔡云：「有知覺，識痛癢，便喚做仁；運用處皆是當，便喚做義。大都只是一事」，見《上蔡語錄》卷上，（臺北：中文出版社出版，廣文書局印行，1980年7月，頁23）。

上蔡「知覺」之教透過安國影響湖湘

上蔡云：

> 人須識其眞心，見孺子將入井時，是眞心也，非思而得，非勉而中
> 也。〔註6〕

「人須識其眞心」正是明道所謂「學者須先識仁」之義。安國人格氣象與上
蔡相近，故頗心契於其人〔註7〕，又嘗向上蔡「質疑訪道」。故可以推斷安國
於上蔡「知覺」、「識心」之說多少必有所體悟。只是安國文集語錄傳世者少，
無法按圖索驥。然據〈武夷學案〉所引安國〈答曾幾書〉亦可略窺其一、二：

> 聖門之學，則以致知爲始，窮理爲要。知至理得，不迷本心，如日
> 方中，萬象皆見，則不疑所行而內外合也。〔註8〕

「不迷本心，如日方中，萬象皆見」與上蔡所謂「識其眞心，非思而得，非
勉而中」十分接近。湖湘學派由安國至於五峰，「識心」之教更加受到重視。
五峰之後的胡廣仲、胡伯逢、胡季隨等諸昆仲甚至都明白揭示上蔡「知覺」
之教，以與朱子之學相抗衡，可見此一觀念在湖湘學派理學系統中的意義。

由上所述，可知「明覺察識」之教自明道首發之，上蔡繼承之，而透過
安國，此一教法乃成爲五峰乃至以下湖湘諸子理學思想中的重要成分。而承
先啓後，聯結伊洛與湖湘之理學脈絡者，則爲胡安國。

中和問題

以上就「明覺」、「識心」之觀念追溯湖湘學派第一位人物胡安國透過上
蔡私淑明道，而下開湖湘「察識」心學之脈絡。然程門在修養工夫上另外還
有一個關於「已發、未發」的「中和」問題，同樣可以用來觀察湖湘理學與
伊洛之關係。甚至朱子承繼於李延平的所謂「道南」學脈，都可以從「中和」
的問題中看出其端緒。

明道指點龜山「求中未發」開道南一派之學脈

本書首章曾提及《宋元學案》卷二十五〈龜山學案〉附錄有云：

〔註6〕見《上蔡語錄》卷中，頁43。

〔註7〕《宋元學案》卷34〈武夷學案〉中黃宗羲案語曰：「先生之學，後來得于上蔡
　　　者爲多，蓋先生氣魄甚大，不容易收拾。朱子云：『上蔡英發，故胡文定喜之』，
　　　想見與游、楊說話時悶也」。頁1172。

〔註8〕見《宋元學案》卷34〈武夷學案〉，頁1172。

胡文定曰：吾于謝、游、楊三公，義兼師友，實尊信之。若論其傳
授，卻自有來歷。據龜山所見在《中庸》，自明道先生所授。吾所聞
在《春秋》，自伊川先生所發。〔註9〕

其中有關伊川與安國《春秋》學之關係已見前文論述。胡安國說龜山之學在
《中庸》，乃明道所發。然今檢查《二程集》，明道討論《中庸》者極少〔註10〕，
也幾乎看不到論及「已發未發」者，更未見其與龜山討論《中庸》之問題。
反倒是伊川語錄中論《中庸》「已發未發」者極多。朱子與南軒參究此一問題
時所致疑的「凡心皆屬已發」一語亦出於伊川。似乎應該是龜山之論「已發
未發」乃得之於伊川而非明道。

龜山「求中未發」之旨得之於明道〈定性書〉

其實不然，文定所謂龜山所見在《中庸》而得自於明道者，在文獻上雖
少有可考者，然仔細檢查明道與龜山的語錄文集，其實有可尋之跡。本文認
為龜山之論《中庸》，乃得之於明道之〈定性書〉。龜山云：

《中庸》曰：「喜怒哀樂之未發謂之中，發而皆中節謂之和。」學者
當於喜怒哀樂未發之際，以心體之，則中之義自見。執而勿失，無
人欲之私焉，發必中節矣。發而中節，中固未嘗忘也。孔子之慟，
孟子之喜，因其可慟可喜而已，于孔、孟何有哉！其慟也，其喜也，
中固自若也。鑑之照物，因物而異形，而鑑之明未嘗異也。莊生所
謂「出怒不怒，則怒出於不怒；出為無為，則為出於不為」亦此意
也。若聖人而無喜怒哀樂，則天下之達道廢矣！〔註11〕

「其慟也，其喜也，中固自若也」，此義來自於明道之〈定性書〉應無疑義。
然「學者當於喜怒哀樂未發之際，以心體之，則中之義自見」則是龜山受明
道啟發後的進一步闡述。明道以《中庸》指點龜山，《中庸》一書之重點則在
「中和」問題上，故龜山乃曰：「發而中節，中固未嘗忘也」，「其慟也，其喜
也，中固自若也」。其義指吾心應物之時，「未發」就在「已發」中，也就是
「理一」就在「分殊」之中。「分殊」之中具有「理一」，故能「為出於無為」。
如「鑑之照物，因物而異形，而鑑之明未嘗異也」。「理一」為體，「分殊」為

〔註 9〕見《宋元學案》卷 25〈龜山學案〉，頁 956。
〔註10〕語錄中僅二見。
〔註11〕見《楊龜山先生全集》卷 21〈答學者其一〉（臺北：學生書局，1974 年 6 月，
　　　　頁 898）。

用;「未發」為體,「已發」為用;「中」為體,「和」為用。此體雖與用「不離」,亦與用「不雜」,故而此「體」可於「用」中求,亦可於「不用」中求。意即「中」可於「已發」中求,也可於「未發」中求,龜山即屬於後者。故曰:「學者當於喜怒哀樂未發之際,以心體之,則中之義自見」,僅此一句,即龜山所以開「道南」一脈心法之關鍵。龜山再傳而羅豫章,豫章再傳而李延平,皆謹守此一脈之心傳。延平以「默坐澄心以驗夫喜怒哀樂未發之前氣象」教朱子,正是道南之法要,而溯其源則是龜山之於程門《中庸》學的領悟。〔註12〕

伊川「觀於已發」對湖湘思想之影響

明道、龜山論已發未發之中和問題,與伊川又有不同。伊川於其語錄文集中論及中和者頗多,暢論最淋漓者莫過於《河南程氏遺書》卷十八〈與蘇季明論中和問題〉中的兩條語錄。引述如下:

> 蘇季明問:中之道與喜怒哀樂未發謂之中,同否?曰:非也。喜怒哀樂未發是言在中之義,只一個中字,但用不同。
>
> 或曰:「喜怒哀樂未發之前求中,可否?曰:不可。既思於喜怒哀樂未發之前求之,又卻是思也。既思即是已發。纔發便謂之和,不可謂之中也。
>
> 季明問:先生說喜怒哀樂未發謂之中是在中之義,不識何意?曰:只喜怒哀樂不發,便是中也。曰:中莫無形體,只是箇言道之題目否?曰:非也。中有甚形體?然既謂之中,也須有箇形象。
>
> 曰:固是所為皆中,然而觀於四者未發之時,靜時自有一般氣象,及至接事時又自別,何也?曰:善觀者不如此,卻於喜怒哀樂已發之際觀之。賢且說靜時如何?曰:謂之無物則不可,然自有知覺處。
>
> 曰:既有知覺,卻是動也,怎生言靜?人說「復其見天地之心」,皆以謂至靜能見天地之心,非也。復之卦下面一畫,便是動也,安得謂之靜?自古儒者皆言靜見天地之心,唯某言動見天地之心。〔註13〕

〔註12〕龜山之《中庸》學得自程子,南軒亦嘗言之。《南軒集》卷十〈瀏陽歸鴻閣龜山楊諫議畫像記〉云:「惟公師事河南二程先生,得《中庸》鳶飛魚躍之傳於言意之表。」只是南軒未明白指出係得之於明道而已。見《南軒集》(臺北:廣學社印書館,1975 年 6 月,頁 280)。

〔註13〕《二程集》,頁 200〜201。

伊川對此一問題反復論究，極力主張須就「已發」之際體察，不喜人於「未發」之前求「中」。故曰：「既思即是已發」，此意稍加引申即成「凡心皆是已發」。朱子早年參究中和問題時就因爲伊川這句話而陷入長期的苦思〔註14〕。伊川後來雖祖言「凡心皆指已發」之論未盡妥當，而改稱「心，一也，有指體而言者，有指用而言者，惟觀其所見如何耳！」〔註15〕。然就伊川論「中和」問題的文字統觀之，其不喜言「未發之中」殆無疑義，因此自然不喜龜山所言「於喜怒哀樂未發之際體之」，也因此伊川十分強調「自古儒者皆言靜見天地之心，唯某言動見天地之心」。

伊川「凡心皆是已發」的觀念後來被五峰所繼承，成爲「性爲未發，心爲已發」的體系。再加上「於已發之際觀之」、「動見天地之心」的工夫，於是成就了湖湘學派透過外在事物逆覺吾心仁性之「察識端倪」的工夫進路。

湖湘「識心」之教形式上來自伊川，本質則來自明道與上蔡

由此觀之：湖湘學派主「明覺」、「知識」之工夫進路固然是由安國透過上蔡而間接私淑於明道者，然而「就已發之中察識端倪」之教則有得於伊川。雖然，湖湘此義與伊川仍略有不同：伊川主「凡心皆是已發」、「於已發之際觀之」，其義在於主張以「心」就實際事物格物致知以窮理。就伊川而言，心之未發之際不易把捉，心之未發只能謂之「在中」，而非即是「中之道」。「中之道」無法就「心」中求，因「心」屬於形下，而「中之道」則屬於形上，此因伊川之理、氣二分故。然湖湘「察識」之教則不然，其工夫下手雖在「已發」處，然此「逆覺取証」之工夫直下貫通「未發」之性而爲一。故就此義觀之：湖湘「識心」之教在本質上實與龜山得之於明道之「求中未發」之境界取向較爲接近。伊川主張就心之已發處求，然其心、性爲二分；湖湘也同樣就心之已發處下手，卻直透本性；而龜山道南一脈則「默坐澄心，以觀未發之氣象」。故知湖湘之與道南二者皆是直指心、性之合一與呈露，只不過在工夫下手處，一就「已發」處察識，一則直接觀於「未發」而已。

故綜而觀之：湖湘理學在「就已發處觀之」的工夫下手處來自伊川；然「明覺」、「識心」及此一工夫內容所蘊涵的「氣性合一」的思想格局則來自於明道

〔註14〕參見錢賓四先生《朱子新學案》冊二〈朱子論未發與已發〉。本書第四章亦頗論及此一問題。另五峰論中和問題亦全依伊川此語，詳後。
〔註15〕《河南程氏文集》卷第九〈與呂大臨論中書〉，見《二程集》，頁609。

與上蔡。此即湖湘理學之有得於伊洛之程門者。湖湘理學之光大者雖在五峰，然若就湖湘之與伊洛在思想上之承續關係而論，關鍵人物則在胡安國。

第二節　湖湘學派從胡致堂到胡五峰的學術思想發展脈絡

前　言

前文已就胡安國與上蔡之師友交遊論述湖湘學術思想與伊洛程門之傳承脈絡。雖然因為安國少有著述流傳，只能從間接文獻論述，然《宋史》胡宏本傳中明言五峰「卒傳其父之學」〔註16〕。安國之學，以《春秋傳》名世，固不必論，然就其深契於上蔡，且曾與之交遊看來，安國在理學思想上也必然多少有些創發。所謂「五峰卒傳其父之學」，或許包含了《春秋》學及理學兩部份。只是五峰於其父之《春秋》學並無多少進一步發揚光大之處，而於理學則所造獨深，乃成湖湘理學之重鎮。

然五峰之兄胡寅，則與其相反。胡寅《斐然集》三十卷雖未見有關於理學思想方面之發揮，然其歸本於其父以《春秋》學為中心的學術路徑，使得致堂對有宋一代的政教得失特別留意。此亦宋代《春秋》學之流衍。且正是因為對宋代某些現實問題的思考，乃逐漸從「外王」導至「內聖」。故致堂雖本身並未直接針對理學思想發揮，然而從致堂的學術中其實也可以尋找出從安國以至五峰在學術思想發展上的線索。故本文以下就致堂《斐然集》中對宋代政教問題的思考來尋繹湖湘學派由「外王」到「內聖」的脈絡，做為湖湘學派何以至五峰之時能綻放出理學思想光采的解釋。

胡寅之學術

胡寅（1098～1156），字明仲，學者稱為「致堂先生」，安國弟之子。《宋史》本傳言：「將生，弟婦以多男欲不舉，安國妻夢大魚躍盆中，急往取而子之」〔註17〕。因此致堂以後即以安國為父。其生母死，致堂不為其心喪解官，

〔註16〕見《宋史》卷四百三十五〈儒林傳五〉（臺北：鼎文書局，1991 年 2 月，頁 12921）。另《宋元學案》卷四十二〈五峰學案〉（頁 1367）亦有此語，應是引自《宋史》本傳。

〔註17〕見《宋史》卷四百三十五〈儒林傳〉五胡寅本傳。

以此大遭物議。致堂有〈寄秦丞相書〉，力陳「過房入繼」與「收養棄遺」之間恩義輕重的不同〔註18〕。致堂尊孔孟，倡六經，儼然以儒家正學自任，故於切身父母喪之大義，不惜爲之費詞辯護，欲昭大白於天下，雖然仍未能得當世人之諒解，然有可見致堂乃確然以儒家禮法自勵者也。

承《春秋》家學，以尊孔爲中心

湖湘學者自安國以來以《春秋》學倡名於世，其學皆歸本於「經世致用」，以儒家孔聖爲折衷。致堂承襲其家學，自然不失湖湘之本色，其學即以「尊孔」爲中心。曰：

> 建學校者必祀先聖，示道業之有所宗也。天下同知宗孔氏。然自孟子而後，曠千餘載，居仁由義，德業備成，卓然而爲斯人之先覺者，不越數君子而已。……故欲學孔氏，必求深乎孔氏之術。〔註19〕

「尊孔」爲致堂學術之總綱。北宋學術企圖於佛教思想瀰天蓋地之時，在政治社會局面已略有轉機之下，於儒學中別開生面，重新確立儒家學術對政治社會的主導地位。韓文公闢佛，只能從社會、經濟的角度論佛老之害。至宋代歐陽修作〈本論〉〔註20〕，認爲中國的政治社會若能務本於「禮樂刑政」之建設，則二氏自然退聽，其見解已高出韓昌黎之上。北宋初期的學術以經學爲主，然其經學則擺落漢唐舊注，自作新解，其目的在爲有宋一代政教作新注。欲闢二氏，莫如尊孔聖；欲措意於政教，則莫過於論《春秋》。北宋諸儒如胡瑗、孫復、程頤等人都致力於《春秋》一經之發揮。而安國《春秋傳》對於後代影響尤大，甚至蔚爲科舉考試之功令。《春秋》學成爲湖湘家學之大宗，實有一大時代的背景在。致堂雖未嘗注解《春秋》，然承其家學，尊六經以《春秋》爲主，認爲《詩》、《書》、《易》、《禮》等，孔子刪述之而已，爲前聖之所同；而《春秋》則爲聖人因大義之所作，爲仲尼之所獨。致堂此意於其文集中屢見。而致堂尊六經，崇孔聖，其目的乃在於排抑莊老與佛教，仍不離歐陽文忠〈本論〉之義。

〔註18〕《斐然集》卷十七〈寄秦丞相書〉曰：「人情未安，重違先訓者，緣過房入繼與收養棄遺恩意輕重不侔故耳。過房入繼，禮之正也，則當爲本生行心喪解官；收養棄遺，則本生之恩已絕，而所養之恩特厚，雖不爲本生服可也。」

〔註19〕見《斐然集》卷二十一〈祁陽縣學記〉，《四庫全書》集部第1137冊，頁575。

〔註20〕見《歐陽修全集》（臺北：華正書局，1975年4月）。〈本論〉共上、中、下三篇，中、下篇收於卷一《居士集一》，頁125，上篇歐陽修晚年曾加以刪訂，收於卷三《居士外集二》，頁422。

從封建井田問題論北宋政治

故致堂乃有恢復封建、井田之議：

> 古明王之治，計口授田，俾人人各給乎衣食，無甚貧甚富之患，貧
> 者不至於無以自存，而富者不至於越制踰度，兼人所養。故井田之
> 法以義取利，公天下而致和平者也。自秦開阡陌，廢疆理，用智力
> 雄，厚自封殖。斯民則之，交騖於物欲，不極不已。

> ……孟子深原其本，以救其末，極言義之不可不務，利之不必圖，
> 而以正經界為仁政之先。

> 本朝文正范公，置義庄於姑蘇，最為縉紳所矜式，自家而國，則文
> 正公先天下之憂而憂，後天下之樂而樂可知已。……聖賢自一衣食、
> 一居處之微而興澤被四海，並育萬物之政者，理義而已矣！

> 嗚呼！不井地，不封建，不足以寢兵、措刑、保國而長世。斯道也
> 安知不有能復之者，有能復之，豈獨士大夫不必置義田而已哉！
>
> 〔註21〕

致堂之所以討論封建與井田的議題，自然是有激於當時北宋之時勢所然〔註
22〕。唐末五代藩鎮割據，導致長期分裂，趙宋混一宇內之後，自然思有以
矯之。然矯枉而過正，榦強而枝弱，因此金人長驅直入，旬日之間，兵臨
城下。地方無力抵抗，京城一破，國隨以亡。此蓋致堂之所親見，怵目而
驚心者也，故有恢復封建之議，企圖加強地方之力量，一旦有變，可以拱
衛京師。然封建一行，又恐重蹈唐末五代藩鎮割據尾大不掉之弊。因此致
堂又從井田、封建問題進一步討論中央與地方的關係，致堂權衡得失，終
究主張「本大末小」。

本大末小

致堂於〈左氏傳故事〉篇首論述鄭莊公與共叔段之故事曰：

> 臣聞制國者，必使本大而末小，然後順勢而易制，故末大必折，尾
> 大不掉。〔註23〕

〔註21〕見《斐然集》卷二十一〈成都施氏義田記〉，頁576～577。

〔註22〕五峰也曾注意到井田的問題。《知言》卷三：「仁心，立政之本也；均田，為
　　　　政之先也……井田者，聖人均田之要法也」。頁125。

〔註23〕見《斐然集》卷二十三〈左氏傳故事〉，頁608。

秦漢以下，中國統一於單一行政體系之下，固然促使了政治制度與統治技術的不斷發展與進步。但究竟中國幅員過於廣大，統一化的行政體系實際上有其困難。一方面是行政命令傳達之不易，一方面則各地風土民情差異頗大，不適於單一體制之實施。因此中央與地方權限之分配，成為秦漢以下中國政治運作上的一大難題，此所以郡縣、封建之爭論，歷兩千年而不衰〔註24〕。北宋懲於割據而行「強榦」之策，卻又因「枝弱」而亡。因此致堂一方面主張恢復「封建」，一方面又主張「本大末小」，其進退唯谷之態，蓋亦時勢使然也。

雖然如此，致堂以「尊孔」為學術之本，又主立封建之本末，其意實在於固宋室之本。主本大末小固然是固本，而主封建亦何嘗不是以地方固中央之本，凡此皆不離於歐陽修〈本論〉思想之引申。

正刑法

欲「固本」，其要則在於「正刑法」。致堂解釋〈無逸傳〉「此厥不聽，人乃訓之；乃變亂先王之正刑，至于小大」之時曰：

> 臣謂正刑者，正法也。……古之王者，知命之不長，是以為之律度，陳之藝極，引之表儀，告之訓典，以遺後嗣，保其國家，所謂正法也。……至其子孫，不知前人之艱難，不知小人之依恃，不聽訓誥保惠教誨之言。於是姦憸之心，因其所好而訓之曰：先王之法，何必固守而不變也，時既不同，事與時並有損有益，同歸於治而已。世主甘心而不察，於是先王正法，自大至小，無不更改，違道咈民，苟便一切之欲，天下騷動，民不得安，怨讟並興，入於大亂，而莫可揜止矣！

> 往在熙寧，欲大有為，王安石禱張新法之說而為幻；往在崇觀，欲承考志，蔡京禱張紹述之說而為幻；……皆以一言中人主之欲，馴致禍釁，塗炭生民，家國兩亡，豈不痛哉！……臣聞天下有至正之理。自有天地生人以來，至於今日，不可改者，存之則為正心，行

〔註24〕唐代柳宗元作〈封建論〉肯定郡縣制度之價值。宋代張橫渠主封建，認為「天子建國，諸侯建宗，亦天理也」，又說：「公卿各保其家，忠義豈有不立」，（《張載集·經學理窟·宗法》，《張載集》，頁259）。清初顧炎武則主張行封建，許地方士大夫以世襲之封疆，以蕃衛京師。另外清初王船山等人也曾論及類似的封建問題。

之則爲正道，言之則爲正論，盡之則爲正人。先王用是以建立注措，

而謂之正法也。何謂正，天尊地卑，君臣之義不可易也。〔註25〕

致堂之意：國家能守「至正之理」，不輕變祖宗之成法，則君臣之義不可易。秦漢以下，中國二千年不行封建，其最大原因在於已無封建制度背後的一套「禮樂」精神。封建制度之下的君臣關係之體認，即來自於「禮樂」精神之薰陶，而「禮樂」又以「德位合一」之天命觀念爲本。後世以天下爲家，王室又往往來自民間，以力征篡弑得天下，非有「德命」於天，自然無「禮樂」可言。雖無「禮樂」，然致堂之意：若能守先王之正法正刑，不爲一時之利害而變易，則君臣之大義能守，此亦一「禮樂」也。如此則封建之法，未必不可復行於後世，而張邦昌、劉豫等僭逆禍國之事，自可避免。另外，致堂於王安石變亂經學，自作新義，又更張祖宗成法之事深惡痛絕，大加撻伐，其意皆在於此。

治法尚嚴

致堂有見於宋室用法太寬，以致奸佞小人，敢於欺君冒進，誑惑人主，擅變刑法。導致君臣倒懸，宗社丘墟。故又力主「嚴刑治下」。致堂於〈諸葛孔明傳〉中論及「治蜀頗尚嚴峻」一段時曰：

法正謂亮曰：昔高祖入關，約法三章，秦民知德。今君假借威力，跨據一州，初有其國，未垂惠撫胡，不緩刑弛禁，全客主之義乎？

亮曰：君知其一，未知其二。秦以無道，政苛民怨，匹夫大呼，天下土崩。高祖因之，可以弘濟。劉璋闇弱，自焉以來，有累世之恩，文法羈縻，互相承奉，德政不舉，威刑不肅。蜀土吏民，專權自恣，君臣之道，漸以陵替。寵之以位，位極則僭；順之以恩，恩竭則慢，積弊致亡，職由此也。吾今威之以法，法行則知恩；限之以爵，爵加則知榮，恩榮並濟，上下有節，爲治之要著矣！〔註26〕

法正諫諸葛亮寬刑之事，不見於陳壽《三國志》本傳。裴松之注引之，蓋以證其可疑。而致堂爲諸葛亮作傳乃表出之，蓋有深意焉！致堂於該傳之末又有「惜赦」一段，可爲前引「治蜀尚嚴」一段作注解，其曰：

人有言亮惜赦者。亮答曰：治世以大德不以小惠。故匡衡、吳漢不

〔註25〕《斐然集》卷二十二，頁604。

〔註26〕《斐然集》卷二十四〈諸葛孔明傳〉，頁634。

> 願爲赦。先帝亦言吾周旋陳元方、鄭康成間，每見啓告治亂之道悉
> 矣！曾不語赦也。若劉景升父子，歲歲赦宥，何益於治乎！〔註27〕

這正是北宋一朝之實況。致堂力主行封建制度，又主法尚嚴峻，後者即所以
補前者之弊漏，而其目的乃在於爲北宋之政治尋求一出路。

從井田問題論及宋代社會經濟所受佛教的影響

前文曾提及致堂對「井田」問題的論議。致堂注意此一問題，實有鑑於
唐代中葉均田制度破壞之後，土地自由買賣所造成的兼并現象對民間生計所
產生的重大傷害。致堂引《孟子》「仁政必自經界始」之言，認爲此雖是「一
衣食、一居處之微」，然實是爲政者所必依之「理義」〔註28〕。致堂此義充分
表現出宋代社會中平民士之精神，此處所謂「理義」之觀念，實隱涵有一解
決中國社會經濟因佛教而導致重大失衡之意義。而「義庄」即爲此一社會經
濟改造運動下的方便措施。因此致堂於范仲淹置義田之事大加讚歎。

然致堂之意，若井田制度眞能實行，則可不必置義田。井田之制雖後世
已不易推行，然其所蘊涵之「均田」觀念，仍不失爲解決唐末五代以來社會
經濟結構嚴重失衡，導致政治文化發展遲滯的有效方法。唯有先解決失衡的
社會經濟結構，才能使社會穩定；而穩定的社會即是「禮樂刑政」發展的基
礎。儒家正統的「禮樂刑政」如能發揚，士人之人生有一足以安身立命之歸
宿，則自然較不易受佛教思想之影響。

佛教對社會的影響及中國士人的立場

佛教在中國的發展，可分爲「社會宗教之需求」與「學術思想之啓發」
兩方面。前者之對象爲廣大的社會民眾，後者則爲原來讀孔孟書的士人階層。
前者之發展在中國一直持續不斷〔註29〕，而後者則與中國本有的學術思想相
激盪而代有興衰更迭。

中國政治的興衰和佛教的發展在本質上本來沒有必然的因果關係，但也
不能否認中國社會政教的衰微確實在某一程度上提供了佛教發展較有利的條
件。又因爲中國政治社會之失調，使得佛教寺廟經濟產生畸形的發展〔註30〕。

〔註27〕《斐然集》卷二十四〈諸葛孔明傳〉，頁640。
〔註28〕見前引《斐然集》〈成都施氏義田記〉，頁577。
〔註29〕此點可從唐宋以後，中國民間之戲曲小說中所含有的大量佛道思想中看出。
〔註30〕關於宋代以前中國佛教寺廟經濟發展之情形，可參考謝重光先生《漢唐佛教
社會史論》一書（臺北：國際文化事業有限公司，1990年5月）。

然而這只是經濟方面的問題，與其教義在本質上實了不相涉。佛教基本上與政治保持平行關係，對政治不加干涉〔註 31〕。其影響一般社會民眾者，大多是「因果輪迴」、「善惡報應」等簡單而平實的道德倫理觀念〔註 32〕；而影響士大夫階層者，則除此之外更在於精深的思想內容。

因此，純粹就社會經濟層面著眼，自「一衣食、一居處」之微推行其「澤被四海，並育萬物之理義」之政策如所謂的「井田」者，其實至多只能改變社會經濟的結構，使得儒家正統的「禮樂刑政」得以較易運作而已；其實並無法完全阻絕佛教對以士人階層為主流的中國學術思想的影響。而對於佛教在中國民間社會的傳播，則更無力動搖。這是因為佛教雖然必須依於中國社會的政治經濟現況以從事其傳教之工作，然其教義本身及宗教活動則超然於政治、經濟、社會之上，也因此佛教的宗教與哲學不致於受中國政治社會實況變動的影響。

因此，致堂尊孔聖，崇六經，致力於政治、社會改革的主張，在排抑佛教方面雖不能謂其全無功效，但至少在「思想」層面上對佛教並沒有絲毫的影響。湖湘學派人物從胡安國到致堂、茅堂兄弟，其學皆不離以《春秋》為儒家正學之根本，以之做為北宋一朝政治社會改造所依據之藍圖。其史學雖然也以經學為依歸，然在面對佛教精深的本體論及心性論時，不免仍有相形見絀之感。故欲闢佛興儒，非在「心性精微處」與佛教思想一爭長短不可。致堂於尊《春秋》之外，又尊《論語》，已隱然透顯出此一思維之傾向。

開始注意《論語》一書

致堂在〈東安縣重建學記〉一文中說：

> 是以欲知後世之故，必觀諸史；欲權史事之是非，必觀《六經》；欲知六經道德性命之旨，必通《論語》。〔註 33〕

〔註 31〕魏晉之際，佛教傳入中國不久，即有「沙門不禮王者」之論辯。爾後佛教與中國政治上之統治者大多保持友好但卻不干預，以避免捲入政治鬥爭之中的態度。

〔註 32〕愈簡單的道德觀念，愈具有普遍性。魏晉南北朝數百年間，五胡亂華，社會殘破，人命危淺，朝不慮夕，而中國北方之社會秩序不致完全崩潰，因而能有後來北朝政教之復興，甚至是以下隋唐之盛世者，佛教「因果輪迴」、「善惡報應」之觀念維繫最低限度的人類倫理秩序，使人性不致於完全崩潰，亦不能謂其全無影響。

〔註 33〕《斐然集》卷二十〈東安縣重建學記〉，頁 562。

致堂於〈上蔡論語解後序〉中亦云：「《論語》一書蓋先聖與門弟子問答之微言，學者求道之要也」〔註34〕。致堂雖知於《春秋》之外再注意《論語》中的「道德性命之旨」，然其所論者仍不夠精深；加以《論語》一書乃聖人指示為仁之方者，本來就少言「性與天道」，根本無法與在本體論上究極精微的佛教哲學一爭長短。因此儒家學者必須於自家思想傳統中開出形上學與宇宙論方面的格局，方足以樹立儒家士人安身立命之人格典範，以對抗佛教。此則不得不期之於五峰。《宋元學案‧衡麓學案》中全祖望謂「五峰不滿其兄之學」〔註35〕，這或許就是上文所論之義，「不滿」代表五峰的學術較之致堂更進一步。五峰在宋代學術上的地位確立在六卷的《知言》，而非八十卷的《皇王大紀》，這已經顯示五峰的地位在理學而不在史學。

胡寅之學在湖湘學術發展中的價值

致堂在理學上的創發雖不如其弟五峰之卓絕，然致堂對北宋一朝政教問題的分析中，逐漸注意到佛教對中國政治、經濟、社會發展的影響。認為欲扭轉此一形勢，必須從中國士人的「道德性命」重建開始，故致堂於《春秋》之外又注意到《論語》，即代表湖湘學派由傳統《春秋》「外王」之學逐漸走入「內聖」之學之發展方向。湖湘學派人物並非每一人都在理學思想上有所創發，有宋一代其實有格局範圍更大的政治社會之問題在。致堂之學，應由此一角度觀之。

研究五峰之理學須先注意北宋學術之背景

今人研究五峰，大多直接就《知言》六卷探索其「以心成性」格局之下的種種理學觀念，較少注意宋代學術對五峰思想的啟發。其實五峰理學思想的背後仍有一宋代學術發展的背景在，必須先就此著眼，才能明白湖湘學派理學思想本身發展的意義。

這個背景就是：五峰認為二程之學上接先秦孔孟之傳，而為宋代學術思想之正宗。此一觀念在今日已是通識，然五峰距二程時代不遠，伊川晚年又遭朝廷禁錮，多少有些忌諱，且當時理學尚未成為學術之主流。然而五峰在當時已然點出二程在文化學術的意義上直接孔孟先聖之學的地位，不能不說其有過人之見識。

〔註34〕《斐然集》卷十九〈上蔡論語解後序〉，頁540。
〔註35〕見《宋元學案》卷四十一，〈衡麓學案〉全祖望序錄，頁1340。

北宋士人關於政教改革及學術思想的自覺運動,其方向非止於一方,理學不過是其中之一支而已。雖是如此,然理學代表宋代士人欲從心性根源處與佛教一爭長短的努力,是最足以承續孔孟心性法源的一個學術方向,五峰的理學以及整體學術觀念顯然都立基在此。五峰學術之路徑大體得之於伊洛程門,在理學觀念方面則因思想結構相近之故,受明道影響較大。以下本文先論述五峰心目中程門在宋代學術中之定位,再逐漸導出五峰每一個重要的理學觀念在明道或前人影響之下的發展情形。

五峰之學源自二程,以經史學重開一代學術之路徑

《宋史》胡宏(1105~1155?)〔註36〕本傳曰:

> 宏字仁仲,幼事楊時、侯仲良,而卒傳其父之學。優游衡山下餘二
> 十年,玩心神明,不舍晝夜。〔註37〕

安國已不及見二程,五峰自然也只能師事程門楊、侯二子,然其與伊洛程門關係甚深,思想受其啟發,則無可懷疑。五峰曾有一詩云:

> 斯文久寥落,我欲問蒼天,蒼天默無言,復欲問古先。
> 古先群聖人,去我三千年,紛紛儒林士,章句以為賢,
> 問之性命理,醉夢俱茫然。皓月隱重雲,明珠媚深淵,
> 近得程夫子,一線通天泉。蕩滌淨塵垢,逸駕真無前。〔註38〕

五峰之意:戰國以下儒者唯務章句,孔孟聖人之性命道理隱沒不彰,至二程子出始回萬古之光明,直接孔孟心性之大道,其於二程可謂推崇備至!

五峰又集程子遺言為一書,題曰《程子雅言》,其序曰:

> 天生蒸民,必有聖賢為之耳目。自堯而上,如黃帝、伏羲,雖時有
> 見于傳記,不可得而詳其事矣。自堯而下,有大舜,有伯禹,商有
> 湯,周有文王,群聖相繼,獨吾夫子窮不得居天位,道德之積與天
> 地同大,道德之發與日星並明,凡在斯人,莫不爭慕及顏氏子死,

〔註36〕此生卒年據姜亮夫《歷代人物年里碑傳綜表》,然卒年有誤。據《南軒集·答陳平甫書》,南軒自謂於高宗紹興三十一年辛巳初見五峰,其年為西元 1161年,則五峰卒年自然不可能在 1155 年。

〔註37〕見《宋史》卷四百三十五〈儒林傳五〉(臺北:鼎文書局,1991 年 2 月,頁12922)。

〔註38〕見《五峰集》卷一古詩〈簡彪漢明〉,《文淵閣四庫全書》第 1137 冊集部,頁89。

夫子沒，魯氏子嗣焉。曾氏子死，孔子之孫繼之，于其沒也，孟氏
實得其傳。孟子既沒，百家雄張……最名純雅，不駁于正統者，莫
如荀、揚。然荀氏以不易之理爲僞，不精之甚也；揚氏以作用得後
爲心，人欲之私也。故韓子斷之曰：軻之死不得其傳，鳴呼甚矣！
大宋之興，經學倡明，卓然致力于士林者：王氏也，蘇氏也，歐陽
氏也。……王氏支離，支離者，不得其全也。……歐陽氏淺于經，
淺于經者，不得其精也。……蘇氏縱橫，縱橫者，不得其雅也。然
則屬之誰乎？曰：程氏兄弟，明道先生、伊川先生也。或者笑曰：
其爲言也不文，世人莫之好也；其制行也傲古，世人莫之信也，其
講道也，惟開其端；其言治也，不計其效，蓋迂之至也，曷足以爲
斯民耳目，纂堯舜、文王、孔孟之緒乎？而子屬之以傳，過矣！曰：
言之不文，乃發於口而門人錄之，傳先生之道，澤及天下，是其樂
也，傳之其人，又其次也；修飾辭華，以矜愚眾，非其志也；行之
傲古，不徇流俗，必準之于聖人也；講道啓端，不騁辭辨，欲學者
自得之也；治不計效，循天之理，與時爲工，而期之以無窮也……
其爲人也，可謂大而化矣，吾將以之爲天。

鳴呼！其不及堯舜、文王之分，則又命也。雖然，唱久絕之學于今
日，變三川爲洙泗之盛，使天下之英才有所依歸。歷古之異端，一
朝而謬戾，見比於孔子作春秋，孟子闢楊墨，其功大矣！屬之以傳，
又何過哉！〔註39〕

五峰此文歷敘前代聖人自黃帝、堯舜以下，禹、湯、文武，以迄孔孟，其意
在於以二程接古先聖之傳，即前引其詩中所謂「近得程夫子，一線通天泉」
之意。五峰又歷數有宋一代王氏、歐陽氏、蘇氏之學，而終究歸宗於程氏，
不以其「言之不文」、「制行傲古」、「講道惟開其端」、「言治不計其效」爲迂
闊，而推許爲「大而化矣」之「天」。又比之於孔子作《春秋》，孟子闢楊墨，
其功使「歷古之異端，一朝而謬戾」。此處「謬戾異端」一語，正是五峰之所
以推尊二程之關鍵。

　　理學之所以興，除另有其時代演變之因素外，對印度佛學思想的反動，
也是重要的因素之一。而宋代士人重建一代之新學術以對抗釋迦法教者，仍

〔註39〕見《五峰集》卷三〈程子雅言全序〉，頁151～152。

必須回返《五經》。此雖舊路，然谿徑別開，宋人拋棄舊注，重開一代之新經解〔註40〕，企圖以新經解建立新學術，以新學術培養新觀念之士，進而以此一批「新儒」領導唐末五代結束之後所產生的嶄新的平民社會。五峰之推崇二程，以之為道統之傳承者，其著眼處在此。其〈後序〉又曰：

> 自堯舜之盛，暨乎孔子，風氣浸漓。上無明王，下無賢佐，至道泯然其將絕。苟非載以文而指示焉，則後世雖有間氣英明之士，亦且惑於異端，天下幾何其不流而入于禽獸也。聖人有憂之，為之作《六經》。《六經》指道之大路，而《語孟》又指入《六經》之關要也。……

> 自秦焚書坑儒以後，章句紊亂，《六經》之義浸微浸昏。重以本朝丞相王安石專用己意訓釋經典，倚威為化，以利為羅，化以革天下之英才，羅以收天下之中流。故五十年間，經術頹靡，日入于暗昧支離。而六經置于空虛無用之地。方其時也，西洛程伯淳，其弟正叔二先生者，天實生之，當五百餘歲之數，稟真元之會，紹孔孟之統，振六經之教，然風氣未衰而未盛也〔註41〕。

五峰大力指出二程之所以能繼孟子之傳者，其要在於「善述六經之旨，能得孔孟之意」。而王安石則「專用己意訓釋經典」，故使「經術頹靡，日入於暗昧支離」，而六經乃置於「空虛無用」之地。

五峰駁荊公之學

其實北宋諸儒皆致力於經術而求其能致實用。王安石建立《三經新義》而結穴於《周禮》一書，正是欲為其變法大業奠定理論之基礎，並非所謂「空虛無用」者也。之所以置《春秋》不論，只因安石是一經學中的理想主義者，既思於北宋內憂外患之政局中變法，且又期於「全變」、「驟變」、「大變」，其勢不得不高舉一理想政治之大纛，故於春秋一書中基於實際社會時間流變的歷史精神，乃不能相應，以致詆之為「斷爛朝報」。理想主義者大多與「時間」

〔註40〕中國歷代學術之變，可說都結穴於「經解」之不同。兩漢經學轉而為魏晉玄學，一掃象數，獨標義理，固是經解之不同；北宋諸儒，廢傳解經，亦是一新經解；伊洛二程，擺落政教，直指性理，以堯舜事業為過目浮雲，何嘗不是另一種新的經解？而朱子以《四書》解《六經》，甚至大變經學之傳統；至清代樸學，所謂「小學明則經學明」，則又是一新經解。直至近代以西方哲學思想重讀中國舊經典，別開一番生面，其實還是一種新的經解。

〔註41〕見《五峰集》卷三〈程子雅言後序〉，頁153。

義的史學不相應。而反對王安石最力的司馬光，則正是一重視時間流變意義的經驗主義的史學家〔註42〕。其中之意，蓋可思過半矣！

另外，安石之新經學體系之所以不重視《易》者，是因為《易經》中所言的「天道性命之理」對變法事業而言並非急務〔註43〕，而此正是二程與安石大異之處。安石之經術在於政治社會的直接改造，而二程之經術則轉而於聖人天道性命之精微處著力〔註44〕。故安石所重在《詩》、《書》與《周禮》；而程門所重則在《易》與《春秋》，其經學路徑實有不同。

五峰之所以尊二程而斥荊公者，其意在於政治社會之改造其根本在於人心之重建；而人心之重建其根本又在於異端之破斥。而欲破斥異端，則又非從傳統學術中重新建立一套足以安身立命之倫理標準不可。湖湘之學源於伊洛者，其大本在此。

五峰之《皇王大紀》

因此，湖湘學派之理學思想，實根源於其經術。而史學又導夫其經術之先路。前文已論及安國自述其《春秋》學得自伊川先生之啟發，而五峰承其家學，上起盤古，下迄周末，成《皇王大紀》八十卷。其序曰：

> 自堯而上，六闕逢荒。堯之初載甲辰，迄於赧王乙巳，二千有三十年，天運之盛衰一周，人事之治亂備矣，萬世不能易其道者也。後人欲稽養生理性之法則，舍皇帝王伯之事何適哉！嗚呼！聖人作書契以記事之情，明心之用。自皇帝墳典，至于孔子《春秋》，法度文章盈天下。……諸史祖《春秋》，載記所謂史也。史之有經，猶身之支體有脈絡也。《易》、《詩》、《書》、《春秋》，所謂經也；經之有史，猶身之脈絡有支體也。〔註45〕

〔註42〕因此王安石得神宗支持，大力實行新政之時，司馬光乃退而修《資治通鑑》，開一千五百年中國政治社會發展之歷史，其意即在於顯示：政治社會的改變不能只憑藉理想，必須根據實際歷史序列的演變實況。

〔註43〕然而安石曾有《易解》二十卷。熙寧四年二月定貢舉新制，亦有「進士罷詩賦、帖經、鑒義，各占《詩》、《書》、《易》、《周禮》、《禮記》一經，兼以《論語》、《孟子》之規定，可見安石也並非完全排斥《易經》。

〔註44〕若依此一觀點，則安石其實為儒家之本色，而二程欲為社會之大宗師，反較近於道家中之莊子。而五峰之所以指安石之經術為「支離」者亦可以此一角度加以解釋。

〔註45〕本序除冠於《皇王大紀》書首者外，另《五峰集》卷三亦收有〈皇王大紀序〉一篇，兩篇文字小有出入，此處引文參酌兩序，各取其文意順者書之。

五峰此序，力陳經、史之關係，強調「史之有經，猶身之支體有脈絡」，其史學之精神，實以經學思想爲基礎。其所以會通歷代之載籍者，其目的不在於「通古今之變」，反在於「綜古今不變」之「養生理性」之法則。故湖湘史學實與同時司馬光之史學有大不同。湖湘史學不以考據爲本，也不以社會現實的流變爲歷史研究之根本，其目的只在「由道以紀綱人生而理其性」。換言之，只在「立人道」。故曰：

> 事有近似古先，而實怪誕鄙悖者，則裁之削之；事有近似後世而不
> 害於道義者，咸會而著之。〔註46〕

此數語道盡湖湘史學的主要精神。史學本所以通古今之變，究天人之際，而湖湘史學則只究「人」而不究「天」。歷史演變中人類無法掌握的因素抖落盡淨，只剩下永恒不變的性命法則。司馬遷所感嘆的「黑暗的歷史森林」一轉而爲「光明的理性世界」〔註47〕。湖湘本以史學名家，乃一轉而以理學名世，其脈絡於五峰之史學中一如其父安國，同樣清楚可見。而湖湘史學不論是安國的《春秋傳》，抑或是五峰的《皇王大紀》，其精神都直接來自於伊川「不以史視春秋」，而務求其「經世大義」之觀念。從此一角度看，湖湘學派之史學仍有伊洛程門之影響。

五峰之理學亦源自於程門

　　五峰之史學，固受伊川之啓發，其理學亦不脫程門之影響。五峰一生堅守伊川「凡心皆屬已發」一語，而其理學思想之綱領則幾乎皆源於明道〈定性書〉與〈識仁篇〉兩段文字。《知言》一書開宗明義即曰：

> 天命之謂性。性，天下之大本也。堯、舜、禹、湯、文王、仲尼六
> 君子先後相詔，必曰心而不曰性，何也？曰：心也者，知天地宰萬
> 物以成性者也。六君子盡心者也，故能立天下之大本，人至於今賴
> 焉。不然，異端並作，物從其類而瓜分，孰能一之？〔註48〕

此段引文可說是五峰思想的總綱領。「以心成性」一語又成爲五峰思想乃至於湖湘學派理學之門面。其中「成」字尤爲重要：「性」是天下之大本，然古聖

〔註46〕《五峰集》卷三〈皇王大紀序〉，頁156。

〔註47〕「黑暗的歷史森林」乃由徐復觀先生《兩漢思想史》卷三〈論史記〉中「歷史黑暗面」一語轉化而來。（臺北：學生書局，1979年9月，頁331）。

〔註48〕見《知言》卷一。《文淵閣四庫全書》第703冊子部一，（臺北：臺灣商務印書館，頁112）。

先王只曰「心」而不曰「性」。五峰認爲工夫在「心」，盡「心」則「性」自立，盡「心」的過程即是立「性」的過程，「心」與「性」在實踐與呈現中合而爲一，此之謂「心以成性」。五峰心、性一體之觀念，明顯受明道之影響。明道論「性」，皆主「性即氣，氣即性」之「性氣合一」觀念，不憑空說性。明道曾曰：

- 只心便是天，盡之便知性，知性便知天。

- 「窮理、盡性，以至于命」，三事一時並了，元無次序。不可將窮理作知之事。若實窮得理，即性命亦可了。〔註49〕

「窮理」本應該是「心」的認知過程，然明道卻說「窮理」不可作「知」之事。此處之「知」指經驗之知。窮理所得不是「經驗之知」，而是「逆覺之知」，是「實踐之知」，不是「聞見之知」。因此「窮理」、「盡性」、「至于命」三事才能一時並了。明道之意：心之窮理當下即是性之呈現，即是天理。「只心便是天」一語當下即已貫通心、性、理爲一。已不勞再下「盡之便知性」、「知性便知天」二語。此豈不就是五峰「以心成性」一語之所本！五峰這種以「心」之實踐貫串「性」之呈露的觀念，可再進一步以《中庸》中已發、未發的觀念來解釋。

五峰「已發未發」之觀念受明道影響

五峰早年遊于程門，師事龜山先生，曾聞龜山論已發、未發之旨。然五峰實自有一番見解，其〈與僧吉甫書三首〉曰：

> 楊先生〈中庸解〉謂：中也者，寂然不動之時也。按子思說，喜怒哀樂未發謂之中，則是楊先生指未發時爲寂然不動也。頃侍坐時嘗及此，謂喜怒哀樂未發，恐說寂然不動未得。……
>
> 竊謂未發只可言性，已發乃可言心。故伊川曰：中者所以狀性之體段，而不言狀心之體段也。心之體段，則聖人無思也，無爲也，寂然不動，感而遂通天下之故是也。未發之時，聖人與眾生同一性；已發則無思無爲，寂然不動，感而遂通天下之故，聖人之所獨。夫聖人盡性，故感物而靜，無有遠近幽深，遂知來物；眾生不能盡性，故感物而動，然後朋從爾思，而不得其正矣！若二先生以未發爲寂

　　然不動，是聖人感物亦動，與眾人何異？尹先生乃以未發爲真心，

　　然則聖人立天下之大業，成絕世之至行，舉非真心耶？〔註50〕

五峰主張未發爲性，已發爲心，而心則兼寂、感。所謂寂然不動、感而遂通皆是已發之心之作用。故其舉伊川「中者，所以狀性之體段」一語以證「未發只可言性」。可見五峰深受伊川「凡心皆屬已發」一語之影響。五峰之意：「未發」是「性」，此爲聖、凡之所同有；而「已發」之「心」，則唯聖人能寂然不動，感而遂通；凡庸之人則只能「感」而不能「寂」；以不能「寂」，故其「感」亦不能皆得其正。五峰之所以反對楊、尹二先生以「未發爲寂然不動」者，原因在於五峰既以「未發」爲性，而性豈是「寂然不動」者〔註51〕？再者未發之性既是「寂然不動」，則已發之心豈非即是「感而遂動」？如此則不免混漫聖、凡之分際，即五峰所謂「是聖人感物亦動，與眾人何異？」。五峰認爲未發是性，已發是心，且心兼寂、感。而「性之流行，心爲之主」，則心之「寂」、「感」作用之中，即是「性」之呈現，所謂「未發」即在「已發」之中。此觀點落實在實踐上即是「以心成性」之工夫。而五峰此一觀念分明是受明道〈定性書〉觀念之影響。明道曰：

　　所謂定者，動亦定，靜亦定，無將迎，無內外。苟以外物爲外，牽己而從之，是以己性爲有內外也。且以己性爲隨物于外，則當其在外時，何者爲在內？是有意于絕外誘，而不知性之無內外也。〔註52〕

動、靜之所以都能定，是因爲性無內外，故動、靜皆依於「性」，動、靜皆依於「性」，故能動、靜皆「定」。依於性者爲心，性即在心之作用中，故「性定」亦可謂「心定」。五峰言「性是未發」，「心是已發」，未發即在已發之中。而心之所以能寂然不動、感而遂通者，正以「性」即在「心」之中之故，故「心」能「成性」。明道與五峰觀念之相異者，其實只在實踐工夫之頓漸差別而已。

〔註50〕見〈與僧吉甫書三首〉中之第二首，第三首大意與第二首同。《五峰集》卷二，頁125～126。

〔註51〕中國思想史上「性」之意義帶有基於「氣化」的活動義。五峰言「性」亦然。五峰曰：「好惡性也」、「性譬諸水乎」、「氣之流行，性爲之主；性之流行，心爲之主」、「天命之謂性，流行發用於日用之間」，皆可見此義。以「性」爲「只是理」，此蓋伊川、朱子之別義，非五峰之說。

〔註52〕《河南程氏文集》卷第二〈答橫渠張子厚先書〉，《二程集》，頁460。

五峰與明道工夫略有頓漸之別

明道工夫渾淪圓融，較不見下手處；五峰則較篤實，故其強調「理義」。
五峰曰：

- 義理，群生之性也。義行而理明，則群生歸仰矣。〔註53〕

- 君子居敬，所以精義也。理於義，所以和順於道德也。〔註54〕

「義」求其精，而「精義」則在於求「理」之明，此之謂「理於義」，五峰又曰：

> 為天下者，必本於「理義」。「理」也者，天下之大體也；「義」也者，
> 天下之大用也。理不可以不明，義不可以不精；理明然後綱紀可正，
> 義精然後權衡可平；綱紀正，權衡平，則萬事治，百姓服，四海同。
> 夫理，天命也；義，人心也。惟天命至微，惟人心好動；微則難知，
> 動則易亂；欲著其微，欲靜其動，則莫過乎學矣！〔註55〕

「理」者，天命之必然；而「義」者，人心之裁斷。以人心之「裁斷」而求合於
天命事理之「必然」，此即是五峰所謂「理於義」、「奉天而理物」〔註56〕。而其
實踐之過程，五峰以為其要莫過於「學」。五峰之「學」工夫首先在一「識」字。

五峰主張「學」之要在於「識」

《知言》卷四曰：

> 彪居正問：心無窮者也，孟子何以言盡其心？曰：惟仁者能盡其心。
> 居正問為仁。曰：欲為仁必先識仁之體。曰：其體如何？曰：仁之
> 道弘大而親切，知者可以一言盡，不知者雖設千萬言亦不知也；能
> 者可以一事舉，不能者雖指千萬事亦不能也。……
> 他日問曰：人之所以不仁者，以放其良心也，以放心求心可乎？曰：
> 齊王見牛而不忍殺，此良心之苗裔，因利欲之間而見者也。一有見
> 焉，操而存之，存而養之，養而充之，以至於大，大而不已，與天
> 同矣！此心在人，其發見之端不同，要在識之而已。〔註57〕

〔註53〕《知言》卷四，頁134。
〔註54〕《知言》卷五，頁144。
〔註55〕《知言》卷四，頁134～135。
〔註56〕明道〈定性書〉所謂：「聖人之喜，以物之當喜；聖人之怒，以物之當怒。是
聖人之喜怒，不繫於心而繫於物也。」此即五峰所謂「理於義」，所謂「奉天
而理物」。
〔註57〕見《知言》卷四，頁139。

「欲爲仁，必先識仁之體」，此分明即是明道〈識仁篇〉中所謂「學者須先識仁」。「識」之工夫具有「貫通」義，當下貫通吾心之「內」與事物之「外」。其工夫主要在「逆覺」，透過「心」對外物之知覺作用，逆覺內在之「性」體，當下呈露「性」體之全。此「性」體即是「仁」體。此「識」之工夫由於首先以心之認知作用始，故又曰「察識」，此認知作用之對象則曰「端倪」。然因「識」之工夫建立在一時之逆覺上，雖所覺之「性體」不增不減，然所謂「覺知」究竟必須落在特定時空之中。因此當時空轉移之後，其所呈露之「性體」、「仁體」，終必又歸於隱沒〔註58〕。故欲求「仁性」之完全呈露，勢必於日用之間不斷運用「察識」之工夫，不斷累積「逆覺」所呈露的境界。然吾人之心不可能隨時能起對外物的警悟，在心不應物之時，則「此心擾擾，無渾潛純一之味」〔註59〕。

先察識後涵養

因此「察識」並非澈上澈下之工夫，故明道、五峰皆下一「先」字，以表明工夫從此開始而已。明道大資高，較不犯作手，故只曰：「識得此理，以誠敬存之而已，不須防檢，不須窮索」。而五峰雖「察識」之工夫遵從明道，於此則略有保留，因此主張察識後須操而存之，存而養之，養而充之，以至於大〔註60〕。五峰曾說：

> 情一流則難遏，氣一動則難平；流而後遏，動而後平，是以難也。察而養之於未流，則不至於用遏矣；察而養之於未動，則不至於用平矣。是故察之有素，則雖嬰於物而不惑；養之有素，則雖激於物而不悖。〔註61〕

五峰屢言「察而養之」，可見並不排斥平日一段涵養工夫；然其學究竟是以「察識端倪」、「先識仁體」爲宗旨。五峰以下的湖湘學者亦大體遵從此一家法。

〔註58〕此所以朱子批評只重「察識」之工夫易導致「迷離」、「惝恍」之病。
〔註59〕朱子語。見《朱文公文集》卷六十四〈與湖南諸公論中和第一書〉，頁1126。
〔註60〕《知言》卷四：「齊王見牛而不忍殺，此良心之苗裔，因利欲之間而見者也。一有見焉，操而存之，存而養之，養而充之，以至於大，大而不已，與天同矣！」，頁135。
〔註61〕《知言》卷四，頁134。

天理人欲同體異用

由五峰「以心成性」及「心爲已發，性爲未發」等觀念再加引申，則有「天理人欲同體異用」之說：

天理人欲同體而異用，同行而異情。進修君子宜深別焉。〔註62〕

五峰此語曾大啓朱子之疑竇。五峰曾曰：「氣主乎性」、「氣之流行，性爲之主」，又曰：「非性無物，非氣無形，性其氣之本乎！」〔註63〕可見五峰言「性」自始即是雜「氣」而言，並不高舉「性」於「氣」之上。五峰認爲人之生是性、氣之結合，捨「氣」無由見「性」。天理固是性，人欲又何嘗不是性！天理之體現，也必須透過人欲。故五峰此處所謂「同體而異用」之「體」，並非「理體」之「體」，而是「體性」之「體」。朱子以「理體」義解釋此「體」，而以「私欲」解釋「人欲」，與五峰「人之欲」的意義內容有所不同〔註64〕，故「天理」乃轉而與「人欲」不相容。朱子曰：「著人欲二字不得」，可見朱子深不契於五峰此說〔註65〕。五峰之意：「人欲」二字不即是惡，人欲不得於「義」固是惡，若人欲能主於「義」則即是天理。得不得於「義」固有不同，然其基於氣動則一。常人多見於氣動之不中節者爲「人欲」，而不知「天理」亦不能外於氣動。五峰認爲：同一「夫婦之道」，庸人以爲淫欲而沈溺；聖人則以保合爲義，以之建立父子、兄弟之倫。一以下達，一以上達，豈非「同行而異情」乎？五峰此一觀念可追溯自明道。明道語錄中「生之謂性」一條曾曰：

人生氣稟，理有善惡，然不是性中元有此兩物相對而生也。有自幼而善，有自幼而惡，是氣稟有然也。善固性也，然惡亦不可不謂之性也。〔註66〕

既言「善惡皆性」，又言「然不是性中元有此兩物相對而生」。明道之意：人生而靜以上既不容說，則既生之後言「性」必已雜「氣質」。既雜氣質，則不能免於惡，故曰「惡亦不可不謂之性」。然此「惡」其實是因於「氣稟」，而

〔註62〕《知言》卷一，頁114。
〔註63〕《知言》卷三，頁127。
〔註64〕「私欲」是惡，然五峰所謂「人欲」也包含如「飲食男女」等人天性之本能，不能必然指其爲惡。
〔註65〕朱子之批評見黃宗羲《宋元學案·五峰學案》所引〈知言疑義〉，《宋元學案》第三冊，頁1371。
〔註66〕《河南程氏遺書》卷第一。《二程集》，頁10。

非因於「性」，故又曰「不是性中元有此兩物相對而生」。善、惡皆基於「氣稟之自然」，只是「過與不及」而已。故明道又曰：

> 天下善惡皆天理。謂之惡者，非本惡，但或過或不及，便如此。
> 〔註67〕

又曰：

> 事有善有惡，皆天理也。天理中物，須有美惡，蓋物之不齊，物之情也。但當察之，不可自入於惡，流於一物。〔註68〕

所謂「善惡皆天理」指的是「存在之理」，而非「性理之理」。其義是指「善」、「惡」皆是一「存在」〔註69〕，而凡「存在」，皆是一「天理」。故明道進而曰：「謂之惡者，非本惡」，此語一轉，豈非即是五峰所謂「天理人欲，同體而異用，同行而異情」者乎！五峰思想多源自二程，尤其明道對五峰啓發尤多，其思想脈絡之間可細繹追尋而類此者，蓋不止一、二而已。

性通萬物

五峰從「性氣合一」中又引申出「性通萬物」之觀念：

> ・氣之流行，性爲之主。
>
> ・非性無物，非氣無形。性，其氣之本乎。〔註70〕

明道言「性即氣，氣即性」，僅指「人」而言。然而五峰已將「性」字之義從「人性」擴充到「物性」，此則明道所未言。就整體中國思想史之演進而言，此一立論實爲必然之結果〔註71〕。而直接影響五峰此一觀念者，吾以爲即是北宋之橫渠。《正蒙》一書開宗明義即曰：

> 太和所謂道，中涵浮沈、升降、動靜、相感之性，是生絪縕、相盪、勝負、屈伸之始。〔註72〕

橫渠之思想完全建立在「太虛即氣」的觀念上。「氣」自然涵有動化之能，即

〔註67〕《河南程氏遺書》卷第二上，《二程集》，頁15。
〔註68〕《河南程氏遺書》卷第二上，《二程集》，頁17。
〔註69〕明道既主「性氣合一」，則善惡不能不皆是一「存在之天理」。朱子主伊川「性即理也」之說，嚴分性、氣爲二，則「惡」自不能爲「理」，而「天理」、「人欲」乃兩不相容，故有「減卻一分人欲，即得一分天理」之說。其「理氣論」之主張不同，常導致其「人性論」因之而異。
〔註70〕見《知言》卷三，頁127。
〔註71〕請參閱本書第三章第一節。
〔註72〕見《正蒙・太和篇第一》。《張載集》（臺北：里仁書局，1981年12月，頁7）。

謂之「天性」，這是氣尚未聚合爲人或物之前的清虛之氣能〔註73〕。此天性之氣若聚散而爲物，則此動能即落實爲物性，若生爲人則爲人性。「物」與「人」固有不同，然其同基於太虛一氣之動能則一，故「性」通於萬物，橫渠又曰：

> 性者，萬物之一源，非有我之得私也。〔註74〕

> 性通極於無，氣其一物爾。〔註75〕

橫渠此言實即五峰「氣之流行，性爲之主」觀念之源。依於氣而言性，則此「性」必通於人、物而無別，進而通宇宙天地爲一。故橫渠言：「性通乎氣之外，命行乎氣之內，氣無內外，假有形而言爾」〔註76〕。而五峰則曰：「性外無物，物外無性」〔註77〕。「性」外無物，表示萬物皆通一於「性」。五峰又曰：

> 萬物皆性所有也。聖人盡性，故無棄物。〔註78〕

又曰：

> 大哉性乎！萬理具焉，天地由此而立矣！世儒之言性者，類指一理而言爾，未有見天命之全體者也。〔註79〕

五峰指出「世儒之言性者，類指一理而言爾」，正是對應上文所論「五峰之性乃雜氣動而言者」之義。萬物固皆「性」之所有，萬理固皆「性」之所具。然能盡之者乃在於「人」，故唯人能備萬物之性。五峰曰：

> 子思子曰：率性之謂道。萬物萬事，性之質也。因質以致用，人之道也。人也者，天地之全也。而何以知其全乎？萬物有有父子之親者焉，有有君臣之統者焉，有有報本反始之禮者焉，……至於知時禦盜如雞犬，猶能有功於人，然謂之禽獸，而人不與爲類何也？以其不得其全，不可與爲類也。

> 夫人雖備萬物之性，然好惡有邪正，取舍有是非，……惟聖人既生而知之，又學以審之，盡人之性，盡物之性，德合天地，以統萬物，

〔註73〕《正蒙‧乾稱篇第十七》云：「天性，乾坤、陰陽也。二端故有感，本一故能合」。見《張載集》，頁63。
〔註74〕見《正蒙‧誠明篇第六》。《張載集》，頁21。
〔註75〕見《正蒙‧乾稱篇第十七》。《張載集》，頁64。
〔註76〕見《正蒙‧誠明篇第六》。《張載集》，頁21。
〔註77〕見《知言》卷一，頁113。
〔註78〕《知言》卷四，頁134。
〔註79〕《知言》卷四，頁133。

故與造化相參而主斯道也。不然各適其適，雜於蠢頑禽獸，是異類

而已，豈人之道也哉！〔註80〕

五峰將《中庸》「率性之謂道」一語中之「性」由人性擴充至天性，認爲「萬物萬事，性之質也」。而「人」則能在天地萬物之中「因質以致用」，以人爲「天地之全」，又以聖人爲「人之全」。一再強調「萬物各正性命，而純備者人也，性之極也」〔註81〕，這不就是明道所言「仁者渾然與萬物同體」嗎！明道之「性」雖只就人言，不及物性，然言「仁體」則包涵萬物，與先秦時代論「性」者純就「人」而論，不及自然界者已有不同。

宋儒論「性」漸由人生界擴大至宇宙自然界，這固然是受秦漢以來中國傳統「氣化」觀念進展之影響，而另一方面佛教「法界唯心」、「色心不二」觀念的影響恐怕也不能抹煞。宋明理學諸儒雖大多闢佛，然其思想受佛教的影響，則確然無可疑。思想觀念相互激盪影響，蓋有出乎彼而入乎此者，不必以儒、佛之門戶限隔之。五峰「性通萬物」之觀念固然直接來自於橫渠與明道，然不可否認的也有當時佛教學術思想的影響在。

性無善惡

五峰承繼橫渠、明道「性氣合一」觀念之發揮，除了上述「天理人欲同體異用」及「性通萬物」等觀念外，又有「性無善惡」之說。五峰此一觀念大受朱子之抨擊。《知言・附錄》中有朱子討論「性無善惡」的一條語錄，文頗長，然於湖湘學者「性無善惡」一說之淵源敘說詳盡，故不煩具引。朱子曰：

> 道二，仁與不仁而已矣！猶今人言好底道理，不好底道理相似。若論正當道理，只有一箇，便無第二箇。所謂夫道一而已矣者也。因舉久不得胡季隨諸人書。胡季隨主其家，說性不可以善言，本然之善，本自無對，纔說善時，便與邪惡對矣！纔說善惡，便非本然之性矣！本然之性是上，其尊無比。故孟子道性善，非是說性之善，只是贊嘆之辭，說好箇性，如佛氏云：善哉，贊嘆之辭也。（注：此胡文定之說）

> 某嘗辨云：本然之性固渾然至善，不與惡對，此天之賦我者然也，然行之在人，則有善有惡，做得是者爲善，做得不是者爲惡，豈可

〔註80〕《知言》卷二，頁120～121。
〔註81〕《知言》卷二，頁121。

謂善者非本然之性，只是行於人者有二者之異，然後見善者是那本
然之性也。若如其言，本然之善，又有善惡相對之善，則是有二性
矣！方其得於天者，此性也，及其行得善者，亦此性也。只是纔有
個善者，便有個不善底，所以善惡須著對言，不是元有個惡在那裏
等你來，與你爲對，只是行得錯底，便流入於惡矣！此胡文定之說，
故其子孫皆主其說。而致堂、五峰以來，其說並差，遂成有兩性，
本然者是一性，善惡相對者又一性。他只說本然者性，善惡相對者
不是性，豈有此理！

然胡文定又得於龜山，龜山得之東林摠老。摠老龜山鄉人，龜山鄉
里與之往來，後來摠住盧山東林，龜山赴省，又往見之。摠老聰明，
深通佛書，有道行。龜山問：孟子道性善，說得是否？摠老曰：是。
又問：性豈可以善惡言。摠曰：本然之性，不與惡對。此語流傳自
他。然摠老之言，本亦未有病，蓋本然之性是無惡，及至胡文定以
性善爲贊嘆之辭，到得胡致堂、五峰輩遂分成兩截，說善底不是性，
若善底非本然之性，那處得這善來？既曰贊嘆性好之辭，便是性矣！
若非性善，何贊嘆之有？如佛氏曰：善哉！善哉！爲贊美之辭，亦
是這個道理好，所以贊嘆之也。〔註82〕

「性無善惡」說之來源

「性無善惡」之觀念早在先秦時代已被提出。《孟子》書中告子所謂「性
可以爲善，可以爲不善」，其實就是「性無善惡」的觀念。只是告子此說目的
在於強調「義外」，與五峰立基於「以氣性立天下之實有」者不同。除告子外，
此一觀念於先秦時代之淵源最可注意者則是道家中之莊、老。莊子雖重「至
人」、「神人」，然此聖人之「德」〔註83〕並非在於成就一可以依「物性」類推
之社會結構（即人文制度），而是依於「各自獨立的物性」來決定「人」存在
於自然界中之本質。依莊子之意：萬物各自獨立，物與物之間的「彼是」關
係並無究竟存在的本質意義〔註84〕，因此以彼是之相對關係爲基礎的知識並

〔註82〕見《知言・附錄》第十二條，頁152～153。《四庫提要》《知言》條下曾言：「其
　　　　《朱子語類》各條，亦仍依原本別爲附錄一卷，繫之於末，以備考證焉」。可
　　　　知其爲朱子之言。
〔註83〕《莊子・內篇》不言「性」而言「德」。
〔註84〕此之謂「齊物」。郭象注《莊子》即引申此義以成其「獨化」之觀念。

無究竟的價值。所謂「善」、「惡」其實只是依於物性之彼我關係所得的相對知識。因此善、惡也成爲莊子生命中解構的對象〔註85〕。

　　另外《老子》思想中也可引申出「性無善惡」的觀念。《老子》一書五千餘言從未出現「性」字，原因應是老子所重者只在於掌握宇宙萬物流動之法則，以做爲統治者調理社會之依據；對於現實世界中的個別物性則採取放任的態度。老子主張「歸眞返樸」，認爲「天下皆知善之爲善，斯不善矣」，故聖人應「處無爲之事，行不言之教」〔註86〕。論性之善惡在老子而言也是大道已廢之後的事了。

　　「性無善惡」的觀念固然可以在老、莊思想中尋得其根源，然而之後大闡此一觀念者，則爲印度傳入之佛學。佛教基於「緣起」的觀念，根本上否定了「物性」之存在。在「性空」的前提下，不但「物性」無法成立，甚至「人性」亦空，故曰「我空」。如此則善、惡等所有相皆是虛妄。所謂「佛性」者本來無一物，所謂「不思善，不思惡，是本來面目」〔註87〕。佛教雖於形下修持之法嚴分善惡，幾至辨析毫釐；然言及形上性體，則斷然與善、惡之觀念了不相涉。

五峰之論性無善惡

　　由此觀之，湖湘學者「性無善惡」之觀念，遠則受道家老、莊之啓發，而近則受佛學之影響。上引《知言》附錄朱子語一段，曾言「性無善惡」觀念乃龜山得之於東林摠。此人即爲一方外之沙門，可證此一觀念可能來自佛門。朱子又說摠老所言「本然之性，不與惡對」一語本無大毛病〔註88〕。朱子認爲「以性善爲歎美之辭」，毅然主張「性不可以善言」者，乃胡安國得之於龜山者。安國文集今不可見，《宋元學案》中之〈武夷學案〉亦未見有「性無善惡」之說，朱子所言或另有所據。然五峰《知言》之中則確然有此文字：

　　　　胡子喟然歎曰：至哉！吾觀天地之神道，其時無愆，賦命萬物，無

　　　　大無細，各足其分，太和保合變化無窮也。凡人之生，粹然天地之

〔註85〕故《莊子・養生主》曰：「爲善毋近名，無惡毋近刑，緣督以爲經」。
〔註86〕《老子》書第二章。
〔註87〕見通行本《六祖壇經》〈行由品第一〉。惠能云：「不思善，不思惡，正與麼時，那箇是明上座本來面目」。
〔註88〕《知言》附錄所收朱子語錄第十四條曰：「然摠老當時之語猶曰：渾然至善，不與惡對。猶未甚失性善之意，今去其「渾然至善」之語，而獨以「不與惡對」爲歎美之辭，則其失遠矣！」，頁154。

　　心，道義完具，無適無莫。不可以善惡辨，不可以是非分。無過也，
　　無不及也，此「中」之所以名也。

　　夫心宰萬物，順之則喜，逆之則怒，……欲之所起，情則隨之，心
　　亦放焉！……眾人昏昏，不自知覺，方且為善惡亂，方且為是非惑。
　　惟聖人超拔人群之上，處見而知隱，由顯而知微，靜與天同德，動
　　與天同道，和順於萬物，渾融乎天下，而無所不通，此中和之道，
　　所以聖人獨得，民鮮能久者也。〔註89〕

五峰此處所謂「凡人之生，粹然天地之心」，用一「生」字，指為「天地之心」，
這都是以「性氣合一」之觀念為基礎。五峰說「性」本不離「氣」，宇宙之間
萬物之生皆一氣之動化凝聚，「物」成則「性」立。而「人」稟天地之清，則
更受此一氣之良能，故曰「粹然天地之心」。此一氣之良能不能不動而生化不
測，故曰「神道」。氣涵「良能」，此即為「性」，「性」稟「氣能」故亦「不
能不動」而外發為「情」。此「不能不動」之「必然」起因於氣之動能乃是內
涵，非是外力所加。換言之，不論萬物氣化而成性，抑或性外發而為情，皆
是天地一氣因自涵動能而生化之結果。故五峰乃對此「保合太和」、「各足其
分」且「變化無窮」的「大地神道」發出喟然之歎，稱之曰「粹然天地之心」。
人性之成，既基於一氣純粹之動化，則善、惡自然不足以名之。

　　五峰「性無善惡」之說，雖可於先秦老莊及佛教思想中求得其淵源；
然宋明以下，明白揭示此說者厥為五峰。五峰此一觀念雖非直接來自於明
道，然間接受其「性氣合一」觀念之影響。此又五峰思想近於大程之一証
也。

第三節　張南軒及湖湘諸子學術思想的傳承與演變

　　湖湘學派理學之重點人物在胡五峰。五峰著作大都傳世，故其思想可據
以論述。然其餘湖湘學者除張南軒外著作傳世者不多，只能根據《宋元學案》
所錄及其餘零星材料以推論其學術思想之取向。湖湘諸子未必都有理學思想
方面的創發。其中屬胡安國子姪輩的胡氏昆仲，最年長者是曾經為朱子早年
所師事的胡憲。

〔註89〕見《知言》卷二，頁121。

胡　憲

胡憲（1086～1162），字原仲。胡安國從父兄之子。朱子〈籍溪先生胡公行狀〉曰：

> 生而沈靜端愨，不妄言笑。稍長從文定公學，始聞河南程氏之說。
> 尋以鄉貢入太學，會元祐學有禁，乃獨與鄉人白水劉君致中陰誦而
> 竊講焉。〔註90〕

可見籍溪之學亦源自二程，基本上不失湖湘之本色。〈行狀〉稱籍溪之文章稿藏於家，今不可見。《宋史》及《宋元學案》大多根據朱子〈行狀〉，故其思想言論不可得而詳，只知其為學大要以「克己」為宗〔註91〕。其任建州州學教授時「日進諸生而告之以古人為己之學」（行狀語）。其讀書不務多為訓說，讀《論語》，纂數十家說，鈔取其要而已。由此觀之，籍溪之學雖不脫湖湘之藩籬，然又與湖湘以經史講論政教，窮究天人，以證成心性之學者有異。〈行狀〉稱其「質本恬淡，培養深固。平居危坐植立，時然後言，望之枵然，如槁木之枝，而即之溫然」。其諡曰「簡肅」，《宋史》又列之於「隱逸」傳，可見其為學與為人。湖湘學派雖自五峰之後由經史之學兼及理學，然其學風仍不失北宋儒博觀恢宏之氣，故如籍溪之「簡肅」者，可謂是湖湘學者中之異數。

胡　寧

籍溪為胡安國從父兄之子，年略長於安國之長子胡寅。安國又有一次子胡寧。胡寧，字和仲，文定次子。學者稱為「茅堂先生」。《宋元學案》卷三十四〈武夷學案〉稱：

> 文定作《春秋傳》，修纂檢討盡出先生手。又自著《春秋通旨》，總
> 貫條例，證據史傳之文二百餘章，輔傳而行。〔註92〕

茅堂之文集不傳，《春秋通旨》一書又已佚，其學之詳不可得知，只知其學以《春秋》為主，仍是湖湘家學。

〔註90〕《朱文公文集》卷九十七〈籍溪先生胡公行狀〉，頁1665。
〔註91〕朱子〈籍溪先生胡公行狀〉：「既又學《易》於涪陵處士譙公天授，久未有得。天授曰：是固當然，蓋心為物漬，故不能有見，唯學乃可明耳。先生於是喟然嘆曰：所謂學者，非克己功夫也耶！自是一意下學，不求人知」。《朱文公文集》卷九十七，頁1665。
〔註92〕《宋元學案》冊三卷三十四〈武夷學案〉，頁1182。

〈武夷學案〉又引吳淵穎之言曰：

> 胡氏傳文，大概本諸程氏。程氏門人李參所集程說，頗相出入，而
> 胡氏多取之。蓋欲觀正傳，又必先求之《通旨》，故曰「史文如畫筆，
> 經文如化工」，若一以例觀，則化工與畫筆何異。惟其隨學變化，則
> 史外傳心之要典，聖人時中之大權也。世之讀《春秋》者自能知之，
> 不可以昔者向、歆之學而異論也。〔註93〕

由吳氏之言觀之，茅堂之《春秋》學與伊川同，不以「史」視春秋。故以經
文爲「化工」，不能以一般「史例」規範之，而以之爲聖人傳心之典要。這似
乎仍是湖湘以史學爲經學之傳統。

胡　實

　　胡實，字廣仲，五峰之從弟，就學於五峰。五峰卒後，湖湘子弟大多年
少，不足以張揚師門；且多潛隱在本地講學，極少與四方學者互通聲氣。其
中天資秀出如南軒者，又以從遊五峰之日淺，未能緊守湖湘學術之藩籬。朱
子作〈知言疑義〉對五峰之學多所批駁之時，南軒護衛家學的立場並不堅定。
而此時致書於朱子反覆論究，堅持湖湘家學而不少屈者，則爲廣仲。

　　《朱子文集》卷四十二收錄朱子〈答胡廣仲書〉六通，據此可見廣仲爲
學之大要。《宋元學案》卷四十二〈五峰學案〉中五峰家學胡實部分所錄之〈廣
仲問答〉首段曰：

> 「心有所覺謂之仁」，此謝先生救拔千餘年陷溺固滯之病，豈可輕議
> 哉！夫知者，知此者也；覺者，覺此者也。果能明理居敬，無時不
> 覺，則視聽言動莫非此理之流行，而大公之理在我矣！〔註94〕

廣仲守上蔡「知覺為仁」之說

　　由此可見，廣仲之學受上蔡「知覺」之教影響頗深。而湖湘「以心成性」、
「識心」之說亦爲廣仲所秉持。「知覺」、「知識」之工夫進路前文已有論述，
這是湖湘學者「以心成性」觀念下所產生的工夫形態。廣仲堅持此一本家觀
點，卻遭到朱子之反對。朱子曰：

> 近來覺得敬之一字，真聖學始終之要。向來之論，謂必先致其知，
> 然後有以用力於此，疑若未安。蓋古人由小學而進於大學，其於灑

〔註93〕《宋元學案》冊三卷三十四〈武夷學案〉，頁1182。
〔註94〕《宋元學案》冊三卷四十二〈五峰學案〉，頁1385。

掃應對進退之間，持守堅定，涵養純熟，固已久矣。是以大學之序，
特因小學已成之功，而以格物致知爲始。今人未嘗一日從事於小學，
而日必先致其知，然後敬有所施，則未知其以何爲主而格物以致其
知也。〔註95〕

朱子之意：大學以格物致知爲始教，乃因古人先有一段小學之工夫，而小學
之工夫即是「敬」，故不可以「知」爲聖學始終之要。朱子認爲「知」只是初
學之一段工夫而已。朱子又曰：

熹竊謂明道所謂先有知識者，只爲知邪正，識趨向耳，未便遽及知
至之事也。上蔡、五峰既推之太過，而來喻又謂「知」之一字，便
是聖門授受之機，則是因二公之過，而又過之。〔註96〕

朱子認爲過度強調「知」乃上蔡與五峰之過，並以「而又過之」責廣仲，可
見朱子與湖湘在此一觀點上不能相契。朱子又舉孟子言「知覺」與上蔡之不
同，曰：

所引孟子知覺二字，卻恐與上蔡意旨不同。蓋孟子之言知覺，謂知
此事，覺此理，乃學之至而知之盡也。上蔡之言知覺，謂識痛癢，
能酬酢者，乃心之用而知之端也，二者亦不同矣！〔註97〕

朱子認爲上蔡之言「知覺」非如孟子爲「學之至」，只是「識痛癢、能酬酢」
之「心之用」而已。朱子習慣以心、性分屬理、氣二元，認爲上蔡之言知覺
只是心氣一層之活動而已，不足以爲「知之盡」。朱子之批評上蔡即其所以批
評湖湘及廣仲，此出於雙方理氣觀念之差異。湖湘學者如廣仲者，皆以心之
有「知覺」即是「仁」，並不認爲「知覺」只是「能酬酢」而已。而其所謂「痛
癢」亦非只是一「趨向」，而是當下透過「知」、「識」之「覺」；此「覺」固
是心氣之作用，然已當下貫串「性理」爲一。此是一徹上徹下之工夫，而非
僅是「下手處」而已。

廣仲以「靜」說性

朱子又反對廣仲以「靜」說「性」，其曰：

至謂「靜」字所以形容天性之妙，不可以動靜眞妄言，則熹卻有疑
焉。蓋性無不該，動靜之理具焉；若專以靜字形容，則反偏卻性字

〔註95〕《朱文公文集》卷四十二〈答胡廣仲〉第一書，頁637。
〔註96〕《朱文公文集》卷四十二〈答胡廣仲〉第二書，頁638。
〔註97〕《朱文公文集》卷四十二〈答胡廣仲〉第五書，頁641。

矣！《記》以靜爲天性，只謂未感物之前，私欲未萌，渾是天理耳，不必以靜字爲性之妙也。〔註98〕

廣仲認爲性之「靜」不可以「動靜眞妄」言，此是五峰「性善之善，不與惡對」觀念之引申，正是素來爲朱子所不喜者。朱子批評廣仲「善不足以言性」之說，與其和廣仲論辯「性之動靜」問題有關，其曰：

蓋性一而已。既曰「無有不善」，則此性之中無復有惡與善爲對，亦不待言而可知矣！若乃善之所以得名，是乃對惡而言。其曰性善，是乃所以別天理於人欲也。天理人欲，雖非同時並有之物，然自其先後、公私、邪正之反而言之，亦不得不爲對也。〔註99〕

又曰：

蓋謂天命爲不囿於物可也，以爲不囿於善，則不知天之所以爲天矣！謂惡不可以言性可也，以爲善不足以言性，則不知善之所自來矣。《知言》中此等議論，與其它好處自相矛盾者極多，卻與告子、楊子、釋氏、蘇氏之言，幾無以異。〔註100〕

朱子反對廣仲以「靜」說「性」，原因在於「性該動靜」，不能偏舉靜字以言性；反對「善不足以言性」，則是朱子以「性爲善」之堅持。朱子爲分別「天理」於「人欲」，故不能不以善與惡對，而以善言性。廣仲強調「無對」，而朱子則強調「有對」，此又是湖湘與朱子之歧異處。朱子於〈答胡廣仲〉第五書之末蓋慨乎其言之矣：

大抵天下事物之理，亭當均平，無無對者。唯道爲無對，然以形而上下論之，則亦未嘗不有對也。蓋所謂「對」者，或以左右，或以上下，或以前後，……反復推之，天地之間，眞無一物兀然無對而孤立者。此程子所以中夜以思，不覺手舞而足蹈也。究觀來教，條目固多，而其意常主於別有一物之無對。……既彊加其所主者以無對之貴名，而於其所賤而列於有對者，又不免別立一位以配之。於是左右偏枯，首尾斷絕，位置重疊，條理交併。凡天下之理勢，一切畸零贅剩，側峻尖斜，更無齊整平正之處。凡此所論陰陽、動靜、善惡、仁義等說，皆此一模中脫出也。常安排此箇意思規模，橫在

〔註98〕《朱文公文集》卷四十二〈答胡廣仲〉第四書，頁639。
〔註99〕《朱文公文集》卷四十二〈答胡廣仲〉第五書，頁641。
〔註100〕《朱文公文集》卷四十二〈答胡廣仲〉第三書，頁639。

胸中，竊恐終不能到得中正和樂，廣大公平底地位。此熹所以有「所
知不精，害於涵養」之說也。〔註101〕

「涵養」與「察識」工夫進路之不同

朱子這一段話可說是對湖湘學者的總評。朱子之所以反對「無對」者，
本文認爲與其重「涵養」之工夫進路有關。所謂「涵養」，即是於日常生活中
隨時隨地提攜「善念」，念茲在茲，不斷加強念頭，藉以累積「念力」〔註102〕，
進而帶動行爲，達到道德修爲的成果。而「善念」之提攜當然是相對於「惡
念」的抑制而進行，所謂「涵養」本質上正是「抉擇」、「分別」。此所以朱子
嚴分善惡、動靜、陰陽、仁義，而不喜人漫其差等，含混籠統之原因。

而湖湘學者則不然，湖湘學風重「知覺」、「察識」，其工夫重在當下挽心
物、內外爲一。工夫固然用在「心」上，然當下「性」不離其中。亦即「物」、
「心」、「性」在「知覺」之當下貫通無別。故「察識」、「知覺」之本質乃在
「警悟」，非如「涵養」重在「抉擇」。此時從有對之事物中呈現出者乃無對
之性，而無對之性即內在於有對之事物中。正因「性」即內在於「心」之中，
故與「心」無對。相對的朱子主張「性即理」，而謂「理」只是一「淨潔空闊
的世界」，因此「理」只是一指導分劑之原則，與心氣活動之世界乃成兩橛。
朱子認爲格物窮理心氣活動之當下不即是「性理」，用力之久，始能「一旦豁
然貫通焉」，所以朱子主張「有對」，反對湖湘「識心」之教之所謂「無對」
者。朱子與湖湘之扞格，息息相關於雙方理氣觀念與修爲工夫之不同。

張南軒

張栻（1133～1180），字敬夫，號南軒，魏國公張浚之子。《宋史・道學傳》
曰：

> 穎悟夙成，浚愛之。自幼學，所教莫非仁義忠孝之實。長師胡宏，
> 宏一見，即以孔門論仁親切之旨告之。栻退而思，若有得焉，宏稱
> 之曰：聖門有人矣！栻益自奮屬，以古聖賢自期。〔註103〕

此無怪乎後世頗以南軒爲湖湘之嫡傳，然南軒從遊五峰之日淺，一生之中僅
兩見而已。南軒〈答陳平甫書〉曰：

〔註101〕《朱文公文集》卷四十二〈答胡廣仲〉第五書，頁641～642。
〔註102〕此藉用佛家語。三十七道品中有「五力」，其一爲「念力」。
〔註103〕鼎文書局《宋史》卷四百二十九，道學三，頁12770。

始時聞五峰胡先生之名，見其話言而心服之，時時以書質疑求益。辛巳之歲，方獲拜之于文定公書堂。先生顧其愚而誨之，所以長善救失，蓋有在言語之外者。然僅得一再見耳，而先生沒。自爾以來，僕亦困於憂患，幸存視息於先廬，紬繹舊聞，反之吾身，寖識義理之所存。湘中二三學者，時過講論，又有同志之友，自遠而至，有可樂者。如是有五載，而上命爲州，不得辭。繼爲尚書郎，猥以戇言，誤被簡遇，遂得執經入侍。〔註104〕

南軒一生僅見五峰兩次

南軒初見五峰於宋高宗紹興三十一年辛巳（1161），時南軒年二十九。觀本書所言「湘中二、三學者」蓋指胡大時，胡大原，吳翌諸人。而「又有同志之友，自遠而至」，則指朱子。王懋竑《朱子年譜》卷之一下乾道三年三十八歲條下云：

八月，訪南軒張公敬夫於潭州。冬十一月，偕南軒張公登南嶽衡山。

此即是朱子第三次會晤南軒，論《中庸》之義三日夜不能合。是時南軒三十五歲。而就南軒〈答陳平甫書〉中「而先生沒，自爾以來……如是有五載」觀之，則南軒與湘中諸子及朱子講論，皆在五峰卒後。則五峰之卒必在孝宗乾道三年丁亥（1167）之前。在紹興三十一年辛巳南軒初見五峰之後，南軒又見五峰一次，南軒云：

五峰未易簣半年前，某見之，求觀此書。云此書千瘡百孔，未有倫

序，未可拈出。若病少間，當相與考訂之。〔註105〕

據此書可知五峰卒前半年，南軒又拜見五峰一次，惜此次南軒未紀年月，不知距辛巳年初見多久。然據南軒〈答陳平甫〉書判斷應不致太久。亦即南軒兩次拜見五峰，時間極爲接近〔註106〕。此後五峰即下世。而五峰卒後

〔註104〕《南軒集》卷二十六〈答陳平甫書〉，頁637。

〔註105〕《南軒集》卷三十〈五峰先生所著皇王大紀〉，頁750～751。

〔註106〕南軒於上引〈答陳平甫〉書中稱：五峰卒後，「自爾以來，僕亦困於憂患，幸存視息於先廬」，所指者乃南軒喪父之事，張浚去世在南軒三十二歲之時。因此五峰之卒年應在辛巳年南軒二十九歲初見五峰（1161）至甲申年三十二歲（1164）喪父這三年之間。姜亮夫《歷代人物年里碑傳綜表》以五峰卒於紹興二十五年（1155），甚至在南軒初見五峰之前，必然有誤。（台北：文史哲出版社，1985年2月，頁293）。

之五年間，朱子來訪，又與湖湘諸子講論，過此即赴州任矣！〔註107〕

　　由此可知南軒從學於五峰之時日相當有限。雖其自言於五峰之教受益良多，然南軒日後與朱子相互講論激盪，於湖湘學術重要諸說，反不如廣仲、伯逢、季隨等人持守堅固。則亦可見書疏往返、僅一再見之不同於朝夕浸潤之深也。

南軒之學重在言「心」

　　南軒雖從遊於五峰之日淺，然究竟仍是湖湘之血脈，故其學頗重言「心」，其曰：

> 天下之生久矣，紛紜轕轇，曰動曰植，變化萬端，而人爲天地之心。蓋萬事，具萬理，萬理在萬物，而其妙著於人心。一物不體則一理息，一理息則一事廢。一理之息，萬理之紊也；一事廢，萬事之墮也。心也者，貫萬事，統萬理，而爲萬物之主宰者也。致知所以明是心也，敬者所以持是心而勿失也。〔註108〕

「心也者，貫萬事，統萬理，而爲萬物之主宰者也」與五峰《知言》所謂「心也者，知天地，宰萬物以成性者也」一語，除五峰兼及「成性」之義外，觀點可謂並無二致。五峰論「心」主「知」，南軒亦然。其曰：

> 太極混淪，生化之根，闔闢二氣，樞紐群動。惟物由乎其間而莫之知，惟人則能知之矣。人之所以能知者，以其爲天地之心，太極之動，發見周流，備乎己也。然則心體不既廣大矣乎！〔註109〕

心體之廣大在於能「知」，心能「知」，故爲天地之心。此天地之心之能知之廣大心體，南軒又稱之爲「仁」，其曰：

> 蓋仁者，天地之心，天地之心而存乎人，所謂仁也。〔註110〕

又曰：

> 人受天地之中以生，有是心也。天命之謂性，精微深奧，非言所可窮極而妙其蘊者，心也。仁者，心之所爲妙也。〔註111〕

〔註107〕《朱文公文集》卷89〈右文殿修撰張公神道碑〉：「胡南帥守劉公珙雅善公，…還朝，爲上極言公學行志業非常人比，上亦記公議論本末。除知撫州，未上，改嚴州。」見上海古籍出版社《朱子全書》第24冊，頁4135。

〔註108〕《南軒集》卷十二〈敬齋記〉，頁307～308。

〔註109〕《南軒集》卷十一〈擴齋記〉，頁302。

〔註110〕《南軒集》卷十四〈洙泗言仁序〉，頁354。

〔註111〕《南軒集》卷十五〈送曾裘父序〉，頁380。

又曰：

> 〈仁説〉如「天地以生物爲心」之語，平看雖不妨，然恐不若只云
> 「天地生物之心，人得之爲人之心」似完全。〔註112〕

南軒以「仁」爲人之「心」，不似朱子以理、氣二元劃分「仁」與「心」兩個觀念，可見南軒此義仍近於五峰。然南軒之「心主性情」之説，則大受朱子之讚賞。其曰：

> 人之性，仁義禮智四德具焉。……唯性之中有是四者，故其發見於
> 情，則爲惻隱、羞惡、是非、辭讓之端，而所謂惻隱者，亦未嘗不
> 貫通焉。此性、情之所以爲體用，而心之道則主乎性情者也。〔註113〕

又曰：

> 自性之有動謂之情，而心則貫乎動靜而主乎性情者也。程子謂既發
> 則可謂之情，不可謂之心者，蓋就發上説，只當謂之情，而心之所
> 以爲之主者，固無乎不在矣！〔註114〕

南軒「心主性情」之説要義在於「工夫全在心上用」。南軒理學之重點在言「心」而不在言「性」，更不在言「氣」，此又與五峰不同。《知言》中言「氣」、「性」之處所在多有，南軒則不言「氣」。其論「性」則以「太極」言，主「動化」，不同於朱子以「理」論「性」，而主「理爲淨潔空闊的世界」。

南軒以「太極」言「性」，主動化

南軒曰：

> 太極所以形性之妙也。性不能不動，太極所以明動靜之蘊也。……
> 若只曰性，而不曰太極，則只去未發上認之，不見功用。曰太極，
> 則性之妙都見矣！〔註115〕

「若只曰性，而不曰太極，則只去未發上認之」，此一語最能見南軒論「性」之精神，這與朱子「性即理也」之觀念大相徑庭。南軒之論「性」其實即等同於其論「心」。「性」之動化義即表現在「心」上，「心」即可涵蓋「性」，工夫也只能用在「心」上，此即五峰「以心成性」之義。然南軒重點在言「心」，少言「性」，而更幾乎不言「氣」。故南軒亦不喜「性無善惡」、「心無死生」

〔註112〕《南軒集》卷二十一〈答朱元晦秘書〉，頁523～524。
〔註113〕《南軒集》卷十八〈仁説〉，頁449～450。
〔註114〕《南軒集》卷二十九〈答吳晦叔〉，頁710。
〔註115〕《南軒集》卷十九〈答吳晦叔〉，頁480。

等駭俗之論。而其論「心」則主「居敬」、「窮理」，不脫河南程氏之正論。在後世學者之心目中，南軒反較五峰爲「純粹」，其原因即在於此。

南軒反對「性無善惡」之說

南軒反對五峰「性無善惡」之說，而主張「性本善」：

> 人之性善，非被命受生之後，而其性旋有是善也，性本善而人稟天氣之正，初不隔其本然者耳。〔註116〕

「性」之善是本然，未生之前「善」已存。此與五峰「性無善惡」之說不同，亦與明道「才說性時便已不是性」有異。明道論「性」，雜「氣質」而言，南軒論「性」則以「善」爲未生之前本存。南軒不主張五峰「性無善惡」之觀念，是因爲其終究認爲善惡有對：

> 夫善惡，相對之辭，專善則無惡也。猶是非相對之辭，曰是則無非矣。性善云者，言性純是善，此善字乃有所指，若如彼善於此之善，則爲無所指而體不明矣。而云如彼善於此之善，非止於至善之善，不亦異乎。且至善之外，更有何善，而云恐人將理低看了，故特地提省人，使見至善之淵源，無乃頭上安頭。〔註117〕

南軒與五峰之不同在於南軒堅持性善之「善」乃「有所指」，非只是「嘆美」之辭。「至善」亦是善，既言「善」則不能不與「惡」對。上文論述胡廣仲之時曾指出：主張「善惡有對」者其要在「抉擇」，故常主「涵養」爲先，工夫較重於平日之累積，此又南軒之與湖湘歧異之處也。

南軒反對上蔡以知覺為仁之說

因此南軒對於上蔡以「知覺」爲「仁」者十分不以爲然，其曰：

> 謝上蔡之言固是要指其發見，以省學者。然便斷殺知覺爲仁，故切以爲未免有病。伊川先生所謂：覺不可訓仁者，正謂仁者必覺，而覺不可以訓仁。侯子師聖亦嘗及此矣。若夫今之學者，囂囂然自以爲我知之者，只是弄精魂耳，烏能進乎實地哉，此又上蔡之罪人也。
> 〔註118〕

又曰：

〔註116〕《南軒集》卷十一〈存齋記〉，頁 297〜298。
〔註117〕《南軒集》卷二十七〈答胡廣仲〉，頁 665。
〔註118〕《南軒集》卷二十九〈答胡伯逢〉，頁 721。

> 然知覺終不可以訓仁，如所謂知者，知此者也；覺者，覺此者也，
> 此言是也。然所謂「此」者乃仁也，知覺是知覺「此」，又豈可遂以
> 知覺爲「此」哉！〔註119〕

南軒反對以「知覺」爲仁，是因爲「知覺」與「仁」有分別。知覺之對象既
爲「仁」，則「知覺」之本身即不能爲「仁」。認爲一般學者所謂「知覺」只
是「作弄精魂」而已。南軒此論只在形式上解釋何以「知覺」不能訓「仁」，
朱子也反對湖湘後學即以「知覺」爲「仁」，然其所持之理由則較南軒更爲深
入。朱子曰：

> 上蔡所謂知覺，正謂知寒暖飽飢之類，推而至於酬酢佑神，亦只是
> 此知覺，無別物也，但所用有小大爾。然此亦只是智之發用處，但
> 惟仁者爲能兼之。故謂仁者心有知覺則可；謂心有知覺謂之仁則不
> 可。蓋仁者心有知覺，乃以仁包四者之用而言，猶云仁者知所羞惡、
> 辭讓云爾。若曰心有知覺謂之仁，則仁之所以得名，初不爲此也。
> 今不究其所以得名之故，乃指其所兼者便爲仁體。正如言仁者必有
> 勇，有德者必有言，豈可遂以勇爲仁，言爲德哉！……至於伯逢又
> 謂：上蔡之意自有精神，得其精神，則天地之用皆我之用矣！此說
> 甚高甚妙。然既未嘗識其名義，又不論其實下功處，而欲驟語其精
> 神，此所以立意愈高，爲說愈妙，而反之於身，愈無根本可據之地
> 也。所謂天地之用，即我之用，殆亦其傳聞想像如此爾，實未嘗到
> 此地位也。〔註120〕

朱子認爲上蔡所謂「知覺」只是「知寒暖飽飢」之類，就算能充擴出去，亦
不離「智之發用處」而已。朱子之所以認爲「知覺」只是「仁」兼有之作用，
而非「仁」得名之所由來，是因爲朱子自始即認爲「知覺」根本只是屬於形
下心氣層面之活動，自然不能與屬於形上層面的「仁體」混同。朱子另以「愛
之理」爲「仁」，以「公」爲近「仁」，然而都不認爲「愛」與「公」即是「仁」，
其原因亦同於此。南軒出身湖湘，並無「理氣二分」之見解，其所以反對廣
仲、伯逢等人以「知覺」爲「仁」，原因只是恐怕人說得太高，易生播弄精神
之弊端而已，這與朱子之反對湖湘「知覺」之說另有其理氣論爲基礎之堅持
有所不同。

〔註119〕《南軒集》卷三十〈答胡廣仲〉，頁744。
〔註120〕《朱文公文集》卷三十二〈答張欽夫又論仁說二〉，頁446～447。

南軒主張「識心」之說

　　南軒雖反對廣仲、伯逢等以上蔡之「知覺」爲「仁」，然卻又主張「識心」之說，南軒文集中曾有數次提及「識心」。曰：

　　　　若釋氏之見，則以爲萬法皆吾心所造，皆自吾心生者，是昧夫太極本然之全體，而反爲自利自私，天命不流通也。故其所謂心者，是亦人心而已，而非識道心者也。〔註121〕

又曰：

　　　　然而今日異端之害，烈於申韓。……自謂直指人心，而初未嘗識心也，使其果識是心，則君臣父子兄弟夫婦，是乃人道之經，而本心之所存也，其忍斷棄之乎！〔註122〕

又曰：

　　　　如蘇與秦之說，辯則辯矣，然只是以聰明揣量，非講學之道也。且是未識心之所以爲心。既未識心，則所謂浩然之氣者，安所本哉！

　　　　〔註123〕

此爲《南軒集》中三次提及「識心」者，其中兩次指釋氏，一次則指蘇與秦，皆指其未得人道之經，昧夫太極本然之全體，只是以聰明揣量，並未能眞「識」得心。南軒之意，蓋斥其說得太高，播弄聰明，未能集義居敬、深造自得。然而南軒卻也未能說明其所謂「識心」之內容。「未識心之所以爲心」之語，從上下文氣觀之，似乎也只是一形式上之指斥而已，看不出有堅實的工夫或理論做爲基礎。然而朱子反對「識心」說則立論十分詳確。朱子曰：

　　　　孟子存亡出入之說，亦欲學者操而存之耳，似不爲識此心發也。若能常操而存，即所謂敬者純矣，純則動靜如一，而此心無時不存矣！今也必曰動處求之，則是有意求免乎靜之一偏，而不知其反倚乎動之一偏也。然能常操而存者，亦是顏子地位以上人方可言此，今又曰：識得便能守得，則僕亦恐其言之易也。〔註124〕

又曰：

〔註121〕《南軒集》卷二十五〈答胡季立〉，頁 619～620。
〔註122〕《南軒集》卷二十五〈答陳擇之〉，頁 627。
〔註123〕《南軒集》卷二十七〈答李季修〉，頁 660。
〔註124〕《朱文公文集》卷三十〈答張欽夫〉，頁 410。

> 須知心是身之主宰，性是心之道理，乃無病耳。所謂識察此心，乃
> 致知之切近者，此說是也。然亦須知所謂識心，非徒欲識此心之精
> 靈知覺也，乃欲識此心之義理精微耳。欲識其義理之精微，則固當
> 以窮盡天下之理爲期，但至於久，熟而貫通焉，則不待一一窮之，
> 而天下之理固已無一毫之不盡矣！〔註125〕

朱子反對「識心」之說，原因在於工夫不易落實，以心會心，不理會實事，
易入迷離惝恍之境。縱使頃刻之間，似乎有所體悟，不過光明乍現而已。若
是欠缺平日居敬窮理一段著實涵養工夫，時日一過，難免走作。此朱子所謂
「識得不一定能守得」。朱子又曰：

> 窮理之學，誠不可以頓進。然必窮之以漸，俟其積累之多，而廓然
> 貫通，乃爲識大體耳。今以窮理之學不可頓進，而欲先識夫大體，
> 則未知所謂大體者果何物耶！〔註126〕

「窮理之學，誠不可以頓進」一語道破朱子所以反對「識心」之說的原因。
朱子之意：就隨時呈露之心加以擴充積漸則可，以一心把捉另一心，騎驢覓
驢，以致生急迫之病則不可。朱子學風穩健篤實，重漸修而不喜言頓悟，欲
人從「理」入，而不欲人從「心」入。所謂「語道雖極致，工夫貴平實」。故
不願人以意識想像徒向「無形象處」摸索也〔註127〕。南軒雖亦天資秀出，然
於此一問題之思惟似乎不如朱子之深刻。

　　若以「識心」之問題對照上文所述南軒反對上蔡「以知覺訓仁」者大多
未能提出明確的理論根據看來，南軒在這兩個問題上似乎並未表現出對湖湘
家學切身之體會。故一則承襲，一則反對，且又無進一步之論說，不若朱子
之立論堅定。南軒雖出身湘學正統，然其立說卻常爲朱子轉卻，亦可見其於
湖湘學術之浸潤不深也。

南軒主「涵養爲本」

　　南軒又有一不同於湖湘之處，則爲其論涵養與省察。湖湘之學較重「察
識端倪」、「逆覺取證」，而南軒則力主「持養爲本」。其曰：

〔註125〕《朱文公文集》卷五十二〈答姜叔權〉，頁864。
〔註126〕《朱文公文集》卷四十九〈答王子合〉，頁783。
〔註127〕有關朱子論「識心」之問題，可參閱錢賓四先生《朱子新學案》第二冊，第
　　　　二十四章「朱子論識心」部份，頁237～256。

> 大抵涵養之厚，則發見必多；體察之精，則本根益固。未知大體者，
> 且據所見自持，而於發處加察，自然漸覺有功。不然都不培壅，但
> 欲省察，恐膠膠擾擾，而知見無由得發也。〔註128〕

又曰：

> 如三省四勿，皆持養省察之功兼焉。大要持養是本，省察所以成其
> 持養之功者也。〔註129〕

南軒基本上主張「涵養」、「省察」並重，然又明顯較重「涵養」。認爲「涵養」
是本，「省察」乃所以成其「涵養」之功，工夫須著力於平日之累積，不可徒
求於發現之際，否則難免紛擾走作。南軒此意實大異於湖湘家學，而反較近
於朱子。「持養是本」之觀念在語錄文集中所見者不下十餘處，可見南軒十分
看重此一觀念。

　　今再就南軒論「已發」、「未發」之問題觀之，以見其持論常介乎湖湘與
朱子之間。南軒曰：

> 「中字」之說甚密，但「在中」之義作中外之中未安。詳蘇季明再
> 問伊川答之之語自可見。蓋喜怒哀樂未發，此時蓋在乎中也。若只
> 說作在裏面底道理，然則已發之後，中何嘗不在裏面乎？幸更詳之。
> 又《中庸》之云「中」，是以中形道也。喜怒哀樂未發之謂「中」，
> 是以「中」狀性之體段也。然而性之體段不偏不倚，亭亭當當者，
> 是固道之所存也。道之流行，即事即物，無不有恰好底道理，是性
> 之體段，亦無適而不具焉！如此看，尤見體用分明。〔註130〕

南軒論「涵養察識先後」問題前後有重大改變

　　南軒之意：喜怒哀樂之未發是以「中」狀「性」之體段，即所謂「在乎
中」。此「在乎中之性之體段」於未發時亭亭當當，而已發之後則「無適而不
具」。就其已發之時此「在中之性之體段無適而不具」而言，可謂之「未發即
在已發之中」；然此「未發之中」亦自有其不偏不倚，亭亭當當之「在中之時」，
並非只能在「已發」中顯現。故知南軒未嘗直接以「未發」爲「性」，而只以
「未發」爲「亭亭當當之性之體段」。故南軒常於「未發」下加「之時」二字，
此二字即是關鍵。南軒曰：

〔註128〕《南軒集》卷二十九〈答吳晦叔〉，頁712。
〔註129〕《南軒集》卷二十八〈與吳晦叔〉，頁703。
〔註130〕《南軒集》卷二十〈答朱元晦秘書〉，頁499。

> 程子曰：喜怒哀樂未發，只是中也。蓋未發之時，此理亭亭當當，
> 渾然在中；發而中節，即其在中之理形乎事事物物之間，而無不完
> 也。非是方其發時，別有一物，以主張之於內也。情即性之發見也，
> 雖有發與未發之殊，而性則無內外耳！〔註131〕

「性無內外」即已發之後「未發」即在「已發」之中也，故南軒乃又主張「有
生之後，豈無未發之時？」：

> 未發已發，體用自殊，不可溟涬無別，要須精析體用分明，方見貫
> 通一源處。有生之後，豈無未發之時，正要深體之。若謂有生之後
> 皆是已發，是昧夫性之所存也。〔註132〕

「性」雖是無內外，然未發和已發仍有不同。此不同固然在體、用之殊，然
也可以是「時」的不同。故南軒強調「有生之後，豈無未發之時？」，此語針
對伊川及五峰「凡心皆是已發」而來。南軒之意：有生之後，心固無不在，
然心並非全是已發，在「已發」未發動之時，此即「性之體段亭亭當當之在
中」之義。此「未發之中」只是「性之體段」，非即是「性」，只是心之昭昭
靈明之狀態。如此則南軒之論已發未發與五峰「凡心皆是已發」、「性為未發，
心為已發，未發即在已發之中」之主張略有不同，反近於朱了「中和新說」
後之所悟。朱子己丑悟後，將「未發」定位為「心之思慮未萌而知覺不昧」
之狀態，正是南軒所謂「在中之性之體段」之未發。而正因有生之後心不止
於已發，亦有未發之時，且未發似較已發在修持上更為根本，故南軒乃主張
「持養為本」。

　　上文提及南軒「持養為本」之主張於其文集中所見不下十餘處，似乎此
一觀念乃南軒自來所主張。其實不然，朱子於四十歲前未悟「中和新說」之
時與南軒之書信往返中，明白指出南軒尚堅持「先察識」之說而不少屈，與
上文所說者顯有不同。何以有如此之牴牾？此蓋因今本《南軒集》乃朱子所
編輯，已經朱子以己意去取而「斷以敬夫晚歲之意」〔註133〕，故南軒早年主
張「先察識」之文字可能都已被朱子刪去。其實南軒對於「已發未發」、「察
識涵養」的問題前後有些改變。而南軒之所以由主「先察識」轉變為「持養
為本」，關鍵在於其並未接受五峰「未發為性」之觀念，而改採「有生之後，

〔註131〕《南軒集》卷二十〈答朱元晦秘書〉，頁505。
〔註132〕《南軒集》卷二十六〈答游誠之〉，頁647。
〔註133〕《朱文公文集》卷七十六〈張南軒文集序〉，頁1335。

豈無未發」之說。吾人之「心」既然有一「不偏不倚，亭亭當當之未發之中」，則工夫自然落在「持養」之上。這是南軒不同於湖湘之處。

南軒屢言「居敬窮理」

南軒晚年之所以由「先察識」轉而主「涵養爲本」，另一原因乃在於其篤實無諍之性格。南軒所重者在其自身之修養，理論上之創發似乎較無興趣，故易與人商量，甚至隨人轉卻，此在後人專以思想觀念之研究爲能事者乃成「軟塌」。其實理學是士人自我改造之實踐，其目的並不在思想觀念之發皇，不似今人之去彼取此。南軒於實踐處穩健篤實，可於其屢言「居敬窮理」見之：

> 孟子謂：「凡有四端於我者，知皆擴而充之矣！……擴之之道，其惟窮理而居敬乎！理明則有以精其知，敬立則有以宅其知。從事於斯，涵泳不舍，則其胸中將益開裕和樂，而所得日新矣！」〔註134〕

湖湘學者常主張「知覺」，由「知」以明其理，不「知」何以能涵養持敬？而南軒則反曰「理明以精其知，敬立以宅其知」，則「知」反而必須以「窮理」、「主敬」爲本。南軒又以「窮理與否」爲儒、釋之疆界。曰：

> 釋氏之學，正緣不窮理之故耳。又將盡性至命做一件高妙恍惚事，不知若物格知至，意誠心正，則盡性至命亦在是耳。〔註135〕

又曰：

> 所謂一陰一陽之道，凡人所行何嘗須臾離此，……要當知其所以不離也，此則正要用工夫。主敬窮理，是已如飢食渴飲，晝作夜息，固是義，然學者要識其真。孟子只去事親從兄上指示，最的當。釋氏只爲認揚眉瞬目，運水搬柴爲妙義，而不分天理人欲於毫釐之間，此不可不知也。〔註136〕

南軒又以「主一無適」解釋「敬」，曾作〈主一齋銘〉曰：

> 主於一，復何之？事物來，當其幾，應以專，匪可移，理在我，寧彼隨。積之久，昭厥微，靜不偏，動靡違。〔註137〕

〔註134〕《南軒集》卷十一〈擴齋記〉，頁302～303。

〔註135〕《南軒集》卷二十六〈答王居之〉，頁649。

〔註136〕《南軒集》卷二十七〈答俞秀才〉，頁672。

〔註137〕《南軒集》卷三十六〈主一齋銘〉，頁874～875。

「當其幾，應以專」即〈敬齋銘〉所謂「不昧厥理，事至理形，其應若響」〔註138〕，而「理在我，寧彼隨」即所謂「而實卓然，不與俱往」，也即是〈答潘叔昌〉書所謂「須是思此事時，只思此事，做此事時，只做此事，莫教別底交互出來」〔註139〕。如此則行事可不因收斂而失於拘迫，亦不因從容而失於悠緩，此即是「敬」。然此工夫必須基於平日之持養，故曰「積之久，昭厥微」。

南軒之學以主敬、窮理、涵養三者為主

《南軒集》中言及「主敬」者尚多，不下數十處，幾乎凡事皆歸結於「敬」。南軒言「敬」可謂源自於二程，其言「敬」必兼及「窮理」，又必兼及「平日持養」。可見南軒之學以「主敬」、「窮理」與「涵養」為本，其大綱領處與伊川、朱子契合者其實不少。這就難怪南軒常被朱子所轉卻了。

南軒之學較五峰更為純粹

《宋元學案》卷五十〈南軒學案〉宗羲案語曰：

> 南軒之學，得之五峰。論其所造，大要比五峰更純綷，蓋由其見處高，踐履又實也。朱子生平相與切磋得力者，東萊、象山、南軒數人而已。東萊則言其雜，象山則言其禪，惟于南軒，為所佩服。一則曰：「敬夫見識，卓然不可及。從遊之久，反復開益為多」；一則曰：「敬夫學問愈高，所見卓然，議論出人表。近讀其語，不覺胸中灑然，誠可嘆服」。然南軒非與朱子反復辯難，亦焉取斯哉！第南軒早知持養是本〔註140〕，省察所以成其持養，故力省而功倍。朱子缺卻平日一段涵養工夫，至晚年而後悟也。〔註141〕

梨州之所以認為南軒較五峰為「純綷」，原因在於「早知持養為本」，此即其所謂「踐履又實」也，不似五峰多論述「性命天道」，反而引起朱子之疑慮。梨州稱讚南軒「見處高」，又引朱子「見識卓然不可及」、「議論出人表」等語，原因正在於南軒主張「主敬涵養」，非如五峰之論「性無善惡」、「心無死生」等引人疑慮之觀念。宗羲案語又曰：

〔註138〕《南軒集》卷三十六，頁868。
〔註139〕《南軒集》卷二十七，頁676。
〔註140〕上文已論及「涵養是本」乃南軒晚歲之見，梨州或未見朱子之〈張南軒文集序〉，故有此說。
〔註141〕《宋元學案》冊三，頁1635。

> 南軒受教于五峰之日淺。然自一聞五峰之說，即默體實踐，孜孜勿
> 釋。又其天資明敏，其所見解，初不歷階級而得之。五峰之門，得
> 南軒而有耀。從遊南軒者甚眾，乃無一人得其傳。故道之明晦，不
> 在人之眾寡爾。

五峰之門有南軒，而南軒之門人在《宋元學案》〈嶽麓〉、〈二江〉兩學案所記
者不下數十百人，卻無一人秀出而能得其傳者。梨州以爲「道之明晦，不在
人之眾寡」，然傳道者本身之思想內容與人格形態實亦有決定性之影響在。牟
宗三先生曾對南軒有如下的評斷：

> ……南軒雖師之，然「受教之日淺」，固不能發其師之精蘊。又其天
> 資明敏，心思活潑，看似通達柔和，而實稟性清弱，故其與朱子往
> 復辯難，率多以朱子爲主動，順從朱子之格局，其所言說大都尾隨
> 其後而彌縫之。或時加轉語，稍見清妙，未能精發師要，挺立弘規，
> 故於朱子之格局毫不能有所點撥也。此觀其與朱子往復論中和以及
> 論〈知言疑義〉即可知矣。此見其力弱才短，故軟塌而被吞沒也。
> 其學無傳，亦非偶然。朱子樂與之談，而又深致贊佩之辭，亦只喜
> 其明敏而隨和耳。〔註142〕

牟先生所言又與梨州不同，其中除部分略顯語氣過甚之外，論點大致上是可
以成立的。

此外與南軒、廣仲同師五峰者，則爲與胡氏同爲福建建寧府人，且年紀
較長的吳翌。

吳　翌

吳翌，字晦叔，號澄齋。遊學衡山，師事五峰，遂捐科舉之業。五峰卒，
又與張南軒、胡廣仲、胡伯逢等人遊。張氏門人在衡湘者甚眾，無不從之參
決所疑。〔註143〕

晦叔之學人體上也是湖湘本色。然觀其與朱子、南軒之書疏往返，所論
者多及於政事、禮刑；不似伯逢、季隨所論者僅及心性義理。晦叔之學可於
其與南軒之書信答問中見其梗概：

〔註142〕牟宗三「心即理之淵源下——胡五峰之知言（上）」。見《民主評論》第十五
　　　　卷第九期，頁194。
〔註143〕參見《宋元學案》卷四十二〈五峰學案·五峰門人吳翌〉，頁1388。

> 夫性也、心也、情也，其實一也。今由前而觀之，則是心與情各自
> 根於性矣，由後而觀之，則是情乃發於心矣。竊謂人之情發，莫非
> 心爲之主，而心根於性，是情亦同本於性也。〔註144〕

晦叔謂：情發於心，而心根於性，則情亦同本於性也，因此心、情、性其實一也，這正是湖湘學派以心成性，心性一體的傳統觀念，與上蔡「知覺」之觀念息息相關。這可以從晦叔與朱子關於「知行先後」問題的討論中看出。

朱子與晦叔論知行先後問題

朱子曰：

> 夫泛論知行之理，而就一事之中以觀之，則知之爲先，行之爲後，
> 無可疑者。然合夫知之淺深，行之大小而言，則非有以先成乎其小，
> 亦將何以馴致乎其大者哉！蓋古人之教，自其孩幼而教之以孝悌誠
> 敬之實。及其少長，而博之以詩書禮樂之文，皆所以使之即夫一事
> 一物之間，各有以知其義理之所在，而致涵養踐履之功也。及其十
> 五成童，學於大學，……而教之以格物以致其知焉。致知云者，因
> 其所已知者，推而致之，以及其所未知者，而極其至也。……今就
> 其一事之中而論之，則先知後行，固各有其序矣。誠欲因夫小學之
> 成，以進乎大學之始，則非涵養履踐之有素，亦豈能居然以夫雜亂
> 紛糾之心，而格物以致其知哉！……若曰必俟如（知？）至而後可
> 行，則夫事親從兄，承上接下，乃人生之所不能一日廢者，豈可謂
> 吾知未至而暫報以俟其至而後行哉！……非如來教及前後所論觀過
> 知仁者，乃於方寸之間設爲機械，欲因觀彼而反識乎此也。〔註145〕

朱子批評晦叔之所謂「欲因觀彼而反識乎此」正是湖湘一脈「識心」之法要。而此「識心」之觀念，與晦叔主張「心、性、情，一也」之觀念有關，這正是五峰「以心成性」觀念的實踐。可見晦叔之思想綱領大致不失湖湘本色。然朱子於湖湘「以心成性」、「識心」之說本已不能相契，因此於晦叔「先知後行」之說大致疑情。朱子仍本其一貫之觀念，認爲大學「格物致知」之前，必先有一段小學涵養踐履之功夫。由此可知，朱子與晦叔之論「知行先後」問題，其實即是朱子與湖湘一向無法契合的「涵養」、「察識」究竟孰先孰後問題之引申。而所謂「根本」與「苗裔」者，也與此有關。晦叔曰：

〔註144〕《南軒集》卷二十九〈答吳晦叔〉，頁709。
〔註145〕《朱文公文集》卷四十二〈答吳晦叔〉，頁645～646。

　　若不令省察苗裔，便令培壅根本？夫苗裔之萌，且未能知，而遽將

　　孰爲根本而培壅哉？〔註146〕

晦叔認爲趨向未定，苗裔未知，如何培壅根本？而朱子、南軒則認爲根本不
先培壅，但欲省察苗裔，則不免終日膠擾，而知見無由得發。由此可知，理
學家彼此思想之不同實大多導源於下手實踐工夫之歧異；而實踐工夫入手之
互異，則又決於彼此稟性氣質之不同〔註147〕。朱子與湖湘學者論「涵養」、「省
察」，「已發」、「未發」等問題所以始終無法相契，都可以從這個角度得到解
釋。

胡大原

　　胡大原，字伯逢。胡寅之長子。五峰卒後，南軒未能確守師說，湖湘學
者謹守家學，以與朱子抗論者，唯廣仲、晦叔，與伯逢、季隨兄弟而已。

　　伯逢之學，大要仍守上蔡「知覺」之說，其曰：

　　切謂「心有知覺之謂仁」，此一語是謝先生傳道端的之語，以提省學

　　者也，恐不可謂有病。夫知覺亦有深淺，常人莫不知寒識煖，知飢

　　識飽，若認此知覺爲極至，則豈特有病而已。伊川亦曰：「覺不可以

　　訓仁」，意亦猶是恐人專守著一箇「覺」字耳。若夫謝子之意，自有

　　精神，若得其精神，則天地之用即我之用也，何病之有！〔註148〕

此是南軒與伯逢論上蔡「知覺」之書信。伯逢也同意若專守一「覺」字必然
有病。然「知覺」不止是「知寒識煖」而已，上蔡之「知覺」自有「精神」，
此一精神與湖湘一貫所主張的「察識端倪」息息相關。伯逢此一謹守湖湘家
學的思維方向自然又與朱子相牴牾。朱子〈答胡伯逢〉書曾論及「知覺」之
工夫，其曰：

　　竊觀來教所謂：「苟能自省其偏，則善端已萌，此聖人指示其方，使

　　人自得。必有所覺知，然後有地可以施功而爲仁者」。亦可謂非聖賢

　　之本意，而義理亦有不通矣！……請因來教之言，而有以明其必不

　　然者。昔明道先生嘗言：「凡人之情，易發而難制者，惟怒爲甚。能

〔註146〕《南軒集》卷二十九〈答吳晦叔〉所引晦叔語，頁711～712。

〔註147〕當然政治社會等外在環境對思想實踐工夫之取捨，乃至思維趨向之決定，也
　　　　　有重大的影響。如明代王陽明的思想形態，即可於明代政治環境中取得大部
　　　　　份的解釋。

〔註148〕《南軒集》卷二十九〈答胡伯逢〉所引伯逢語，頁720～721。

於怒時，遽忘其怒，而觀理之是非，亦可以見外誘之不足惡，而於道亦思過半矣」。若如來教之云，則自不必忘其怒而觀理之是非，第即夫怒而觀夫怒，則吾之善端，固已萌焉，而可以自得矣！若使聖賢之門，已有此法，則明道豈故欲捨夫徑捷之塗，而使學者支離迂緩以求之哉！〔註149〕

朱子強調，必須先「觀理之是非」，然後可以制「怒」而近「道」。而觀理之是非則有賴於平日之涵養工夫，即其所謂「須先有地以施功」，否則「不應無故而先能自覺」〔註150〕。

伯逢之「觀怒說」

然湖湘工夫之特色正是在於不涉理之是非，當下就「怒」之本身觀之，以逆覺本性；本性呈現，則怒之行為當下即滅。此即伯逢所謂上蔡知覺工夫之「自有精神處」。湖湘認為不必就理之是非觀其「何以怒」與「當不當怒」，然後乃能去怒。何況明道所謂「遽忘其怒」者，豈不即是湖湘之所謂「知覺」乎！既能忘其怒，又何必再觀理之是非〔註151〕！朱子工夫一向不喜人懸空捉摸，故認為湖湘此一說法不夠踏實。而南軒也贊同朱子，認為伯逢此說為「弄精魂」而已，不能進於實地，可謂是「上蔡之罪人」〔註152〕。可見朱子與南軒都不能首肯於湖湘「知覺」之說。

惡亦是性

伯逢又主「惡亦是性」，此說似與湖湘所主「本然之性不與惡對」及「性無善惡」之說相牴牾。然細繹湖湘一貫的思想脈絡其實亦有可說者。伯逢「惡亦是性」之說見於《南軒集》卷二十九，曰：

又曰：若夫為不善，則是物誘於外，而血氣隨之，性無是也。然則所謂不善者，是性之所不為也。夫論性不及氣則不備，而謂不善者是血氣而非性，可乎？且謂性所不為，夫誰為之？〔註153〕

此說自然大不為南軒所認同。然若置於湖湘學派之思想體系中，則此一說法其實就是五峰所謂「天理人欲，同體異用」之觀念。依湖湘家學：「性」依氣

〔註149〕《朱文公文集》卷四十六〈答胡伯逢〉，頁739。
〔註150〕見上引〈答胡伯逢〉書另文。
〔註151〕湖湘此說頗似佛家所謂「觀空」。
〔註152〕參見《南軒集》卷二十九〈答胡伯逢〉，頁721。
〔註153〕《南軒集》卷二十九〈答胡伯逢〉書所引伯逢語，頁723。

之動化而成，既成之後，性涵一切氣化而無外。「善」與「惡」其實只是在萬物氣化過程中「中節」與「不中節」的差別而已。所謂「不中節」的「惡」仍不離「氣化的活動」，仍然不能外於人之「性」。如此則「惡亦是性」亦非不能成立。然而南軒深不以爲然，乃駁之曰：

> 故就氣稟言，則爲善固性也，惡亦不可不謂之性也則可。即其本源而言之，則謂不善者，性之所不爲，乃所以明性之理也。若如來說，則是混天理人欲而莫別其故，何異於性可以爲善，可以爲不善之論哉！〔註154〕

南軒此書以「混漫天理人欲之別」批評伯逢，而不知伯逢此說正是基於湖湘「天理人欲同體異用」之觀念。由此觀之，伯逢反較南軒更具湖湘之本色。

胡大時

胡大時，字季隨，五峰季子。從學於南軒，又往來於朱子，問難不遺餘力。然季隨與朱子論學多有不合，與南軒亦常有牴牾。

季隨之學，仍是謹守湖湘家風。《朱文公文集》卷五十三〈答胡季隨〉書中引學者與季隨之問答曰：

> 學者之病，在於未有灑然冰釋凍解處，縱有力持守，不過只是苟免顯然尤悔而已，恐不足道也。竊恐所謂灑然冰釋凍解處，必於理皆透徹，而所知極其精妙，方能爾也。學者既未能爾，又不可以急迫求之，只得且持守優柔厭飫，以俟其自得。如能顯然免於尤悔，其工力亦可造矣，若直以爲不足道，恐太甚也。

> 大時答曰：所謂灑然冰釋凍解，只是通透灑落之意。學者須常令胸中通透灑落，則讀書爲學皆通透灑落，而道理易進，持守亦有味也。若但能苟免顯然悔尤，則途之人亦能之，誠不足爲學者道也。且其能苟免顯然悔尤，則胸中之所潛藏隱伏者，固不爲少，而亦不足以言學矣！〔註155〕

「灑然冰釋凍解」之境界

所謂「灑然冰釋凍解」其工夫即五峰之所謂「識心」，而「識心」之要則在「知覺」。「知覺」工夫乃當下切入，當體呈現，非有觀於「理之是非」，故

〔註154〕《南軒集》卷二十九〈答胡伯逢〉，頁724。
〔註155〕《朱文公文集》卷五十三〈答胡季隨〉，頁886～887。

季隨曰：「才涉思惟，便不親切」〔註156〕。這是湖湘一貫之家風，故自然又得罪於朱子了。朱子曰：

> 今曰：學者須令胸中通透灑落，恐非延平先生本意。此說甚善。大抵此箇地位乃是見識分明，涵養純熟之效，須從真實積累功用中來，不是一旦牽彊著力做得。今湖南學者所云：不可以急迫求之，只得且持守優柔厭飫，而俟其自得。未爲不是，但欠窮理一節工夫耳！
>
> 答者（指季隨）乃云：學者須常令胸中通透灑落。卻是不原其本，而彊欲做此模樣，殊不知通透灑落如何令得，纔有一毫令之之心，
>
> 則終身只是作意助長，欺己欺人，永不能到得灑然地位矣！〔註157〕

朱子並非反對學者當有「通透灑落」之地位，也不反對「真實積累」、「持守優柔厭飫」。只是朱子所謂「積累」、「持守」都必須以「窮理」工夫做基礎，因此朱子反指季隨「但欠窮理一節工夫」。若對照上文朱子與伯逢論「觀怒」一段。朱子堅決主張「觀理之是非」看來，朱子之與湖湘的鴻溝大限已十分清楚。此所以朱子力斥湖湘「未肯放下一團私意」〔註158〕，而南軒亦時時提醒湖湘諸子，以「輕易」爲戒〔註159〕。然季隨最後寧可折從象山，亦不以朱子爲然，亦可見湖湘之與朱子，終無可合之勢矣！

〔註156〕《朱文公文集》卷五十三〈答胡季隨〉第十二，頁886。
〔註157〕《朱文公文集》卷五十三〈答胡季隨〉，頁887。
〔註158〕《朱文公文集》卷五十三〈答胡季隨書〉第十四云：「細看來書，似已無可得說，但未肯放下此一團私意耳。如此則更說甚講學，不如同流合污，著衣喫飯，無所用心之省事也」。下語可謂極重矣！（見頁890）
〔註159〕《南軒集》卷二十五〈答胡季隨〉，頁624。

第三章　湖湘學派理學的思想內容

本章提要

　　北宋理學三大家濂溪、橫渠、明道諸人雖其學術路徑各有不同，然其思想內容中有三個基本思維：「實存之氣化爲宇宙天地生化之本體」、「性由氣之生化規定」、「性體可以擴大到與天地同體」。這幾個基本思維可以開展出三個觀念：「性氣合一」、「性通萬物」及「心能盡性」，而其中「性氣合一」更是整個體系中的基本觀念，五峰的思想結構基本上承繼了這個理論系統。因此本章即以「性氣合一」分析五峰思想內容中的一些觀念結構，如「識心」、「天理人欲同體異用」、「性無善惡」、「心無死生」等。

　　南軒不似五峰以氣言性，而改以「太極」言性，強調「太極妙性之動靜」之義。其思想體系歸結於「心」，主張「心涵性、情」，性爲心之體，性即在心之中，故未發即在已發之中。南軒因此由湖湘傳統的「察識已發」進一步轉爲「涵養未發」，於是反近於朱子。本章依此義論述其思想內容與五峰之異同，以解釋其所以附合朱子主張「先涵養」的原因。

　　湖湘諸子廣仲、伯逢、季隨等人皆守上蔡「以知覺訓仁」之說，此亦不離湖湘「性氣合一」之本色。故即以之分析伯逢之「觀怒說」及季隨所謂「瀯然凍解冰釋」之境界。

第一節　北宋初期理學性質及其重要內容

前　言

　　本書第二章列敘湖湘學派之人物，重點在於疏通其思想前後傳承與影響之軌跡，藉以看出湖湘學派中學術觀念與理學思想演變之過程。其中較少針對思想結構本身分析，基本上是「學術史」、「思想史」的研究方法。本章則改用「哲學史」的研究方法，直接對湖湘學者的觀念內容進行分析。本章之分析基本上是以「性氣合一」的觀念爲基礎。此一觀念是北宋理學的骨幹，因此本章先略敘北宋「初期理學」的性質。

以「政教改革」爲基礎的北宋學術

　　北宋初期，政治上的統一基本上完成，經歷了唐末五代以來政治社會之動蕩，以及漢末以下傳統儒家學術的長期不振，一般士人受到了新時代的鼓舞，展現出元氣淋漓的新氣象〔註1〕。加以宋太祖得天下略有慚德，亟思得到士人之擁戴，因此十分優禮讀書人〔註2〕。時代既足以有爲，有志之士乃企圖從事於政治社會方面的改造。宋代在經學的傳統上，撥棄舊注，自作新義，正是代表了此一新時代的思潮。

　　經義的更新更與政治上的變法運動相表裏。王安石的變法雖與司馬光隱然有「經學」與「史學」之爭，其變法也帶有濃厚的理想主義之色彩，以致於受到篤實之史學家如溫公者的批評。然其概去《詩》、《書》、《禮》之古注，自作新義，欲以成一代之法；且又高倡「天變不足畏、祖宗不足法」，則荊公亦不失爲一現實主義者。這是北宋前期學者的共同傾向，而此一學術上重現實、重創新的傾向，乃是時代更迭所使然。從事政治改革者固可不必顧慮佛教學說之瀰漫，如歐陽修〈本論〉所謂「使王政明而禮義充，則雖有佛，無所施於吾民矣！」〔註3〕。然而對於企圖在理論上和佛教一爭長短，建立一套

〔註1〕 這從北宋時代范仲淹、歐陽修、司馬光、王安石及蘇軾父子各不相同而自成一格的多元化學術風貌即可看出。

〔註2〕 余英時先生《朱熹的歷史世界》一書上篇第二章〈宋代士的政治地位〉中曾轉引丁傳靖《宋人軼事彙編》中所引陸游《避暑漫抄》中所載宋太祖立密碑誓詞告誡子孫「不得殺士大夫及上書言事人」之事。於此可知宋代一向有尊重士人的傳統。（台北：允晨文化出版社，2003年6月，頁277）。

〔註3〕 〈本論〉上下見《歐陽修全集》卷一居士集（一）〈論〉，（台北：華正書局，1975年4月，頁125）。

足以安身立命的價值體系，以扭轉一般士人之意識形態，藉以重振儒家宗風的理學家而言，則必須直接針對佛教的思想內容提出一套足以抗衡的理論體系。

宋儒以「氣化實有」對抗佛教的「性空」

佛教的思想理論主要在於「緣起性空」。佛教主張「一切有為法，如夢幻泡影」〔註4〕，這正是佛教思想中最受儒家學者攻擊之處。因此儒家學者必須在較形上的層次上提出足以批判「性空」的觀念。佛教既主「幻化」，儒者乃堅持一切法「實有」。而最能體現「實有」者則正是傳統思想中「氣化」的觀念，因此「氣化生成萬物」的觀念乃成為北宋學者對抗佛教思想的基礎。在北宋時代，提出「氣」的觀念做為其本體宇宙論思想之基礎，企圖以之重新闡釋儒家正學的學者之中，最值得注意者是橫渠。

橫渠以「太虛聚散」立天地之實有

橫渠著《正蒙》一書，其門人范育曾作序指出此書之目的即在於「闢二氏之空無」〔註5〕。《正蒙》以「太虛之聚散」立天地之實有，〈太和篇第一〉即曰：

> 太虛無形，氣之本體，其聚其散，變化之客形爾；至靜無感，性之淵源，有識有知，物交之客感爾。客感客形與無感無形，惟盡性者一之。〔註6〕

橫渠之意：宇宙天地皆是「太虛一氣」之渾淪，此即所謂的「本體」；而人物萬殊，則是此「太虛一氣」聚散後所形成之「客體」。不論「本體」或是「客體」，皆不離「太虛一氣」，若統稱之則為「太和」。橫渠認為《易經》即在於闡發此一建立在一氣生化上的「實存之道」。《正蒙》中有〈大易〉一篇，開始即曰：

> 大易不言有無，言有無，諸子之陋也。〔註7〕

此言實為橫渠思想立論之基礎。「大易不言有無」即《易》所言皆是「實有」。「諸子」指老子亦兼指釋氏，老子主「無」而釋氏主「空」。而橫渠之所謂「實

〔註4〕 佛教《金剛經》語。

〔註5〕 范育為《正蒙》作序曰：「浮屠以心為法，以空為真。故《正蒙》闢之以天理之大」。《張載集》頁5。

〔註6〕 見張載《正蒙・太和篇第一》，（臺北：里仁書局，1981年12月，頁7）。

〔註7〕 《正蒙・大易篇第十四》，頁48。

有」完全以「太虛一氣之實存」為其內容。橫渠以「太虛無形，氣之本體」建立其本體論，以「聚亦吾體，散亦吾體」建立代表創生過程的宇宙論，以此批駁老子之虛無及釋氏之幻化。橫渠以「實存之氣」為首出的思想結構，在對應當代政治社會氛圍的思維方向上可說最具有代表性。

濂溪以「無極太極動靜生陰陽」立天地之實有

與橫渠同時，而年稍長者則有濂溪。濂溪有〈太極圖說〉，向來被推為北宋理學的重要文獻。其曰：

> 無極而太極。太極動而生陽，動極而靜，靜而生陰。靜極復動。一動一靜，互為其根。分陰分陽，兩儀立焉。陽變陰合，而生水火木金土，五氣順布，四時行焉。五行一陰陽也，陰陽一太極也，太極本無極也。……二氣交感，化生萬物，萬物生生而變化無窮焉。

朱子解「太極」為「理」，其實是誤解。朱子所謂的「理」是靜態的，如何能「動」而「生」陰陽？濂溪已明言「五行一陰陽也，陰陽一太極也」，其意正是指五行、陰陽、太極皆不離於「一氣」，只是氣化過程中的「階段」不同。而「太極本無極也」則是將太極再向上更推高一層，以明「　氣之深微無窮」而已〔註8〕。濂溪「太極」、「陰陽」之義與橫渠「太虛聚散」之思想結構其實相通，都是以「一氣貫通形上與形下」為其思想結構之基礎。並非如朱子以「氣」為形下，而以「理」為形上的二元論結構〔註9〕。

明道以「仁」總括天地之實有

濂溪、橫渠多就本體宇宙論方面著眼，而明道則多就人生論上立論。明道雖較少直接就本體宇宙論發揮，然其言「仁」實已涵蓋宇宙全體氣化之內容：

〔註8〕「太極本無極也」是由下往上推，「無極而太極」則是由上往下推。

〔註9〕《宋元學案》卷十二〈太極圖說〉蕺山案語曰：「一陰一陽之謂道，即太極也。天地之間，一氣而已，非有理而後有氣，乃氣立而理因之寓也。就形下之中而指其形而上者，不得不推高一層以立至尊之位，故謂之太極；而實無太極之可言，所謂無極而太極也。使實有是太極之理為此氣從出之母，則亦一物而已，又何以生生不息，妙萬物而無窮乎！蕺山雖一再強調「天地之間，一氣而已」、「理乃氣立而因之寓者也」，然仍以「太極」為「形上之理」。梨洲作〈太極圖講義〉，所見與其師同，皆無法解釋「太極動而生陽」之本義。見《宋元學案》，頁498。

天地之大德曰生。天地絪縕，萬物化醇。生之謂性。萬物之生意最
可觀，此元者善之長也，斯所謂仁也。人與天地一物也，而人特自
小之，何哉？〔註10〕

明道以《易‧乾卦文言》中的「元者善之長也」解釋「仁」，其義是以「仁」
包涵宇宙氣化之全體。「仁」的寂感之幾即是陰陽生化之感應。明道之學常不
分心、性與理、氣，而以「仁」字總括之。主張「學者須先識仁，仁者渾然
與物同體」，以天地間實然一氣之生化來規定「仁」的內容。

　　明道此一觀念其實是先肯定一通貫形上、形下之「一氣」，以之為宇宙生
化之「有」。言「仁體」之明道如此，言「太極」、「太虛」之濂溪、橫渠也是
如此。此似乎是北宋理學家思想結構中的共同觀念。唯有先肯定生化此宇宙
天地之「一氣」，才能肯定「物性」，而中國龐大的政治、社會也才可能建立
起可以長治久安的大道。如此方可在理論上與東來的佛教哲學相抗衡。其實
「陰陽氣化」的觀念一直都是傳統中國哲學的基本內涵，只是在北宋初期由
於對抗佛教之需要而再度受到重視而已。

「性」由「氣」之生化規定

　　理學家肯定「氣」之實存，基本上是為了肯定宇宙天地，亦即肯定吾人
生命所依存的實然世界。先肯定天地之實，再以天地之實肯定生命之實。中
國人一向認為：人的「內在生命」與「外在天地」有共同的存在基礎，即是
此渾淪天地之「一氣」。而氣涵動能，自然能動。「氣」固然涵有「全方位之
動能」，然當其聚而為萬物之時，此「能」即受此凝聚之「質」的限制，只表
現為「特定發展方向上的潛能」，這就是所謂萬物之「性」〔註11〕。然其中「人」
性又與「物」性不同。物「成性」後自身無改變或發展此「性」之可能〔註12〕，
人則可以透過能思惟，有主宰的「心」來展現此「性」之內容，使其特定方
向的發展潛能轉變成人的全方位的生命本質內容，此即是成「聖」者，而可
以「參贊天地之化育」。因此，人之「性」乃由「氣」之生化所規定，「性」
乃「氣」之動能表現於己凝聚之「人」或「物」而成就其存在之本質者。橫
渠曰：

〔註10〕見《河南程氏遺書》卷十一。《二程集》，頁120。
〔註11〕因此「性」之意義不止表現為「潛能式的本質」，同時也表現為一種「限制」。
〔註12〕此即明道所謂「物則氣昏，推不得」。見《河南程氏遺書》卷二上，《二程集》，
　　　　頁33。

合虛與氣有性之名〔註13〕

橫渠合「虛」、「氣」以成「性」

在橫渠的觀念中：「虛」代表清通之神，即氣之深微無窮之狀態，此時所涵的「動能」最充分。然此涵蘊無限動能之「虛」也必須藉氣之凝聚以生成人、物。「氣」之凝聚形構人四肢百骸之身〔註14〕，而此「氣」中所涵「虛」之清通之能，即成就人之「性」。所以橫渠謂「合虛與氣有性之名」。由此可見，「性」由「氣」的動能規定，同時「性」不能離於「氣」而論，「性」自然涵有「氣」之動能。

濂溪以「誠」正「性命」

濂溪雖未特別針對「性」的內容發揮，然由〈通書〉中「誠」的觀念也可以推演出此一意義，《通書・誠上第一》曰：

> 誠者，聖人之本。「大哉乾元，萬物資始」，誠之源也。「乾道變化，
> 各正性命」，誠斯立焉。純粹至善者也。

濂溪雖未使用「性」字，然「誠」者既然是聖人之本，則與「性」必然有可以連結之處：萬物都憑藉（資）乾元生化以為「始」，人之「始」即是所受之於天之「性」。故曰：「乾道變化，各正性命」。就乾元天道而言是人物之所以生成之「源」；就已落實而成人、物之性而言，是誠之所「立」。濂溪以「誠」字中所涵蘊的「實有」義來建立人之所受之於乾元之本質。以「誠」字包含「性」字，「天道」與「性命」為一。「乾元」不離「氣化」，因此濂溪之「性」也是由「氣」之生化所規定者，應無疑義。

「性」既是「氣」之生化落實於人者。則成「性」之後雖受「氣質」之限制，使性之活動在「形式上」不能如原始太虛之氣之能「攻取百塗」；然而在「本質上」此性所涵之動能之充分性與原始太虛之一氣其實無二。此所以濂溪將「大哉乾元，萬物資始」之宇宙生化稱為「誠之源」，而將「乾道變化，各正性命」之「性體」也稱為「誠」。《通書》又曰：

> 二氣五行，化生萬物。五殊二實，二本則一。是萬為一，一實萬分。
> 萬一各正，小大有定。〔註15〕

〔註13〕橫渠《正蒙・太和篇第一》，見《張載集》，頁9。
〔註14〕此時亦可稱為「質」。
〔註15〕見《通書・理性命第二十二》。

此章標題爲「理性命」。此處「命」指萬物皆受天之賦予，各得天之一體。雖只得天之一體，然即此一體已是天德之「全」。故曰：「萬爲一」，「一實萬分」。萬物既各正其命，此「命」即無小大之分。濂溪以「誠」指稱人性，又將「性體」擴大至與天地萬物同體，即是所謂「天道性命相貫通」之格局。

「性與道合一」觀念受佛教之影響

先秦時代孔子之所謂「性」，是指人與生俱來的氣質。此「生命氣質」決定了人類行爲的大致方向。孟子言「性」雖較孔子所言者精微，然而尙無宋人所謂可以擴大至與天地萬物同體的「性體」之義〔註16〕。其後道家思想興起，中國人的思維從人生界逐漸擴大到宇宙自然界。然而在中國人的思想歷史中，促使代表一己生命之「性體」與代表宇宙天地意義之「道體」二者逐漸合而爲一者，除了道家之外，最重要的影響則來自佛教。

佛法傳入中國，最初在漢末之時依附道教流行〔註17〕。魏晉之後，般若經典陸續翻譯，空義漸興，於是進而與道家之學相比附。般若強調性空，掃除一切名相，與中國學術重視現實世界的思想氛圍相去甚遠。然隨後大乘經典如《涅槃》、《華嚴》、《法華》等經典大受弘揚。「一眞法界」、「一念三千」之教流行，「眞空」翻爲「妙有」，「般若性空義」轉而爲「涅槃實相義」。眾生本具的「如來藏自性清淨心」中即涵攝法界一切萬法，萬法不離一心，一念具足三千，皆不外於人之「自體性」中。會昌法難之後，教下大衰，宗門獨秀。禪宗不立文字，直指心性，一旦打落關門，萬法本來如是。搬柴運水，擎拳豎拂，亦皆是道。此亦「一心涵攝萬法」理論之實踐，只是禪宗刪落一切教理學術，直接將「本體」融入日常生活之「用」中而已。佛教哲學既已肯定「一心涵攝法界」，將「眾生心」提升至與天地宇宙之存在同體，則儒家學者欲與之抗衡，勢必也須要將「性體」擴大至與「法界」同體之地步。如此在儒者之立場，人之存在亦可如佛教之覺者一般與宇宙天地同體。而天下之政教，萬民之生息，乃在儒者之性體與心體中涵盡，橫渠曾云儒者當「爲

〔註16〕孟子所謂「萬物皆備於我，反身而誠，樂莫大焉」，是指天下之事物皆可在吾人之心中得其主持分劑之宜，人情事故皆能得吾心之安，此即是「反身而誠之樂」。孟子之「盡心、知性、知天」亦是此義，此皆是就人生論之層次立言者。孟子似乎尚未將生命擴大至宇宙自然界，而有「天地與我並生，萬物與我爲一」之觀念。

〔註17〕此時之佛教經典以安世高所譯者爲主。

天地立志，爲生民立道，爲去聖繼絕學，爲萬世開太平」〔註 18〕，正是爲承擔此一重任之大儒建立一形上理論之依據。這種將「性體」擴大至與天地爲一的理論傾向，固有北宋儒的覺醒意識在內，然受到佛教哲學的刺激，無疑的是一個重要的因素。

「性體與天地合一」是北宋理學的通義

上文曾提及濂溪以一「誠」字括「道體」與「性體」爲一，代表了北宋理學家將「性體」擴大至與天地宇宙同體的理論傾向。濂溪之學重本體宇宙論者如此，而明道之學只重言人生論者，其所言之「仁體」也仍不離此義。明道〈識仁篇〉開頭即曰：

> 學者須先識仁。仁者，渾然與物同體。〔註19〕

此語括盡明道之言「仁」。然此只是一總綱，明道接著屢言「存之」、「天地之用皆我之用」、「反身而誠」，顯示萬物即在「仁體」之中，不假外求，故曰：「此道與物無對」。明道又舉孟子「萬物皆備於我」之語，以爲此即吾人之良知良能，元不喪失。凡此都是「性體」與宇宙天地同大，涵攝萬物皆盡之義。

〈識仁篇〉中曾提及「訂頑意思，乃備言此體」，可見明道認爲橫渠〈西銘〉也顯示出「性體」與天地同體之義，這可說是北宋理學之通義。〈西銘〉曰：

> 乾稱父，坤稱母。予茲藐焉，乃混然中處。故天地之塞，吾其體，
>
> 天地之帥，吾其性。民吾同胞，物吾與也。

首言「乾稱父，坤稱母」，表示宇宙萬物皆陰陽二氣所化生。人既生於天地之間，自然不離於此乾坤二氣，故曰：「予茲藐焉，乃混然中處」。「天地之塞」即氣之塊然太虛，「吾其體」即塊然太虛之氣凝聚落實而生人物，此「體」指「體質」之「體」。人物之「體質」既生，則此「體質」即涵有性之「動能」，此性之能來自天地氣化之能，故曰「天地之帥，吾其性」。生命之「體」與「性」皆來自天地乾坤之生化，因此自然與天地同體，故乃能以民爲同胞，而以物爲吾與。橫渠突破一身、一家之局限，直接以天地乾坤爲父母，將吾人之「性體」擴大而至與天地同體，這是北宋理學一方面要從事政教改革，一方面要

〔註18〕此語出《張子語錄中》，見《張載集》，頁 320。與一般所言者「爲天地立心，爲生民立命，爲往聖繼絕學，爲萬世開太平」文字略有異。

〔註19〕《河南程氏遺書》卷二上，《二程集》，頁 16。

與佛教思想一爭長短所建設起來的思想通義。而〈西銘〉所言尤淋漓盡致，故深得明道之稱許。

上來所言，爲北宋初期理學之性質，亦即北宋之理學在此一新時代之激發下所發展出來的方向。而以濂溪、橫渠、明道三人爲代表。伊川一者因年輩稍後，再者其思想結構與前述三家有所不同，與濂溪、橫渠相異尤多，不足以代表北宋初期理學之大方向，故不屬焉。

總括北宋理學的幾個重要觀念

上來所述，以北宋理學初期濂溪、橫渠、明道等三人爲代表〔註20〕，歸納出三個理學思想的重要思維方向：一者，強調「太虛一氣之實爲宇宙生化之本體」，藉以肯定政治、社會之實存，及其改革之價值與意義。二者，「性由氣之生化規定」。此承前義而來，藉以肯定人之「性」有可以與天地相通、合一之根據。三者，「性體可以擴大至與天地萬物同體」，如此，則以一「藐然中處」之人乃可以與宇宙天地同其大，藉以鼓舞儒家士人之胸襟懷抱，以期成爲道通天地之大儒。這些觀念，塑造了北宋理學家理想人格之典型，同時也成爲宋代理學思想體系中的基本觀念。

北宋理學之發展，雖多就本體論、宇宙論方面立論，然如就思想體系背後的意義觀察，其最終之目的則是在於成就一「道貫古今，心包太虛的儒家聖人」，以做爲改造政治、社會及學術之人格典型。這是就理學與當時政治社會發展之關係而言，然本文究竟必須著眼於北宋理學的思想內容本身。北宋理學內容中最重要者，首先是「性氣合一」之觀念。

性氣合一

明道曰：

「生之謂性」，性即氣，氣即性，生之謂也。……蓋「生之謂性」，人生而靜以上不容說，才說性，便已不是性也。〔註21〕

明道主張「性由氣化而成」，可見其不認爲有「生之前之性」或「可以離氣化而言之性」。此外明道又言「善固性也，然惡亦不可不謂之性也」。惡既然也

〔註20〕其中不包含伊川者，以其思想屬二元論，與濂溪、橫渠、明道等人的思想結構差異較大，是理學思想的另類者，不能代表北宋理學的大方向。

〔註21〕《河南程氏遺書》卷一，二先生語一，未注明誰之語，依《宋元學案》定爲明道語。見《二程集》，頁10。

可以是「性」，則此性更不能離「氣」而言。因此明道肯定「性氣合一」。

明道如此，橫渠也是如此。上文提及橫渠「合虛與氣有性之名」，因此必然可以引申出「性氣合一」之觀念。此外橫渠又曰：「未嘗無之謂體，體之謂性」〔註22〕，此「體」字與〈太和篇〉「太虛無形，氣之本體」及「聚亦吾體，散亦吾體」之「體」，皆是指太虛一氣之實然。實然之氣中涵有動化之能，故能落實生物而成其「性」，此「性」乃成此物之實然之「體」，故曰：「體之謂性」，凡此皆立基於「性氣合一」之思想基礎之上〔註23〕。

至於濂溪，則前文已就〈通書〉首章指出其以「誠」括天道與性命爲一，更以「乾道變化，各正性命」立人之性爲「誠」。濂溪之意：「性」乃是天道之誠之所生成，因此其必然肯定「性氣合一」之觀念。不必贅述。

統觀北宋濂溪、橫渠、明道諸人之思想結構，「性氣合一」之觀念可謂是整個理學思想的基礎。先肯定太虛一氣之實有，性則是氣化之落實於人物者，如此則「氣」與「性」通而爲一。此實爲中國思想史上歷來論「性」之通義。中國人自來論「性」皆不離於「氣」，少有專就「理」論「性」者〔註24〕，此因中國人重現實，不蹈虛，且始終認爲內在生命與外在天地環境可以合而爲一之觀念使然。五峰之理學思想既然深受北宋諸子的影響，自然也建立在這個基礎之上。

性通萬物

由「性由氣之生化規定」推衍出「性氣合一」之觀念，而由「性體擴大至與萬物同體」則可推衍出「性通萬物」之觀念。橫渠在《正蒙》中有以下之語：

- 性者，萬物之一源，非有我之得私也。〈誠明篇〉
- 性通乎氣之外，命行乎氣之內。氣無內外，假有形而言爾！〈誠明篇〉
- 凡物能相感者，鬼神施受之性也；不能感者，鬼神亦體之而化矣！〈動物篇〉

〔註22〕〈誠明篇第六〉，見《張載集》，頁21。
〔註23〕此外橫渠又曰：「聚亦吾體，散亦吾體，知死之不亡者，可與言性矣！」，亦可印證其「性氣合一」之主張。見〈太和篇第一〉，《張載集》，頁7。
〔註24〕專就「理」以論「性」者實始於伊川與朱子。

橫渠所言已十分清楚，無庸再述。此外，北宋之理學家中闡釋「性通萬物」一義最透澈者，即明道之〈定性書〉。明道此書之重點在「性無內外」一義。性動而及「物」之時〔註25〕，若物在外，則與性對待而爲二，爲二則不能定，定者必爲一。萬物皆在吾性之中，動、靜都不離於性。明道所謂「定性」已先肯定「性通萬物」，這是基本觀念。明道語出渾淪，工夫常不見下手處，有部分原因在此。

以心成性

上文論及「性由涵動化之能之氣生化而成」，因此「成性」之後，性亦帶有此原本涵於氣中之動能，因此性除了「存有」義之外，又有「活動」義。性之活動即稱爲「心」，而心與物相接則產生「知」。橫渠曰：「合性與知覺有心之名」〔註26〕，此語可謂最善名狀。「性」通於人與物，而「心之知覺」則唯人所獨具〔註27〕。原因在於人稟氣之清通，而「物」則氣昏閉塞。因此萬物並非有性即有心，必須合「性」與基於氣之清通之神之「知覺」才能有此「心」。而「心之知覺」乃成爲可以改變此生命現狀之力用。人之所以能成聖成賢，知性知天，都是基於此心知之力用，此即心之「主宰」義。橫渠曰：

心能盡性，人能弘道也；性不知檢其心，非道弘人也。〔註28〕

橫渠此語最能表現出宋代理學「以心成性」之觀念。前文提及宋代理學中有將性體擴大至與天地同體的思維方向，此是宋代士人心目中的聖人典型。聖人貫古今，通天人，其所以主宰者端在於一心。此又是濂溪、橫渠、明道以來北宋理學之一要義。

結　語

總結以上所述，北宋理學之發展有三個重要方向：即「性氣合一」、「性通萬物」及「心能盡性」，雖不能說北宋理學全跳不出這三個觀念，至少這些觀念是北宋理學的基礎。湖湘學派之五峰是南渡後第一個整理並消化北宋理學之大家，因此五峰及湖湘諸子之思想必然與上述北宋理學的重要觀念之間有相當程度的內在關聯，以下各節將逐一論述。

〔註25〕「性」有能動義，性動即是「心」。明道曰「定性」，不曰「定心」，是此「性」已包含「心」。用「定性」二字，較「定心」更能顯示出生命本質靜定之意義。
〔註26〕〈太和篇第一〉，見《張載集》，頁9。
〔註27〕此處之「知覺」乃指人心內在之逆覺，不指生理性之知覺。
〔註28〕〈誠明篇第六〉，見《張載集》，頁22。

第二節　五峰理學思想的重要脈絡

前言——牟宗三先生的理學觀念

　　牟宗三先生《心體與性體》第一冊綜論部份曾將宋明理學判爲三系：其一爲明道、五峰、蕺山系，其二爲伊川、朱子系，其三爲象山、陽明系。牟先生認爲五峰乃承濂溪、橫渠而至明道之圓教模型而開出，此是以《中庸》、《易傳》爲主，而回歸《論孟》之系統。濂溪、橫渠、明道三人於宋明數百年之理學中有開基作祖之功。五峰既承此三人，其理學思想與濂溪、橫渠、明道三人在思想結構上必然有相當程度的關聯。此所以本章先以第一節篇幅分析北宋初期理學的發展大勢，及其思想結構中的若干重要觀念，以做爲分析五峰理學思想內容的預備工作，並藉以顯示出五峰在整個宋代理學思想結構中的關係地位。

　　牟先生分析宋明理學之系統主要是以「純亦不已」而通貫「道體」、「性體」、「心體」、「誠體」爲一的「既存有又活動」的「寂感眞幾」之「奧體」爲首出之觀念，以之做爲分判理學系統的標準。《心體與性體》一書三大冊百餘萬言，都以此一觀念統貫之。牟先生既高推此一「維天之命、於穆不已」之體爲一「創造眞幾」，則「氣」必成爲形而下的活動，只是一「氣稟」。牟先生的思維比較上無法表現出「氣」觀念在北宋理學發展中的重要性。

本文以氣為首出觀念解析北宋之理學

　　本文則另闢蹊徑，改以「氣」爲首出觀念來解析北宋之理學。前文已指出：北宋理學以「實然之氣爲一切宇宙生化之基礎」爲基本觀念，並以此一「實然之氣」之生化來規定「性」之成立。濂溪之「太極」，橫渠之「太虛」，皆是此義。明道之「仁體」雖未明言氣化之內容，然由其論「性即氣，氣即性」也可推演出此一觀念。因此，通形上形下爲一的「性氣合一」之觀念，實爲濂溪、橫渠、明道以至五峰的根本思想結構。

五峰論氣與性之關係

　　以下則根據此一觀念分析五峰論「性」與「氣」關係的思想內容。《知言》首章曰：

　　　　「天命之謂性」。性，天下之大本也。堯、舜、禹、湯、文王、仲尼六君子先後相詔，必曰「心」而不曰「性」，何也？曰：心也者，知

天地宰萬物以成性者也。六君子盡心者也，故能立天下之大本，人

至於今賴焉。〔註29〕

此章是五峰思想之綱領。其要點有二：一者，「性」為天下之大本；二者，成「性」者「心」。今先論前者：五峰提出此語之前，先冠以「天命之謂性」一語。此語出自《中庸》，後人常以此天命之「性」指謂一形上、超越於氣化世界的「於穆不已」之「性體」。然五峰此處之「性」指的是「天地氣化而成之性」。證據即在《知言》卷一中。五峰曰：

天命不已，故人生無窮。具耳、目、鼻、口、手足而成身；合父母、君臣、夫婦、長幼、朋友而成世。非有假於外而強成之也，是性然矣。聖人明於大倫，理於萬物，暢於四肢，達於天地，一以貫之。性外無物，物外無性。是故成己成物，無可無不可焉。釋氏絕物遯世，棲身沖漠，窺見天機，有不器於物者。遂以此自大，謂萬物皆我心，物不覺悟，而我覺悟，謂我獨高於萬物。於是顛倒作用，莫知所止，反為有適有，莫不得道義之全。名為識心見性，洞然四達，而實不能一貫展轉，淫遁莫可致詰。世之君子，信其幻語而惑之，孰若即吾身世而察之乎！〔註30〕

五峰此文之主旨在於破斥釋氏「謂萬物皆我心，物不覺悟，而我覺悟，謂我獨高於萬物」之顛倒。因此強調「天命不已」、「人生無窮」。此人生是合耳、目、鼻、口所成之「身」以及合父子、君臣等所成之「世」之總合。不論是耳目口鼻之「身」，抑或是父子君臣之「世」，皆不外於天所命之「性」。五峰之意：天下之物，皆氣化所生，物生則性成，性乃本具，不假於外。有物即有性，有性即有物。天下無一物非氣化所生，故亦無一物無「性」。故曰「性外無物，物外無性。成己成物，無可無不可」。人與物皆實有「性」。此即前引《知言》首章「天命之謂性。性，天下之大本也」之義。五峰以「性」為天下之大本，其意在於以「性」為宇宙天地之「實有」，藉以對抗佛家之「空無」。故五峰再三強調「有而不能無者，性之謂與」〔註31〕及「性立天下之有」〔註32〕之義。五峰此義實與橫渠主張「虛空即氣」，而以「太虛一氣」之絪縕聚散強調無「無」者相同。都是宋代理學家在佛教瀰天蓋地的影響之下，欲

〔註29〕　《文淵閣四庫全書》冊703子部《知言》卷一，頁112。

〔註30〕　《知言》卷一，頁113。

〔註31〕　《知言》卷四，頁133。

〔註32〕　《知言》卷三，頁127。

突顯新一代儒家天道思想所憑藉之要義。所不同者，只是橫渠強調「太虛之氣」，而五峰強調「性立天下之大本」，在觀念工具上略有不同而已。

氣之流行，性為之本

五峰雖不似橫渠強調「太虛之氣」，然其所強調之「立天下之大本」之「性」也是不能離「氣」而言者，依然是「性氣合一」的觀念：

> 氣之流行，性爲之主；性之流行，心爲之主。〔註33〕

> 氣主乎性，性主乎心。心純則性定而氣正。〔註34〕

「氣之流行，性爲之主」，此語若就橫渠的思想結構解釋：「性」乃指「氣」攻取百塗之「動能」，可謂之「天性」。然五峰似乎更重視在氣化成物之後的「性」，認爲這就是宇宙天地存在之「實有」。「性」固具於成物之後，然所涵「氣」之攻取之動能仍充實而飽滿，因此「氣」之升降、動靜、相感之清通之神可完全於此「性」中呈現。五峰之意：「氣」涵動化之能，固絪縕升降於宇宙天地之間，然若不落實於人物，則不免歸於虛無漂渺而無所指涉，因此五峰在氣化落實而成的「性」上強調天下之「大本」，較之橫渠以太虛之氣爲實有似乎又有些不同。「性」既是實存，則人生、社會、乃至整個世界即不能指爲幻化者，而人也才能有安身立命之處。故五峰又再次強調：

> 非性無物，非氣無形。性其氣之本乎！〔註35〕

物之「形」固因氣而成「質」；然成物之本則在「性」，無「性」則無「物」。氣生化成物，則「性」自具。若就《易繫辭上傳》第五章中「一陰一陽之謂道，繼之者善也，成之者性也」的天道結構觀察，則「成性」之前尚有一段「繼之者善」的過程。這就如《老子》五十一章所言在「物形之、勢成之」之前還有一段「德畜之」的階段一樣。因此「性」是透過氣化而成就者，應該是「氣其性之本乎」，而五峰反而說「性其氣之本乎」，其目的在於強調「性」之「實存性」，以成就其「性者天下之大本」的主張。

宋代理學家懲於佛家緣起性空之教，大多強調「實有」。橫渠提出「太虛」之說，強調「知太虛即氣，則無無」，而認爲「有無」之分別乃是諸子之陋。橫渠以「氣」強調「實有」，而五峰則以「性」強調「實有」，似乎更爲落實。然二者皆以「性氣合一」爲思想結構之基礎，則無以異也。

〔註33〕《知言》卷三，頁127。
〔註34〕《知言》卷二，頁122。
〔註35〕《知言》卷三，頁127。

五峰論心之主宰義

　　據前文所引《知言》首章，五峰曾曰：「堯、舜、禹、湯、文王、仲尼六君子先後相詔，必曰心而不曰性，何也？」，又曰：「心也者，知天地宰萬物以成性者也」。「性」因氣之生化而成，本身涵有氣之動能，因而有「活動」義。然「性」之「活動」因受「物形之、勢成之」之限制，其「動能」乃轉而爲「潛能」，無法直接向外造作。然其內涵之動能仍在。尤其是稟「氣之清通」之「人」，其所涵氣之動能更完備。而透過已成之「性之動能」，產生知覺者即謂之「心」。「心」是能向外對「物」而產生力用者。因此五峰曰：「性主乎心」，又曰：「性之流行，心爲之主」。「主」即是「主宰」，而此「主宰」則來自「知覺」，能「知覺」自能「主宰」，故曰：「知天地，宰萬物」。

　　前文提及：「性」本受「氣化之能」而生；然既已落實而生，則不能不受「氣稟」之限制。「氣稟」之動則有「方向性」，自然不能如太虛一氣之清通而有變化不測之神。既有方向性即是一種限制，受此氣稟之限制，則「心之知覺」也可能減弱。「心之知覺」縱使可能受「氣稟」之限制而減弱；然相反的此一氣稟的限制也可藉此「心之知覺」加以突破。此因氣化成物之後，原本清通之氣凝聚爲氣質之身；而原始之「氣」雖是「攻取百塗」、「絪縕不測」，然其動化也有一定的「理序」。只是在凝聚爲身形之「質」後，因氣質之局限而使此「理序」暫時不明，此即所謂「氣質之蔽」。而「心」可以藉其「知覺」之力用突破此氣質之限制，使此原本內涵於清通之氣之「理序」重新疏通而顯現。此時則「性」中所涵之氣之動化之「理」亦得以體現，此即所謂「成性」。「成性」是性受氣化生成之後，藉由後天心之知覺觀照之下的重新體現，這即是所謂「由凡入聖」的過程。

　　吾人之「心」之所以能主宰「性」之呈現，主要是「心」透過「性」而能與天地氣化之清通之神相接。「心」與「性」雖同根源於氣化之神，然「心」能主宰，能思維；而「性」只能代表一被動性的「根據」或「本質」。因此能以內在自主之思惟力主宰生命發展之方向者，在「心」而不在「性」。此即五峰所謂「心也者，知天地，宰萬物，以成性者也」之義。

心妙性情之德，其要在「致知」與「窮理」

　　然而心之所以能成性，在於氣之動化之「理」是否被體現，所以「以心成性」之「盡心」工夫必然要落在「理」上。五峰曰：

> 天命爲性，人性爲心。不行己之欲，不用己之智，而循天之理，所
> 以求盡其心也。〔註36〕

「循天之理，所以求盡其心也」即上文所言以心之知覺重新體現涵於吾「性」
中之「理」，這就是五峰所謂的「心妙性情之德」：

> 探視聽言動無息之本可以知性，察視聽言動不息之際可以會情。視
> 聽言動，道義明著，孰知其爲此心；視聽言動，物欲引取，孰知其
> 爲人欲。是故「誠」成天下之性，「性」立天下之有，情交天下之動，
> 心妙性情之德。性情之德，庸人與聖人同，聖人妙而庸人之所以不
> 妙者，拘滯於有形而不能通爾，今欲通之，非「致知」何適哉！
> 〔註37〕

「性」爲「視聽言動無息之本」，因爲性涵有氣之攻取之「理」；「情」則是察
「視聽言動不息之際」，此即是「性所涵氣之攻取之理之相互交接」。這兩者
是就天地氣化之實然而言，故聖人與凡人同，所不同者在「妙」與「不妙」
之差別而已，而其關鍵則在「心」。聖人之心之所以高出凡人者，在於「雖拘
滯於有形而能通」。此即前文所言心之知覺能體現因拘滯於氣之重濁而隔閡之
理，使之復「道義明著」。所以五峰之意：「心」是唯一能扭轉「性」與「情」
之德的樞紐。是唯一能使涵蘊於「性」中之氣之攻取之「理」體現，且能使
此攻取之理相交接時怡然理順者，此之謂「妙」。「心」之所以能「妙」性情
之德，關鍵則在「致知」，故上之引文中五峰曰：「今欲通之，非致知何適哉！」。
而欲「致知」，則在於「窮理」。

　　「心」之主宰義落實於「窮理」，此一觀點同時是五峰分別「儒家之心」
與「佛家之心」的重要依據。五峰曰：

> 有情無情，體同用分。人以其耳目所學習，而不能超乎聞見之表，
> 故昭體用以示之，則惑矣！惑則茫然無所底止，而爲釋氏所引。以
> 心爲宗，心生萬法，萬法皆心，自滅天命，固爲己私。小惑雖解，
> 大礙方張，不窮理之過也。〔註38〕

五峰以釋氏之言「心」有二失：一者滅天命，二者不窮理。滅天命者，不知
心基於性之活動而有知覺。性者即天之所命，而命於「人」與命於「物」者，

〔註36〕《知言》卷一，頁115。
〔註37〕《知言》卷三，頁127。
〔註38〕《知言》卷一，頁117。

皆一本於氣之動化，故曰「有情無情，體同用分」。人與物既同稟天命之性，亦同涵「天理」。不論人與物皆實有一「天理」爲依據，不可憑空以心法起滅天地，而謂「心生萬法」。五峰以此爲「不窮理之過」。五峰又曰：

> 氣主乎性，性主乎心。心純則性定而氣正，氣正則動而不差，動而有差者，心未純也。告子不知心而以義爲外，無主於中而主於言，言有不勝則惑矣！而心有不動乎？北宮黝、孟施舍以氣爲本，以果爲行，一身之氣有時而衰，而心有不動乎？曾子、孟子之勇原於心。在身爲道，處物爲義，氣與道義周流融合於視聽言動之間，可謂盡心者矣！夫性無不體者，心也。孰能參天地而不物，關百聖而不惑，亂九流而不謬，乘富貴而能約，遭貧賤而能亨。禮儀三百，威儀三千，周旋繁縟而不亂乎！〔註39〕

五峰認爲：告子主「言」，北宮黝、孟施舍主「氣」，皆不若曾子、孟子之主「心」。「心」純則「性」定而「氣」正，此即「心」之主宰義。「心」之主宰義表現在「氣」與「道義」之「周流融合於視聽言動之間」。在身爲「道」，處物爲「義」，而其本則在「理」。氣之動化流行，不論在「身」或在「物」，皆是「理」的呈現。而心之知覺能體現此「理」，即所謂「盡心」。此「心」既盡，「性」則無不體。性所涵動化之理，已全幅朗現於此「心」之知覺中。五峰所謂「性無不體者，心也」，即是此義。

　　「心」既能體「性」而無不盡，而「性」又通天地之萬物，則「心」自然亦能體萬物而不遺，此即心之「廣大」義。五峰曰：

> 心無乎不在，本天道變化爲世俗酬酢，參天地，備萬物。人之爲道，至大也，至善也，放而不知求。耳聞目見爲己蔽，父子夫婦爲己累，衣裳飲食爲己欲。既失其本矣，猶皆曰：我有知。論事之是非，方人之長短，終不知其陷溺者，悲夫！故孟子曰：學問之道無他，求其放心而已矣！〔註40〕

又曰：

> 天下莫大於心，患在不能推之爾，……不能推，故人物、內外不能一也。〔註41〕

〔註39〕《知言》卷二，頁122～123。
〔註40〕《知言》卷二，頁123。
〔註41〕《知言》卷三，頁130。

「天道變化」即「氣」之良能之生化過程，其體現者即「天理」。本此「天道變化」之「理」為人道世俗之酬酢，則「人道」亦不離於「天理」。而「心」之體物即本此「天理」。耳目聞見、父子夫婦、衣裳飲食，皆不外於「理」。心不順於理，則是「放心」；心放則不免於蔽累，此所謂「失其本」。「本」即是「心」，亦即謂心之順於理。所謂「患在不能推」，心之推必有所依，即依於「理」（或曰「道義」）。

總結上言，五峰所謂心之「主宰義」，在於「心」之「知覺」能體現「氣」之生化良能所涵蘊於吾人「性」中之「理」。所謂「盡心」、「成性」皆立基於此「天理」之體現，所以五峰之學仍須歸結於「致知」與「窮理」。

「仁」與「天地之心」

五峰論「心」是基於「氣」之動化之良能所展現之「知覺」，透過此「知覺」可與天地萬物相感應，此之謂「仁」。此是就「人」而言；若就「天地」而言，則宇宙之間「一氣」自然有其升降攻取之能，自然有其生生不息化生萬物之感應，此亦可稱之為「仁」。此時「仁」已擴大而成為「天地感應之知覺」，五峰即稱之為「天地之心」。

> 仁者，天地之心。心不盡用，君子而不仁者有矣！〔註42〕

又曰：

> 仁者，人所以肖天地之機要也。〔註43〕

五峰之意：人心之仁與天地之仁，皆一本於氣之感應生化之良能，只是就內、外而言有不同而已。因此人若欲與天地同德，必須與天地同其感應。人心之知覺，在「質」上雖可與天地一氣之感應同其「精微」；然人究竟受氣質之所限，在「量」上，無法與天地之感應同其「廣大」。此五峰所謂「心不盡用」，而君子有時亦有不仁。五峰又曰：

> 人盡其心，則可與言仁矣！〔註44〕

人須是完全「盡其心」，此心與天地生生之德等齊，始可言「仁」。故就「仁」以言「心」，則「心」不但有「主宰」義，更有「廣大」義。此「廣大」義正是「人心」之所以能與「天地之心」同稱為「仁」的關鍵。人之心由於能與天地同其廣大，因此具有充分體現此「天德」之可能。故五峰曰：

〔註42〕《知言》卷一，頁115。
〔註43〕《知言》卷三，頁129。
〔註44〕《知言》卷三，頁130。

> 凡人之生，粹然天地之心。〔註45〕

「心」本來只就人而言，今則反以人來顯示粹然天地生物之心，天地之心其實正是人心擴大至與天地同體之昇華。此處強調心無乎不在的廣大義似乎較傾向於相似「空間」之意義；若就相似「時間」之義而言，五峰又有「心無死生」之說。此一問題留待下節論五峰思想中的某些特定問題時再述，茲不論。

五峰以道、仁、義言理

上文提及五峰論「心」之主宰義時，特別強調「致知」、「窮理」，以突顯「理」在整個宇宙氣化生生過程中的重要性。「理」代表氣之生化發展之「序列」，代表一「存在之規定」。此「理」必然落在「人」的世界，經過人的意志方向之後就轉換成「道」。五峰在「道」之中又有體、用之別：

> 道者，體用之總名，仁其體，義其用。合體與用，斯爲道矣！〔註46〕

「仁」爲道之體，「義」則爲道之用。所謂「仁」者指天地氣化良能之感應，此感應可以通天地萬物爲一，無一物可外於此天地之「仁」，故爲「道」之「體」。「義」則是就人處事抉擇之當然而言，是「仁」之落於特定時空者，故爲「道」之「用」。

義有定體，仁無定用

五峰又曰：

> 義有定體，仁無定用。〔註47〕

所謂「義有定體」，指此「理」已落實於事用之中，是「特定存在之理」而非「普遍存在之理」，故謂之「有定體」。而「仁」則代表此宇宙氣化過程普遍存在之感應，「仁」之感應所依者是普遍存在之「理」，此理超越一切事用之上，故曰：「無定用」。然不論有定體之「義」，抑或無定用之「仁」，其所根據者依然是「理」。故五峰有時也直接以「理」、「義」對言，其曰：

> 爲天下者，必本於理、義。理也者，天下之大體也；義也者，天下之大用也。理不可以不明，義不可以不精。理明然後綱紀可正，義精然後權衡可平。綱紀正，權衡平，則萬事治，百姓服，四海同。夫理，天命也；義，人心也。〔註48〕

〔註45〕《知言》卷二，頁121。
〔註46〕《知言》卷一，頁113。
〔註47〕《知言》卷一，頁113。
〔註48〕《知言》卷四，頁134～135。

又日：

> 義理，群生之性也。義行而理明，則群生歸仰矣！〔註49〕

天地氣化生物之發展過程所呈現的「序列」謂之「理」，「理」是氣化之「天」所規定，故曰「理，天命也」〔註50〕。「理」是自然普遍的存在，而「義」則出於人心之選擇，乃「行之而成」，非透過行爲之實踐不足以貞定之。故「義」在於求其「精」，而「理」則在於求其「明」。

而所謂「精義」者，其義爲何？「義」雖是人所共遵之理，爲人心之所同然之宜。然義之實踐不能離於當下時空條件中的人情事故，因此必須透過格物窮理的手段用心講求，始能在現實的人情事理中得其宜，故曰：「精義」。而「理」則只是一普遍之存在，並無特定現實的時空條件之糾葛，只須加以展現，故曰「明」。

五峰「理於義」的觀念

五峰之意：就宇宙氣化的存在而言，「理」爲一切生化之所依，故爲「天下之大體」。若落實於人生事用之中，則「義」爲一切行爲之準則，故爲「天下之大用」。「理」與「義」有相互依存的體用關係。故五峰又提出「理於義」之觀念：

> 君子居敬，所以精義也。理於義，所以和順於道德也。盛德大業至
> 矣哉！〔註51〕

「居敬以精義」，此爲程門舊義，可不論；而「理於義」則爲湖湘之創發。中國思想史上習於「禮義」並稱，「禮」指制度或行爲的規範，而「義」則指一行爲之正當性。此正當性即代表一「方向性」，此時「義」之意義實接近於「道」〔註52〕，只表詮一行爲之方向，而不涉及現實事用之度數。此所以中國古代之思想只重「明道」，而較不重「窮理」。此蓋當時人類社會文明的發展尚未十分複雜，人類的行爲所牽涉到的「知識」條件相對的比較單純。當人類行爲所牽涉到的知識系統較小之時，人憑藉「心的意志」，即可以大致決定個人或社會的發展方向。然而人類文明不斷累進，對知識的要求不斷提升，以往

〔註49〕《知言》卷四，頁134。
〔註50〕「命」代表「展現」、「賦予」之義，非一般所謂「限制」之義。
〔註51〕《知言》卷五，頁144。
〔註52〕故中國人又習於「道義」合稱。此時「道」爲「行爲方向之道」，非「天地根源之道」。

簡單提示行為方向的價值理念已無法滿足人類行為的需求。人類決定行為時所必須依據的知識愈來愈龐大。換言之，必須憑藉更多的知識才得以成就行為上的適當性。

因此所謂「義」就勢必要建立在「理」之上。此所以唐宋之後，中國思想史上「窮理」的觀念開始被重視。而「道義」也逐漸轉成「理義」。這種以「理」來決定「義」的觀念，即是五峰所謂的「理於義」。

前文提及五峰之兄胡致堂也有「理義」的觀念〔註53〕，致堂指出「聖賢自一衣食，一居處之微而興澤被四海，並育萬物之政者，理義而已矣！」。此時聖賢治世已非「制禮作樂」，「垂拱而天下治」，而是須就「一衣食」、「一居處」之「微」始能澤被生民，並育萬物。因此，若聖人不能「窮理」，如何能「精義」？如何能裁成輔相天地之宜以濟天下百姓生生之道？故五峰曰：「理於義，所以和順於道德」，這正是君子的「聖德大業」。

五峰這種以「理」來規定「義」之主張，除了有其時代因素的影響之外，無疑的也有佛學的刺激在內。前文曾強調宋代的理學家懲於二氏之空無，因此特意強調「實有」。論天地生化強調「實然之氣」，論人生則強調「性立天下之有」，論事用則強調「理於義」。因此五峰認為：人類的行為必須建立在現實存在的物性之理上，否則必如佛家一樣，空以心法起滅天地，只說「法」而不依「理」，以致天地萬物皆成幻化，如此則一切禮樂刑政如何施設？人又如何能安身立命？。

觀五峰「理義」之觀念，可以推想宋代士人企圖在佛教的影響下針對禮樂刑政等現實制度之施為重新開創一新時代之雄心，而此一新時代之開創則須建立在「窮理」、「致知」的基礎上。朱子之學固以此一方向為主，而湖湘之學者如致堂、五峰輩論「理義」之觀念實與朱子無多大之異同，此可謂是宋代理學之通義。

由上述可見，「理於義」的觀念在宋代之時已受到重視，其意義與目的在於強調「義」之基礎在於「理」，提醒學者必須注意在逐漸複雜的物性文明中「格物窮理」以建立行為之「義」。

今日世界中的理、義關係

然湖湘這種「理於義」的觀念，在今天恐怕需要從反向來思考。以今日

〔註53〕請參看本書第二章第二節論胡致堂部分。

視宋代，則於今社會物質文明之進步，知識質量之提升，則更有千萬倍於昔日者。今日人類的行為幾乎可說是全然決定於知識之判斷。而且今日人類知識的取得，也不是個人獨力所能勝任，細部分工，集體研究，使人在面對環境之時，常由於無法掌握決定行為所需的所有知識，使得生命的自覺失去了完整性與獨立性。決定行為的條件已幾乎全為代表知識的「理」所淹沒。這在個人的生活上是如此，在國家社會上，甚至全球重大問題的解決上更是如此，都必須取決於龐大的知識體系。上文所論述的代表人類行為正當性的所謂「義」，在今日似乎已成為知識的奴僕。如此說來，宋代之時五峰欲藉知識之「理」突顯內在行為之「義」，強調「道義」必須建立在「事理」的基礎上，藉以重建政治社會之施設，安定生民居業的「理於義」的理想，若在今日，則恐成一反諷。

因此，如在今日之世界，五峰「理於義」的觀念恐怕必須改為「義於理」。在知識決定一切的今天，人勢必要重新思考：知識問題並不是人類決定行為正當性的唯一條件，古人所謂基於人心之所同然之「義」，在今日的世界中仍有其不可忽視的價值。

第三節　五峰理學中的某些特定問題分析

上節論述五峰理學思想之內容，主要就三方面著眼：

一者，闡述五峰論「性」與「氣」之關係，說明五峰之「性氣」問題幾乎完全承續北宋濂溪、橫渠、明道之觀念。後人論述五峰之理學思想體系，多認為湖湘為周、張與明道之繼承者，其原因最重要者實在於「性氣」觀念之相通〔註54〕。二者，闡述五峰論「心」之「主宰」義與「廣大」義，說明五峰將「成性」之工夫放在「心之知覺」而強調其「主宰」義之觀念。三者，闡述五峰以「道」、「仁」、「義」言「理」的觀念，並強調「理於義」觀念在宋代政治社會重建工程上的意義。

此三大問題已可大致掌握五峰理學思想之內容。今以此為基礎，再進而論述五峰思想中基於此三大脈絡所引申出來的某些問題。

〔註54〕牟宗三先生則重在承繼《中庸》、《易傳》中純亦不已之性體觀念，以此為周、張、大程以至五峰同屬一系之根本原因。

天理人欲，同體而異用

首先論述「天理人欲，同體而異用」。五峰曰：

> 天理人欲，同體而異用，同行而異情。進修君子，宜深別焉。〔註55〕

對此朱子首先表示反對。《知言疑義》中朱子曰：

> 某案此章亦性無善惡之意，與「好惡，性也」一章相類，似恐未安。
> 蓋天理莫知其所始，其在人，則生而有之矣。人欲者，梏于形，雜
> 于氣，狃于習，亂于情，而後有者也。然既有而人莫之辨也，于是
> 乎有同事而異行者焉，有同行而異情者焉，君子不可以不察也。然
> 非有以立乎其本，則二者之幾，微曖萬變，夫孰能別之！今以天理
> 人欲混爲一區，恐未允當。〔註56〕

又曰：

> 再詳此論，胡子之言，蓋欲人于天理中揀別得人欲，又于人欲中便
> 見得天理，其意甚切。然不免有病者，蓋既謂之同體，則上面便著
> 「人欲」二字不得，此是義理本原極精微處，不可少差。試更子細
> 玩索，當見本體實然只一天理，更無人欲，故聖人只說「克己復禮」，
> 教人實下工夫，去卻人欲，便是天理，未嘗教人求識天理于人欲汩
> 沒中也。若不能實下工夫，去卻人欲，則雖就此識得未嘗離之天理，
> 亦安所用乎？〔註57〕

朱子認爲五峰將天理與人欲「混爲一區」，主張「本體實然只一天理，更無人
欲」；又堅持既謂之「同體」，則上面便著「人欲」二字不得。朱子與五峰之
所以不同的關鍵，全在「同體異用」的「體」字上。而對「體」字的異解，
則又關係到二人在理氣觀念上的不同。朱子的思想結構從伊川「理一分殊」
來，「理」與「氣」二元。性即理，屬形上；心、氣則屬形下。形上爲體，形
下爲用。「天理」是「理」，當然爲形上之本體；人欲屬氣，是形下之用。二
者固不可離，然亦不可雜。謂之「體」者只能是天理，豈可言天理與人欲「同
體」。這根本違背了朱子的體用觀念，無怪乎大受朱子之撻伐。

然五峰此處所謂的「體」其實不做「理體」解釋。五峰有「理」的觀念，
但卻不以「理」爲「體」。五峰之所謂「體」是天地一氣動化之「體」。五峰

〔註55〕《知言》卷一，頁114。
〔註56〕《宋元學案》卷四十二〈五峰學案〉，頁1371。
〔註57〕《宋元學案》卷四十二〈五峰學案〉，頁1371～1372。

的體用觀念近於橫渠「太虛無形，氣之本體，其聚其散，變化之客形爾」的結構。無形的太虛一氣是生化天地萬物之根本，此即所謂「本體」。太虛之氣聚散而成萬物之「客形」，即所謂「用」。因此不論體、用都不離於太虛一氣，氣通形上之「體」與形下之「用」為一。這就與朱子以「純理」為形上之體，而「氣」只是形下者完全不同，朱子所以始終不契於《正蒙》與《知言》，其原因在此。

五峰之「氣」不專指形而下者，而其所謂「性」則指氣生化成物後，落實於此物的「帶有活動潛能的體質」，「性」的活動義是「氣」能的轉化。所謂「天理」與「人欲」其實就行為上而言都是「氣的動化」，二者在本質上並無差別，然此一行為會產生何種「力用」，則受其它條件的影響可能有不同的結果。「氣之動」本身只決定行為的「運作」，並不能決定行為的「價值」。「天理」與「人欲」代表的是行為的價值，這是人心對行為的安排。五峰之意：「天理」與「人欲」就其同為氣化所展現的「行為現象」而言謂之「同體」，其「體」指「氣化之體」。然同屬氣之動化的「行為」透過不同的心的安排，則產生不同的價值，此則謂之「異用」。五峰《知言》中有一段文字闡釋此義最為清楚，其曰：

> 夫婦之道，人醜之者，以淫欲為事也。聖人安之者，以保合為義也。
> 接而知禮焉，交而知有道焉，惟敬者為能守而不失也。語曰：樂而
> 不淫，則得性命之正矣！謂之淫欲者，非庸陋人而何！〔註58〕

聖人亦有夫婦之道，以保合為義，而凡人則以為淫欲。故同一男女交媾之道，聖人為之則為天理，凡人為之則為人欲，這不就是五峰所謂「同體而異用」嗎！可知天理、人欲之分不在其「本」，反在其「末」。而朱子則曰：「然非有以立乎其本，則二者之幾，微曖萬變，夫孰能別之」，反就其「本」以分別之。又堅持此「本」必須為天理，不能為人欲，則無怪乎其以五峰之言未為允當也。

然朱子之學，為宋代以下理學之主流，而天理、人欲不可並存之說，又為理學中影響世道人心最重要的觀念，以致後來「人欲」乃為「天理」所淹，致有所謂「以理殺人」者。故清代戴東原出，乃提倡「天下之事，使欲之得遂，情之得達，斯已矣！」〔註59〕，進而主張「理者，存乎欲者也」〔註60〕，

〔註58〕《知言》卷一，頁114。
〔註59〕戴震《孟子字義疏證》卷下，見《戴震集》（臺北：里仁書局，1980年1月，頁309）。

針對朱子加以排擊。經過戴震的論述，可知五峰「天理人欲同體異用，同行異情」的觀念其實較朱子之說流弊小，而且更容易爲一般人所接受。

性無善惡

以下續論五峰「性無善惡」說。先引《知言》中五峰論述此一問題最重要的一段文字：

> 或問性。曰：性也者，天地之所以立也。曰：然則孟軻氏、荀卿氏、揚雄氏之以善惡言性也，非歟！曰：性也者，天地鬼神之奧也，善不足以言之，況惡乎！或者問曰：何謂也？曰：宏聞之先君子曰：孟子所以獨出諸儒之表者，以其知性也。宏請曰：何謂也？先君子曰：孟子道性善，善云者，嘆美之詞，不與惡對。〔註61〕

朱子作《知言疑義》，對五峰的論點大多提出批判，而「性無善惡」一義尤爲「八端」之首〔註62〕。五峰與朱子思想之不相契，除某些文字解釋上的問題之外，最根本者在於兩家言「性」之意義不同。朱子繼承伊川「性即理也」的義理間架，以理、氣爲二元。「理」爲‧「潔淨空闊之世界」，且主張「未有氣之先，畢竟先有此理」。「理」爲形而上，「氣」爲形而下。可知在朱子的理氣論中「理」已成爲一高標的超越天地形器之上的「理體」，可以規定天地萬物生化演進之「文理」〔註63〕。理、氣之間分際甚明，不可淆亂。而朱子又將「理」與「道」合言，曰：「道是統名，理是細目」，又曰：「道字包得大，理是道字裏面許多理脈」，又曰：「道字宏大，理字精密」〔註64〕。可見朱子思想中的「道」字和「理」字已混漫了先秦兩漢之時一指「人生意向」，一指「物性軌則」的分別。朱子已將兩者合一，汎指整個宇宙存在與活動的形上依據。朱子將「道」與「理」合言，代表「理」在「物性存在的軌則依據」之外，又加上一層原本屬於「道」的價值意義。基於此價值意義，朱子的「理」自然必須是「善」。因此「氣」若能順「理」則爲善，若不依「理」則是惡。

〔註60〕戴震《孟子字義疏證》卷上。見《戴震集》，頁273。

〔註61〕《知言》卷四，頁133。

〔註62〕朱子〈知言疑義〉中批評五峰「性無善惡」之語已見前引，請參看第二章第二節論五峰思想脈絡部分。

〔註63〕《朱子語類》卷六：「理是那文理，問：如木理相似，曰：是。又曰：理是有條理，有文路子。文路子當從那裏去，自家也從那裏去；文路子不從那裏去，自家也不從那裏去」，頁99、100。

〔註64〕以上皆見《朱子語類》卷六，頁99。

惡者是「氣」，而「理」則不能是惡。因此形上「性理」與形下「形氣」自然可以善、惡對言；而不可將「性」分爲「本然之性」與「善惡相對之性」，致有「二性」之譏。朱子基於理氣二分之立場，必然主張「性爲善」，因此對五峰「性無善惡」的觀念自然完全無法接受。

五峰論「性氣」則與朱子不同。上文已言之：五峰之所謂「理」是氣性動化過程中所呈現的「分理」，「理」並不是高於「氣」之上的形上指導原則。「氣」與「性」本質上是一體的，並無所謂形上形下的分別。「理」只是「氣」之動化所呈現出來的「序列」，「理」可以「解釋」存在，但不能「指導」存在。五峰之所謂「性」代表透過氣化凝聚過程之後萬物之「存在」，「性」是涵動能之「氣」生化落實於人物者，是「天地之所以立」。「性」既然是天地氣化落實後的存在，「存在」不涉及價值問題，故不能以「善惡」言〔註65〕。五峰以「性善」乃嘆美之辭，不與「惡」對，正是此義。

朱子與五峰論「性無善惡」，關鍵在於五峰以性爲萬物「存在之本身」，而朱子則以性爲萬物「存在之根據」。存在只涉及「必然」，不涉及「當然」；而存在之依據則涉及「當然」。不涉及「當然」自無所謂善惡之問題；然一旦涉及價值性的「當然」，則不能不以性爲「善」。

五峰以好惡說性

因此五峰不以「善惡」說性，而改以「好惡」說性：

> 好惡，性也。小人好惡以己，君子好惡以道。察乎是而天理人欲可知。〔註66〕

「好惡」是性必有的活動，本身也是天地動化之自然，因此也不可以「善惡」言。若好惡以「道」，則謂之「天理」，若好惡以「己」，謂之「人欲」。同基於性之好惡，而有天理、人欲之殊，此即所謂「天理人欲同體異用」之義。前者使人我之關係和諧，後者則造成人我之間的衝突，到此才有善、惡的分別。善惡只在「用」上分，「體」則無關於善惡。五峰又曰：

> 凡天命所有，而眾人有之者，聖人皆有之。人以情爲有累也，聖人不去情；人以才爲有害也，聖人不病才；人以欲爲不善也，聖人不絕欲；人以術爲傷德也，聖人不棄術；人以憂爲非達也，聖人不忘

〔註65〕若以佛學的觀念可稱之爲「無記」。唯識學中解釋第八識的「異類而熟」時所謂的「因有善惡，果爲無記」正可以用來解釋五峰「性無善惡」的觀念。

〔註66〕《知言》卷二，頁118。

憂：人以怨爲非弘也，聖人不釋怨。然則何以別於眾人乎！聖人發
而中節，而眾人不中節也。中節者爲是，不中節者爲非。挾是而行
則爲正，挾非而行則爲邪。正者爲善，邪者爲惡。而世儒乃以善惡
言性，邈乎遠哉！〔註67〕

由「性」之動有「好惡」，由「好惡」有「中節不中節」，由「中節不中節」
有「是非」，由「是非」而有「邪正」，由「邪正」始有「善惡」。五峰之意：
「善惡」乃性透過好惡、是非等判斷落於事用文爲之過程之後所顯現之結果。
參雜「人爲」所引起的不當安排，始稱爲惡，此即所謂「小人好惡以己」。五
峰不於「性」說善惡，也不在「道」之上說善惡，因爲這都是天地氣動生化
的自然，自然即是存在，存在本身不牽涉價值，故無善惡之問題。

心無死生

以下續論五峰「心無死生」之說。《知言》卷四：

或問：心有死生乎？曰：無死生。曰：然則人死其心安在？曰：子
既知其死矣，而問安在耶！或曰：何謂也？曰：夫惟不死，是以知
之，又何問焉！或者未達。胡子笑曰：甚哉！子之蔽也，子無以形
觀心，而以心觀心，則知之矣！〔註68〕

牟宗三先生認爲此段所謂「心無死生」即「心無不在」之義。主張心只有隱
顯，並無生滅。所謂「操之則存，舍之則亡」，故心之存亡乃自人之操舍而言，
不自其本身之存在與否而言〔註69〕。然引文中明言「人死其心安在？」，又提
及「無以形觀心」，則此「死生」爲一般意義應無疑問。五峰所指應是心之「存
在」在「時間延續」上的意義，而不是牟先生所言的「操則存，舍則亡」的
意義。

五峰「心無死生」之說，自然又不得朱子之首肯，《疑義》曰：

心無死生，則幾于釋氏輪迴之說矣。天地生物，人得其秀而最靈。
所謂心者，乃虛靈知覺之性，猶耳目之有見聞爾。在天地則通古今
而無成壞，在人物則隨形氣而有始終。知其理一而分殊，則又何必
爲是心無死生之說，以駭學者之聽乎！〔註70〕

〔註67〕《知言》卷四，頁133～134。
〔註68〕《知言》卷四，頁133。
〔註69〕請參看牟宗三先生《心體與性體》冊二，頁468～469。
〔註70〕見《宋元學案》冊三卷四十二〈五峰學案〉，頁1374。

朱子的「心」屬形下之氣，而所謂「在天地則通古今而無成壞」者，則是指心之虛靈之理。心究竟須落於氣質，故「隨形氣而有始終」。論心以人身爲本，這是中國思想史之通義。然而人生有分限，有生即有死，身形既盡，則心勢必隨之而滅。而五峰卻主張「心無死生」，的確駭人聽聞。然五峰之「心」乃是涵氣能之「性動」。就天而言，則氣之攻取之欲可謂之「心」；就人而言，性動而有知覺以接物也謂之「心」。心之有知以接外物本於天地一氣之動化攻取之欲，心之「知」乃氣之「動能」之外發，此外發之動能乃一氣之「常然」，互萬古而不止者。氣之動化互古不止，則心之「知」亦互古而不死。五峰之「心知」已超越生滅之身形，直指一氣之動能。故五峰論「心」特別強調一「知」字。曰：「子既『知』其死矣，而問安在耶！」。若人死心滅，則一切銷盡，而「死」亦不可知。今尚知其「死」，則此「知」尚在，即不能謂之死。五峰謂「夫惟不死，是以知之」，其實也可以倒過來說「夫惟知之，是以不死」。

五峰之意：天地之間具形氣之萬物生住異滅，往來不息，無有能常存者；然吾心之「知」依於天地一氣之常在而不滅，「天地一氣」之動能永在，則「知」不滅，知不滅則「心」常存。故五峰論「心」實已超出「形質之身」的範圍，而擴大至與「天地氣化」之動能相結合，所謂「了無以形觀心，而以心觀心」，正是此義。

然而吾人之色身究竟有終了之時，「心」豈非即無掛搭處？前文曾論及，人稟天地氣化而成性，性依氣質之凝聚而成，即成一限制。然性動而有心知，心知可以體現出天道性理，天道性理全幅呈現則突破、超越形氣之限制，此即所謂「成性」，性成則可以通萬物而無不體。依五峰「氣之流行，性爲之主；性之流行，心爲之主」之觀念，「心」能「知天地，宰萬物」，本來就是超越色身形氣而直接會通於天地一氣之流行，自然不受形氣死生之限隔。〔註71〕

生死問題，本不爲自來儒者所重，大多存而不論。《論語・先進篇》：「子路曰：敢問死，子曰：『未知生，焉知死？』」。夫子之意，「死」只是不可問，並非不可知，知「生」則知「死」。聖人點到爲止，意有未盡。而五峰以人稟氣動之心知之無窮說「心無死生」，可謂善述聖人之奧義也。五峰這種以「稟

〔註71〕唐君毅先生在《中國哲學原論——原性篇》附篇〈原德性工夫上〉論「胡五峰之識心之說爲象山言發明本心之先河」部分對五峰「心無死生」之說有一番闡釋，可參看。

氣動之心知」論「心無死生」之觀念，若論其淵源，可以追溯到橫渠的「天性」與「天心」之說〔註72〕。明道、伊川等人似乎都沒有觸及此類的問題。

其實，五峰「心無死生」的觀念一定也受到當時佛教哲學的影響。佛教主張「緣起性空」，認為一切法唯心所現。若煩惱淨盡，般若現前，則此心「不生不滅，不垢不淨，不增不減」，自無所謂「死生」之問題。五峰自然沒有「緣起性空」的觀念，然其以「天地一氣動化之常存」來解釋「心知」，同樣也可以引申出「心無死生」的觀念。二者所根據的理論雖異，結論則相同。

宋代理學家除少數者外大都闢佛〔註73〕，然闢佛者在無形中也都受佛教思想的影響。理學的興起在某一個意義上即是針對欲與佛學一爭長短的動機而來，這已經是佛學的影響。身處佛教傳入中國已九百年左右的宋代的胡五峰自然也無法例外。否則論述如「心無死生」者之玄論，對於宋代儒者企圖開創一新時代所從事的禮樂刑政之建設又有何相干？

五峰「識心」之教

以下續論五峰「識心」之教。《知言》卷四：

> 彪居正問：心無窮者也，孟子何以言盡其心？曰：惟仁者能盡其心。
>
> 居正問為仁，曰：欲為仁，先識仁之體。……
>
> 他日問曰：人之所以不仁者，以放其良心也，以放心求心，可乎？
>
> 曰：齊王見牛而不忍殺，此良心之苗裔，因利欲之間而見者也。一有見焉，操而存之，存而養之，養而充之，以至于大，大而不已，與天同矣！此心在人，其發見之端不同，要在識之而已。〔註74〕

朱子〈知言疑義〉則提出批評：

> 某案「欲為仁，必先識仁之體」，此語大可疑。觀孔子答門人問為仁者多矣，不過以求仁之方告之，使之從事于此而自得焉爾，初不必使先識仁體也。又「以放心求心」之問甚切，而所答者反若支離。

〔註72〕橫渠《正蒙・太和篇》：「聚亦吾體，散亦吾體，知死之不亡者，可與言性矣！」，〈大心篇〉則曰：「大其心則能體天地之物，物有未體，則心為有外。……天大無外，故有外之心不足以合天心」。聚散存亡不足以動其「性」，基於性動之心又能體天地而無外。橫渠雖未直接提出「心無死生」之說，然亦可謂是五峰之前導矣！

〔註73〕對佛教表示同情者常被正統理學家貶抑，甚至斥為儒門之罪人，如朱子之斥游定夫即為一例。

〔註74〕《知言》卷四，頁135。

> 夫心，操存舍亡，間不容息，知其放而求之，則心在是矣。今于己
> 放之心不可操而復存者置不復問，乃俟異時見其發于他處，而後從
> 而操之，則夫未見之間，此心遂成間斷，無復有用功處。及其見而
> 操之，則所操者亦發用之一端耳，于其本源全體，未嘗有一日涵養
> 之功，便欲擴而充之，與天同大，愚竊恐無是理也。〔註75〕

朱子以五峰答彪居正「以放心求心」之問，若必俟有事而乃能操存，則「未
見之間，此心遂成間斷，無復有用功處」，且平日於心無涵養之功，如何能操
存擴充？朱子此疑根源仍在理氣觀念和五峰不同。朱子之「心」屬氣，不能
不爲氣稟所拘；而「仁」則是「理」，工夫不在「仁」而在「心」。所謂涵養、
操存都是心的作用，而所謂「本源全體」也是指心而不是性或理。朱子之意：
「心」不能不爲氣稟所拘蔽，而去除此氣稟之蔽，「察識」固然是工夫，然究
竟「識」必須因「事」而起，在時間上只是一個「點」，而平日無事之時多，
則工夫必然間斷。故工夫重點仍然必須落在平時不與事接時的涵養，使此心
能長時處於「虛靈不昧」的狀態，久之則氣稟之蔽自然日消。而物欲之蔽消
得一分，則「仁性天理」自然呈露一分。朱子「涵養」或「察識」的工夫由
於只能用在實然心氣的活動之上，不能直接用以對治「性理」，因此爲克除氣
稟之蔽，工夫必須重在「累積」，而「累積」之要則在「綿密」。因此朱子對
只能一時之間因事而發，而所操存者又只是心氣發用之一端的所謂「察識」
工夫不甚重視，認爲不如「涵養」之能實下工夫。〔註76〕

「省察」與「存養」之不同

　　然而五峰「性」與「心」之觀念並不像朱子分屬形上與形下，心與性都
不離「動化之氣」，因此用在心上的修養工夫，其本質就是氣的調理與安排，
可以直接對治「性」，心與性一氣而相通。因此五峰所謂「識仁之體」是透過
心的知覺與外物相接，藉著知覺將本爲一氣相通之「物」、「心」及「性」當
下挽合爲一，使吾人性體所涵的「活動之能」及「潛在之理」當下呈現，而
天地生化不息之全體當下即與吾「心」無二，此即「萬物與我爲一」之「仁
體」。「識」的工夫就是心本具的「內向反省的知覺力」在一時之間的發動，

〔註75〕見《宋元學案》卷四十二〈五峰學案〉，頁 1375～1376。
〔註76〕朱子雖然也認爲涵養、省察二者不可偏廢，然聖門之教究竟是詳於涵養而略
　　　　於省察。因而主張「必欲因苗裔而識根本，孰若培其根本而聽其枝葉之自茂
　　　　邪！」（見〈知言疑義〉）。

本質上是一種「警悟」，屬「頓」不屬「漸」，因此不須有工夫的累積。因此五峰曰：「知者能者可以一言盡，一事舉；不知不能者，雖設千萬言，指千萬事，亦不知不能也」。

由此可見，朱子指「識心」為只照顧形下心氣發用之一端，於「本源全體」全無工夫關注者，可說與五峰全不相契。五峰之「識心」正是貫穿此「本源全體」者，根本沒有「以放心求心，不免二心」的毛病。五峰答彪居正請問之時所以直接以「識心」工夫示之，其原因即在於此。

五峰識心之工夫，固然在「當下」挽內外為一，直貫「性體」，以呈現「仁體」之全。然而人終究受氣稟積習之障蔽，此一時之境界，不一定能長久持續，所謂「仁體」不免為氣稟所隱沒。然此因警悟而呈現的「性體」畢竟有一「直覺的印象」留存〔註77〕。而此一「直覺性之印象」在時間間隔，或遭氣稟淹沒之後，仍可轉換成一「理念」的印象存在。此「理」在平日未與事接之時，亦可透過心念的不斷提攜，使其日益清明而不失，此即所謂「存養」。

「存養」並不是心中空無一物的虛靈明覺。而是在平日無事之時，藉「理」與「非理」的思惟抉擇，不斷累積此一「理」之念力，待此念力增強時，此「理」自然瑩澈。此「心」清明，「性體」也自然更加圓通。此即五峰所謂「操而存之，存而養之，養而充之，以至於大，大而不已，與天同矣！」之意。

因此「存養」的工夫較之於「察識」，已不是「事的警悟」，而是「理的抉擇」。此正是所謂「理修」與「事修」的不同〔註78〕，二者必相輔乃能相成。因此依五峰之意，「識心」並非澈上澈下的工夫，只是工夫之初基。五峰之所以在「識仁之體」前著一「先」字，即是此義。

「識心」之工夫雖非澈上澈下者，然其當下與物相接之時，直貫「本心」、呈露「性體」之警悟，足可以為工夫之基礎，此即所謂「先立乎其大者」。且五峰主張心、性、氣通貫為一，識得「心」則「性體」當下如是。朱子正是以「心」為形下，故有識心易啟「播弄光景」、「向無形象處東撈西摸」之疑。而「察識」之工夫終成為湖湘學派之心傳。湖湘後學如廣仲、伯逢、季隨諸

〔註77〕 「識心」之工夫其實就是牟宗三先生所說的「智的直覺」，即五峰之所謂「見」。《知言》卷四：「此良心之苗裔，因利欲之間而見者也，一有見焉，操而存之，存而養之，養而充之，以至於大」，即是此義。

〔註78〕 明道曰：「目畏尖物，此事不得放過，須與放下。室中率置尖物，須以理勝他，尖必不刺人也，何畏之有！」（《河南程氏遺書》卷二下，見《二程集》，頁51），其中「須以理勝他」正是所謂「理修」。

人力守上蔡「知覺」之說以衛家門，以與朱子抗衡而始終不移者，其思想之本原皆來自於五峰「識心」之教。

第四節　張南軒理學思想的內容

前　言

　　前文曾指出：南軒雖是湖湘學者，然其學與五峰頗有異同〔註79〕。與朱子論學亦不若廣仲、伯逢與季隨諸人堅守五峰之門牆，不稍假借；反而常與朱子倡和以批評五峰。因此湖湘學者由五峰至南軒，在思想結構上可說已有轉折。南軒與朱子最契合而無諍者，則為「持養是本，省察所以成其涵養」之觀念。前文已言之：南軒之學較「純粹」，重實際修為之工夫，對於形上天道的理論問題，不喜與人爭辯。然而南軒之所以在晚年之時一反湖湘學派傳統「察識」、「識心」之教而主張「先涵養」，則其形上思想之結構必然也有不同於傳統湖湘學者之處。

南軒以「太極」言「性」

　　本文認為其關鍵處在於：南軒少言「氣」，不若五峰以氣統心、性為一體。南軒改以「太極」言「性」：

> 垂喻太極之説，某妄意以為太極所以形性之妙也。性不能不動，太極所以明動靜之蘊也。極乃樞極之義。聖人於《易》，特名「太極」二字，蓋示人以根柢，其義微矣！若只曰「性」，而不曰「太極」，則只去未發上認之，不見功用。曰太極，則性之妙都見矣！體用一源，顯微無間，其太極之蘊歟！〔註80〕

五峰以氣言性，則性依於氣化而為天地之大本。性之所以能「立天下之有」，其本在氣；而性之動為心，也同樣基於氣動。則氣為「體」，而性、心與情乃成氣之「用」。如今南軒改以太極言性，而強調「太極」所以明「性」動靜之蘊，則「氣化」之意義明顯降低，而「性」乃成宇宙動化之體。南軒之意：「性」既為宇宙動化之體，性動而為「情」，情則為「用」，而「太極」乃所以明此「性」動靜之蘊。「性」若不得「太極」之解釋，則只是一未發，其能發之功

〔註79〕請參看本書第二章第三節論張南軒部分。
〔註80〕《南軒集》卷十九〈答吳晦叔〉，頁480。

用不顯。故性以一未發之體發而爲情之用，其義則曰「太極」，此所謂「太極
所以形性之妙」。則此「太極」實爲宇宙天地之所以動化，性之所以發而爲情
之一「樞極」。南軒順五峰之意指出此即爲「天地之心」：

> 元晦太極之論，太極固是性，然情亦由此出，曰性情之妙，似亦不
> 妨。如《知言》「粹然天地之心」，「心」字有精神，觀其下文云：「道
> 義完具，無過無不及」，固是指性，然心之體具於此矣！伊川謂「心」
> 一也，有指體而言，有指用而言，又以喜怒哀樂未發爲寂然不動者
> 也，幸更於此深思焉！太極之說，某欲下語云：易也者，生生之妙
> 也；太極者，所以生生者也。〔註81〕

南軒以心涵性、情為體用

　　南軒以「太極」爲「天地之心」，而以心之體爲「性」，並提出伊川「心
有體用」之說。如此看來南軒以心涵性、情爲體、用的義理間架已十分清楚。
南軒曰：

> 自性之有動謂之情，而心則貫乎動靜而主乎性情者也。程子謂既發
> 則可謂之情，不可謂之心者，蓋就發上說，只當謂之情，而心之所
> 以爲之主者，固無乎不在矣！〔註82〕

可知南軒之學重點在「心」。以「太極」論「性」，強調「太極妙性動靜之蘊」，
其義最終皆歸結於「心」。故於五峰「粹然天地之心」一句，贊嘆「心」字有
精神。由「心」來涵攝性情動靜之妙，此即所謂「心主性情」之說。南軒既
以「性」、「情」爲體、用而主於「心」，則自然承襲五峰以「心」爲「已發」，
而以「性」爲「未發」的思想結構〔註83〕，此說可謂是湖湘之通義。

南軒對「已發」問題前後觀念改變之分析

　　然而南軒又曰：

> 有生之後，豈無未發之時。若謂有生之後，皆是已發，是昧夫性之
> 所存也。〔註84〕

〔註81〕《南軒集》卷十九〈答吳晦叔〉，頁485。
〔註82〕《南軒集》卷二十九〈答吳晦叔〉，頁710～711。
〔註83〕見前引《南軒集》卷十九〈答吳晦叔〉：「若只曰性，而不曰太極，則只去未
　　　　發上認之，不見功用」，頁480。
〔註84〕《南軒集》卷二十六〈答游誠之〉，頁647。

此語則明顯是針對伊川「凡心皆是已發」一語加以引申。南軒指言「未發之時」，顯然已將「未發」視為心的一種狀態，而非只是指「性」。本書第二章第三節已論及此一問題：南軒對已發、未發觀念之發揮前後有所不同。南軒「未發之時」即其所謂「在中」之義：

> 蓋喜怒哀樂未發，此時蓋在乎中也。若只說作在裏面底道理，然則已發之後，中何嘗不在裏面！〔註85〕

所謂「在中」即心未發時亭亭當當之狀態，此雖是「心」，然「性」也即此而顯現。即是透過「心」之「在中」之狀態體現「性」的存在，即是所謂「有生之後的未發之時」。南軒之意：若只以「性」為未發，而有生之後皆是已發，則雖可謂「未發即在已發之中」，然如此則「未發」未免予人虛無縹緲、無捉摸處的感覺。此即南軒所謂「若謂有生之後皆是已發，是昧乎性之所存也」之義。故南軒主張心也有未發之時，此時亭亭當當之在中狀態即是性之體段。

由此可知，南軒於五峰「心為已發，性為未發」的思想結構並未嚴格持守。然廣義言之：南軒「心亦有未發之時，此在中之時即所以狀性之體段」的主張，仍然可以說不離五峰「未發之性即在已發之心中」的觀念。原因在於不論主張「凡心皆是已發」，抑或「心亦有未發之時」，其實都不影響南軒「心性合一」的義理格局。因此對南軒修養工夫由早期的「察識為先」轉變為晚年的「以持養為本」並未造成理論結構上的變動。且就現實面觀之，南軒對已發、未發問題前後觀念的改變，恐怕是性格因素所造成的對實踐工夫的影響。應是「工夫」影響「知見」，而不是「知見」影響「工夫」。然不論如何，南軒晚年折向以持養為本則是事實。

南軒終究主張「持養是本」

南軒曰：

> 敬守此心，栽培涵泳，正是下工夫處。〔註86〕

心之所以能下工夫以栽培涵泳，正是因為未發即在已發中。故敬守此心，即所以涵泳吾人之性。心之體是性，故工夫用之於心，等於用於性。心、性合一之格局，固可施以「察識」之功，亦可平日「涵泳」。南軒似乎較重視後者：

〔註85〕《南軒集》卷二十〈答朱元晦秘書〉，頁499。
〔註86〕《南軒集》卷三十二〈答胡季隨〉，頁806。

> 人之所以能知者，以其爲天地之心，太極之動，發見周流，備乎己
> 也。然則心體不既廣大矣乎！道義完具，事事物物，無不該無不遍
> 者也，而人顧乃局於血氣之內而自小之。雖曰自小之，而其廣大之
> 體本自若，是以貴夫能擴也。……擴者擴乎此者也。擴之道，其
> 惟窮理而居敬乎！理明則有以精其知，敬立則有以宅其知。從事於
> 斯，涵泳不舍，則其胸中將益開裕和樂，而所得日新矣！故充無欲
> 害人之心，而至於仁不可勝用；充無穿窬之心，而至於義不可勝用。
> 仁義不可勝用，豈自外來乎！擴而至於如天地變化草木蕃，亦吾心
> 體之本然者也。〔註87〕

此處所謂的「擴充」其實就是「涵養」，故以「窮理居敬」爲工夫。只言「心
體」而不言「性體」者，則一方面工夫在「心」不在「性」，一方面「心體」
即可指謂「性」。故所謂「涵養」工夫，其目的固在於「性體」之呈現，然其
工夫則在於「心」之擴充與持守。故充「無欲害人之心」，可以至「仁」，此
即南軒所謂「涵養」。南軒之「涵養」，工夫用在「居敬」與「窮理」，這和朱
子的工夫進路完全相同。《南軒集》中言及此義者不下十餘處。本文第二章第
三節論張南軒部份已提及，今不贅。

南軒究竟仍是湖湘血脈

　　由上可知，南軒所謂「涵養」乃建立在心、性一體的觀念上。工夫雖在「已
發之心」，然其涵養之目的是在「未發之性」。因此就此一觀點而言，南軒雖反
對湖湘後學言「知覺」之教，而力主「持養是本」；然其思想結構與實際修爲
的工夫並未偏離湖湘傳統「以心成性」之藩籬。五峰以「氣」言心、性。心接
物之時，藉氣之一貫，心之知覺挽內在之性與外在之事物爲一，當下啓發性體
之呈現，乃順理成章之事，故工夫容易傾向於「識心」。而南軒則少言「氣」，
改以太極之動化言性，心乃成爲通貫性與情的樞極。因此在「未發即在已發之
中」、「性爲心之體」的思想架構之下，涵養乃可以有施之之功。五峰、南軒雖
有此不同，然其「心、性一體」之肯定則無異。此所以五峰、南軒雖工夫取向
有「察識」與「涵養」孰先孰後之不同，然其「以心成性」的基本方向則不變，
這是因爲二人在「心性一體」的基本觀念上並無不同。因此在下手工夫方面雖
因個人氣稟所偏而有所差異，然不害南軒仍是湖湘學派之重要人物。

〔註87〕《南軒集》卷十一〈擴齋記〉，頁 302～303。

第五節　湖湘後學胡實、胡大原、胡大時諸人的思想內容

前　言

　　南軒由於從學於五峰之日淺，故其思想並未完全謹守湖湘之矩範。而廣仲、伯逢、季隨諸人因是胡氏家門中人，與五峰朝夕浸潤，故能謹守家學而不變。廣仲等人所遺留的理學文獻極為有限，無法據以窺其學術思想之全貌，只能就《宋元學案》中附錄之材料，或他人文集中偶論及之者以見其一斑。

胡廣仲論上蔡之「知覺為仁」

　　廣仲、伯逢直接師事五峰，因此理學思想受上蔡「以知覺為仁」影響獨深。此說其實已是湖湘之家學，只不過是廣仲等人溯其源於上蔡而已。本文以下以「知覺為仁」及湖湘傳統「性氣合一」觀念為基礎分析廣仲等人的思想內容。

　　《宋元學案》卷四十二〈五峰學案〉中之〈廣仲問答〉抄錄廣仲語一條云：

> 「心有所覺謂之仁」，此謝先生救拔千餘年陷溺固滯之病，豈可輕議哉！夫知者，知此者也；覺者，覺此者也。果能明理居敬，無時不覺，則視聽言動莫非此理之流行，而大公之理在我矣。〔註88〕

今檢《上蔡語錄》中論及「知覺」者：

> 自然不可易底，便喚做道；體在我身上，便喚做德；有知覺，識痛癢，便喚做仁；運用處皆是當，便喚做義。大都只是一事，那裏有許多分別。〔註89〕

上蔡言「知覺」者於語錄中僅此一見，其餘大多言「識」或「知識」，其特所強調者乃在「天」、「人」與「理」之合一：

> 學者且須是窮理，物物皆有理，窮理則能知天之所為。知天之所為，則與天為一，與天為一，無往而非理也。窮理則是尋箇是處，有我不能窮理，人誰識真我？何者為我？理便是我。窮理之至，自然不勉而中，不思而得。〔註90〕

〔註88〕本段引文為廣仲與南軒問答之語。亦見於《南軒集》卷三十〈答胡廣仲〉，頁743。已見前引。
〔註89〕《上蔡語錄》卷上，頁23。
〔註90〕《上蔡語錄》卷中，頁46～47。

謝上蔡才高而氣剛，頗得明道之氣象。其中「理便是我」，不但上承明道，直可謂下開象山矣〔註91〕！上蔡強調：人與天之合一其原在於「理」，故須「窮理」。而窮理之工夫則在「識」，所謂識則在心之「知覺」。而「識心」之教，又為五峰所特重。因此廣仲引上蔡知覺一義以對抗朱子，認為此說不可輕議。湖湘後學之所以深契於上蔡，其原因主要在於理氣論等思想結構上彼此有可以互補之處，實不止於「識心」與「知覺」等觀念之契合而已。

謝上蔡與湖湘諸子契合之基礎在「氣性合一」

　　上蔡之思想體系強調天、人之合一在於「理」。所謂「識得天理，然後能為天之所為」、「理便是我」、「心者何也，仁是也」。對於「性」，也只說「理窮則便盡性，性盡便知命，理、性、命一而已」。上蔡如此下語未免太過渾淪。「理」如何能便是「我」？「理窮」何以便能「盡性」？「性盡」何以便能「知命」？凡此上蔡都未曾論及。然上蔡思想中因下語太快所造成的模糊之處，五峰之學正可彌縫其不足。其關鍵則在五峰之論「氣性」。

　　前文屢次提及，五峰之論天、性、仁、心乃至理，皆以「一氣之動化」為體。「天」是宇宙氣化之總名，「性」則是氣化之落實於人物而為其體質者，「心」是稟清通之氣之「性」所外發之「知覺」，而「理」則是氣之動化生物所呈現之理序，而所謂「仁」則是吾「性」或「心」所涵之天地氣化依於「理」之同體感應。

　　因此若依五峰之理學體系：則上蔡「仁者，天之理」、「理便是我」、「天、理也，人亦理也，循理則與天為一」，以及「理窮便盡性，性盡便知命」，其實都可以就「一氣」之觀念加以疏通。上蔡本身不言「氣」，然其學受明道啟發，做為思想基本結構的體用觀念與明道相近。而明道之論「性」也是合「氣」而言者。湖湘之學即受其影響。此所以上蔡雖不言「氣」，然其思想體系以湖湘「氣性合一」的觀念加以解釋卻可以若合符節。只是五峰「識心」之教，得上蔡「有知覺、識痛癢」的觀念補充解釋之後，更能顯出其直貫內外，通透心性之工夫境界，此廣仲之所以深許上蔡「知覺」之說的原因。

湖湘與朱子對「知覺」解釋的不同

　　廣仲所謂「知此」、「覺此」之「此」即指「仁」。心真能於仁有知覺，則

〔註91〕黃東發即謂象山之學原於上蔡。見《宋元學案》卷二十四〈上蔡學案〉全祖
　　　望案語，頁917。

此理自然流行。故此知覺、痛癢絕非如朱子所言「只是應接事物之酬酢」,「乃智之事,不可以言仁」〔註92〕。朱子主張「知覺」欲喚做「仁」,須是「知覺」那「理」方是〔註93〕。不知上蔡所謂「有知覺、識痛癢,便喚做仁」正是其所強調「識得天理」之工夫,所「識」者正是「理」。廣仲所謂「視聽言動莫非此理之流行,而大公之理在我矣」正是上蔡所謂的「理便是我」,這都是「知覺」工夫所得到的結果。朱子以「知覺」屬之形下「心氣」之層次,故自然對廣仲此說大不以為然了。

胡伯逢之「觀怒說」

上文論及上蔡「知覺」之說為湖湘後學所推崇,廣仲如此,伯逢亦如此,故皆不為朱子所認可。伯逢論「知覺」,大致與廣仲同,已見上論。然朱子與伯逢論「知覺」之書中曾引及明道「忘怒觀理」之說,則可以補充湖湘後學所強調的「知覺」說之內容。《朱文公文集》卷四十六〈答胡伯逢〉第三書曰:

> ……請因來教之言,而有以明其必不然者。昔明道先生嘗言:凡人之情,易發難制者,惟怒為甚。能於怒時,遽忘其怒,而觀理之是非,亦可以見外誘之不足惡,而於道亦思過半矣!若如來教之云,則自不必忘其怒而觀理之是非。第即夫怒而觀乎怒,則吾之善端固已萌焉,而可以自得矣!〔註94〕

明道以為人於怒時,當忘其怒,而將注意轉移到「理」的是非上。前文已提及〈定性書〉建立在「性通萬物」的觀念上,明道認為「性」與外物之交接不依於「欲」與「智」,而依於物之「理」。「性」動而「理」則靜,故吾性雖動而實靜,此之謂「定性」,此之謂「聖人之喜怒,不繫於心而繫於物」。故當吾人發怒之時,若能思此怒之當否,則可以定此怒之是非。而其「當否」、「是非」則一依於物之「理」,故曰「聖人之喜,以物之當喜;聖人之怒,以物之當怒」,可知明道之所以定吾人之性者端在於「理」。朱子主張平日涵養,而「涵養」最重「理」的是非抉擇。所以明道所謂「觀理之是非,以忘怒而

〔註92〕 見《朱文公文集》卷四十二〈答胡廣仲〉第五書,頁641。

〔註93〕 見《朱子語類》卷一百零一〈程子門人〉謝顯道部分。曰:「上蔡以知覺言仁,只知覺得那應事接物底,如何便喚做仁,須是知覺那理方是」,頁2562。

〔註94〕 《朱文公文集》卷四十六,頁739。已見前引。請參看本書第二章第三節論胡伯逢部分。

定性」者，與朱子「涵養」的工夫進路其實並不違背。只須將「觀」字轉化為平時不斷提起，念茲在茲的綿密工夫即可，此即是朱子不反對明道的原因。

而伯逢的工夫取向則不同，其所謂「不忘其怒而觀理之是非，第即夫怒而觀其怒」者，是基於傳統湖湘學派以「氣」貫性、心為一體的義理間架。依湖湘之觀念：人因「性」之動而有心與物之酬酢，其中固有「理」之呈現。然此理不過是氣化過程所呈現出來的軌則，並非是氣化過程的「超越的指導原則」。因此跨越此「理」，氣化過程本身是一「實然的存在」。伯逢所謂「即夫怒而觀乎怒」即是就此實然之存在而觀照。結果發現「怒」本身只是「氣之動」，因此若將「怒」之行為還原為一「天地氣化之現象」，則此氣動亦只是一「實然的氣化存在」而已，則此「怒」自然銷解矣！此即伯逢所謂「吾之善端固已萌焉，而可以自得矣」。故知伯逢之「觀怒說」實亦與五峰「性無善惡」之說相通，頗類似於佛家之所謂的「分析空」。

胡季隨「灑然冰釋凍解」之境界

伯逢「觀怒說」可以湖湘「性無善惡」說加以解釋，而季隨之「灑然凍解冰釋」境界則可以「性通萬物」說解釋。季隨有「灑然凍解冰釋」之說，同樣遭到朱子的批駁。朱子批評季隨的論點在於認為學者「必於理皆透徹，而所知極其精妙」，始能達到所謂「灑落融釋」的境界，不可急迫求之，只能先「持守優柔厭飫，以俟其自得」〔註95〕。朱子認為湖湘學者的毛病正在於「急迫」二字。朱子在〈大學格物補傳〉中主張「先致力於格物窮理，以待一日豁然貫通」，正是不願學者有急迫之病。朱子認為：所謂「灑然融釋」是「理一」的境界，若不得「理一」則形氣分殊之世界如何能有「灑落融釋」的境界？

然而季隨的見解自有不同。湖湘思想體系並不從「理一」入手，而多就「氣一」或「性本」著眼。上文曾謂胡伯逢「觀怒說」主張將人所面對的事物行為還原為一「實然之氣化存在」，其基礎在於「氣一」；而季隨「灑然凍解冰釋」的境界，重點則在於「性立天下之大本」。依湖湘之知見：性是氣化流行之本，稟氣之清通之神。「性」藉氣之「一本」可通萬物為一體，即所謂「性通萬物」。故吾人若能就「性」中顯發其一氣通於萬物之本質，則吾人與天地萬化不相迕逆，自然可以有「灑落融釋」的境界。

〔註95〕《朱文公文集》卷五十三〈答胡季隨〉第十三書，頁886。

朱子與湖湘一從「理」入，一從「氣」入

　　而湖湘學者達成此一目標的工夫仍在其所謂「識心」。湖湘「察識」的工夫雖然用在「心」上，然其實是藉著接物時「心」的警發，以逆覺此「性」所涵的天地氣化的清通之神。此「清通之神」乃是「一氣」所自涵，非出於形上之理者，故此一境界可以不必透過「理一」而得。且依季隨之見：朱子以格物窮理的工夫企圖求得「理一」之體現，然而「理一」之貫通往往不可得，所得者常不過一、二理數，縱使能依之而行，亦不過「苟免顯然尤悔」而已，如此則途之人亦能之，不足爲學者道。而朱子則以爲「顯然免於尤悔」也是工夫的進境，也不可以其小而輕易之。朱子、湖湘一從「理」入，一從「性氣」入，二者之異，於此可見。

　　綜觀上文，伯逢與季隨跨越「理」而直接觀「氣動」之工夫，實是湖湘後學進一步發揚五峰「識心」之教的最佳進路。而「識心」之與「涵養」工夫內容之差異，及其背後所牽涉的理氣結構之不同也於此可見。這就無怪乎湖湘後學除南軒外，無一人可見容於朱子也。

第四章 湖湘學派對朱子理氣論形成過程的影響

本章提要

　　朱子思想在四十三歲前後才正式定型，在此之前其思想結構始終游移不定。自其早年受禪學影響，至師事李延平受「默坐澄心」之教；乃至得晤南軒，接聞湖湘「察識」之說，而有中和「舊說」、「新說」之悟，最後在〈仁說〉中思想結構定型，其中之複雜可謂數年一變。然朱子四十三歲前思想的轉變有一主導的思維脈絡：即是「未發究竟應置於何地用功？」。朱子性格篤實，不喜播弄精神，又深懲於禪家「作用是性」之說，因此較傾向於「工夫不能只用在已發上」。朱子受伊川「凡心皆是已發」一語的影響，對早年延平「觀喜怒哀樂未發前之氣象」產生疑惑，因此「未發」始終不能得一實下工夫之安置，以致在「心、性」與「已發、未發」的體用關係上產生混淆，此即是朱子四十三歲以前苦心參究之困境。而朱子最後思想結構確定，終於為「未發」尋得一個安頓之地，正是受南軒「察識」之教的影響。

　　本章目的雖在於顯示湖湘學派理學思想對朱子一生理氣論架構形成的影響，然在論述上以朱子為主軸。文分三節：第一節敘述朱子早年受禪學影響至師事延平，以及接觸湖湘「察識」之教後，在理氣論結構上所受的影響，其重點在「中和舊說」四書之分析。第二節論述己丑悟後「中和新說」在體用結構上的調整。第三節則論述透過與湖湘諸子的討論，朱子在〈仁說〉階段中逐漸建立「理氣二分」、「心性情三分」的思想結構的歷程。

第一節　湖湘學派對朱子中和舊說時期理氣論結構的影響

前　言

　　朱子一生之論學友有三：一爲呂東萊，二爲張南軒，三爲陸象山。東萊學問因家學關係較爲駁雜，朱子亦頗糾其失。象山與朱子討論學術之時，朱子思想早已定型，故二人終其一生僵持不下。其中最爲朱子所景仰，且與之相交論學之時，正值朱子歧路徬徨，對朱子思想之改變、定型有重大影響者，則爲湖湘學派之張南軒。

朱子早年思想中的體用結構

　　張南軒與朱子第一次見面之時，朱子已三十四歲。在此之前，朱子已自有一段思想上的演變過程。朱子早年曾因家學及本身之欣求，頗浸潤於禪學〔註1〕，對其人生意態有頗大的影響。然自二十四歲爲同安縣主簿之後，投身於實際政治事務，人生觀乃大有改變。此後又受教於李侗（延平），雖於「求中未發」之旨未能領略，然於「日用間用功夫」則頗有會心。延平之教加上早年的禪學見解，此時朱子自認對「心學」頗有一番自己體會出來的境界。因此對延平「默坐澄心」之教始終認爲有「偏靜入禪」之嫌而未能接受。彼時朱子所謂「萬紫千紅總是春」的觀念，已經表現出「心體不離日用間」的思維。這雖然是朱子的自悟，其實是從早年的佛學見解中提煉出來。這個觀念使得朱子此時與延平的思想顯得格格不入，也使得朱子較容易和南軒的湖湘觀點相契合。

朱子理學修養工夫的困境

　　然朱子與湖湘學派理學觀念的接觸仍然無法解決在實際下手工夫上的困境。朱子一生由於性格關係其下手工夫傾向於樸實，因此師事李延平之初，無法契入於其所謂「求中未發」之旨。彼時朱子自有「萬紫千紅總是春」的悟解，認爲「體即在用中」，又何必空向迷離偏靜處的「未發」中去求？然工夫只用在日用間的「動處」，又常急迫而不寬裕。且一日之中有事時少，無事

〔註1〕　朱子之父朱松本好佛老之學。朱子十四歲時朱松去世，死前將兒子託付給好友胡憲、劉勉之、劉子翬等人，諸人皆深潤於佛學。故朱子年少之時即受佛學影響頗深。

時多，如此則豈非舍本逐末？朱子此時依違於伊川「凡心皆是已發」以及其師延平「求中未發」的兩極之間，處於徘徊兩難之地。朱子心中所追求者在於如何能有一「不倉皇走作而平時亦可以實際下工夫處」。工夫欲用在「未發」上，則伊川明言「凡心皆是已發」，「未發」實渺然無下手處。而延平觀心之教，心性一體渾然，此時之朱子無法體會，且又恐入禪去。而欲將工夫用在「已發」上，則又嫌急迫而少寬裕。朱子此時可謂左右爲難。

朱子思想之困境關鍵在於體用結構

朱子的性格較爲篤實，因此思想結構上的名義界限較分明，較傾向於「分解」〔註2〕。朱子嚴分「心、性」、「已發、未發」等體用觀念，認爲不如此則名義界限不清，下手工夫勢必含糊儱侗。此時朱子又正好受到伊川與延平兩人言教矛盾之干擾。在依違之間，使得朱子無法在「心、性」與「已發、未發」中調整到可以滿足其「於日用間有著實下工夫之地」的要求，以致造成朱子近二十年苦思力索的歷程。

湖湘學派的思想結構與朱子成熟之後的思想體系固然南轅北轍，然此時朱子正在「萬紫千紅總是春」的方向下尋找下手工夫之時，兩者的思想結構其實十分近似，這正是朱子之所以受湖湘學派理學影響的原因。湖湘學派在「中和」問題上的思想立場對朱子思想的啓發和調整有相當程度的影響。本文以下即依此脈絡論述朱子如何在湖湘學者的影響下，不斷地調整其「心、性」與「已發、未發」間的觀念結構，逐漸走上「理、氣二分」與「心、性、情三分」的思想格局，藉以反顯湖湘學派理學思想體系的特色。

朱子與南軒之交往

朱子於三十四歲延平去世之前數年，接受延平「日用間用功」的教法，加上早年對禪學的體會，因此有「萬紫千紅總是春」的「心體在日用間」的體悟，然此一體悟並不能解決實際工夫下手時的困難。工夫究竟應用於「已發」抑或「未發」，深深困擾著朱子。此義前文已述及。宋孝宗隆興元年癸未（1163年），朱子三十四歲，是年朱子奉召至行在，此時南軒亦赴召在京師，這是二人初次見面。又次年，朱子赴豫章哭南軒父魏公之喪，自豫章送至豐城。舟中曾與南軒有三日討論學問的機會，這是兩人第二次見

〔註2〕反之天資較高如明道者，則思想結構較傾向於「一本」論。

面。經此兩次會面，朱子頗心儀南軒其人；然而相見之日短，於是繼之以書信往來，相互切磋。朱子〈答羅參議書〉及〈答何叔京書〉中常提及「惟時得欽夫書問往來」、「欽夫亦時時得書」〔註3〕。這是朱子首次直接與湖湘學者接觸，這對於正處於徘徊師教困境的朱子而言，無疑是極令人振奮的啓發。而就朱子答羅宗約及何叔京二人之書信中正可見此時朱子之思想內容所受南軒之影響〔註4〕。

朱子初識南軒，接受「察識端倪」之說

朱子此時之得聞於南軒者，則爲「察識端倪」之說。於〈答羅參議書〉中可知：

> 欽夫嘗收安問，警益甚多。大抵衡山之學，只就日用處操存辨察，本末一致，尤易見功。某近乃覺知如此，非面未易究也〔註5〕。

又一書云：

> 某塊坐窮山，絕無師友之助。惟時得欽夫書問往來，講究此道，近方覺有脫然處，潛味之久，益覺日前所聞於西林而未之契者，皆不我欺矣！幸幸甚甚，恨未得質之高明也。元來此事與禪學十分相似，所爭毫末耳，然此毫末卻甚占地位。今學者既不知禪，而禪者又不知學，互相排擊，都不筍著痛處，亦可笑耳！〔註6〕

從書中所言「近方覺有脫然處」，可知朱子此時頗有啓悟。南軒「察識端倪」之說主張「在日用處辨察」，與朱子原本「心體在日用間」的觀念正好吻合。然工夫用於「已發」並無特殊高明之處，朱子會晤南軒之前已曾思及；只因過於急迫，少從容寬裕之氣象而使朱子心不妥貼。這也正是朱子在延平卒後

〔註3〕《朱文公文集》末所附《續集》卷五〈答羅參議〉：「某塊坐窮山，絕無師友之助，惟時得欽夫書問往來，講究此道，近方覺有脫然處」，頁1768。《朱文公文集》卷四十〈答何叔京書〉：「欽夫亦時時得書，多所警發，所論日精詣」，頁608。

〔註4〕〈答羅參議〉書首朱子曾提及乾道二年甲申九月朱子赴豫章哭魏公而晤南軒之事。據王白田《年譜考異》，羅宗約卒於戊子四月，在丁亥朱子赴潭州之後一年。而〈答何叔京〉書則大致爲丙戌前後之作。故據此二部份資料探究朱子在延平卒後至赴潭州之前之思想變化應無問題。

〔註5〕見《朱文公文集・續集》卷五〈答羅參議・示及汪丈書〉，頁1768。書信無繫年，陳來先生以此書在甲申、乙酉之間。見陳來《朱子書信編年考證》（上海：上海人民出版社，1989年4月，頁33）。

〔註6〕陳來先生以此書作於丙戌之秋。見《朱子書信編年考證》，頁36。

常有追憶師門遺教，愧悔孤負深恩的原因。因此朱子此時接受南軒「察識端倪」之教，必有足以彌補前此一段工夫罅漏的體悟，這就是上引書中所謂的「操存辨察，本末一致」。

朱子接受湖湘「察識」之教重點在「本末合一」

　　南軒雖遊於師門之日淺，於五峰之教亦未全盤接受，然其「識心」之教不主心、性分言，則無二致。差別只在五峰以「氣」挽合心、性為一；而南軒則以「太極」言「性」而主動化而已。朱子雖無湖湘「心性合一」的傳統觀念，然南軒所提出的「察識工夫」，其中「本末一體」的觀念必然對朱子產生某一程度的影響。就朱子此時的思索而言：「辨察已發」即是「操存未發」，體用不二，本末為一。如此則工夫既有下手處，又不致有倉皇急迫的毛病。於早年延平之教所謂「就日用間用工」、「兼體用下工夫」者可說完全不相違背。朱子早年對延平「求中未發」之教偏靜之疑慮，此時正好用日用間的辨察工夫加以彌補。因此朱子前此之時對延平「未發」之教的追悔，反在得聞南軒「察識」之教後更覺另有一番滋味，故有「昔所聞於西林者，皆不我欺」之思。而此「已發」、「未發」本末一致的工夫，又與禪家「作用是性」之教在形式上幾乎沒有分別，故又有「原來此事與禪學十分相似」之語。

　　可見朱子此時受南軒「察識端倪」之教的影響者在於將已發、未發挽成一體。朱子此時之新悟，其實仍然不離其「萬紫千紅總是春」的舊觀念，只是覺得工夫的下手處比較穩當而已。朱子此一體悟即〈答何叔京書〉中所謂「已發未發，渾然一致」：

> 杜門奉親，碌碌仍昔。體驗操存，雖不敢廢，然竟無脫然自得處。但比之舊日，則亦有間矣！所患絕無朋友之助，終日兀然猛省提撕，僅免憒憒而已。一小懈則復惘然，此正天理人欲消長之幾，不敢不著力。不審別來高明所進復如何？向來所疑，定已冰釋否？若果見得分明，則天性人心，未發已發，渾然一致，更無別物。由是而克己居敬，以終其業，則日用之間，亦無適而非此事矣！中庸之書，要當以是為主，而諸子訓義，於此鮮無遺恨。比來讀之，亦覺其有可疑者。雖子程子之言，其門人所記錄，亦不能無失。蓋記者之誤，不可不審所取也。〔註7〕

〔註 7〕見《朱文公文集》卷四十〈答何叔京〉第三，頁 601～602。

所謂「猛醒提掇」即朱子所受於南軒的「察識端倪」之教，此一工夫的基礎正在於「已發未發，渾然一致」。

朱子似乎已注意到「性、心」與「已發、未發」四者的關係

此書有一值得注意之處：即朱子於此語上又有「天性人心」四字。朱子之意：《中庸》一書「中和」之義若能見得分明，則「天性人心，已發未發，渾然一致」，似乎朱子已注意到「性」、「心」和「已發」「未發」之間的關係。然尋繹朱子此一時期思想發展的線索，「天性人心」一語似乎只是儱侗帶過，雖已提及「天性」，並與「人心」對言，然並未積極思考「心、性」與「已發、未發」這四者之間的體用關係。此時朱子所思考的已發、未發都還是屬於「心」，而朱子只強調「未發已發，渾然一致」〔註8〕，並未積極指明「未發」和「已發」之間的關係。朱子所以強調此義，原因在於未能完全忘情於延平「涵養未發」之遺教，而又欲接受南軒「察識端倪」之說，以積極尋求一下手做工夫的實地，因此激發出此一調和式的說法。然朱子注意到「天性、人心」與「未發、已發」四者之關係已經為四十歲中和新說之悟埋下伏筆。

未發處仍用不上工夫

因此若以四十歲以後思想結構定型之後的觀念來看，此時朱子的體用觀念可謂極不清楚。且朱子既接受南軒「察識」之教，工夫自然用在日用已發之上，此一工夫在湖湘學者「性氣合一」的格局之下，是一種「逆覺取證」、「以心成性」的修養過程。然而，如果用在向來「視心氣為形下」的朱子則工夫必然仍有疏漏之處。此所以朱子此時雖然自謂工夫頗有省發，然卻也覺得「竟無脫然自得處」，且「猛省提撕」，只能「一時免於憒憒」，「一小懈則復惘然」（見上引文）。可見朱子此時工夫上的毛病不可謂不大。朱子始終有工夫須用在「未發」上始是穩當的潛在觀念，可見延平之教對朱子確實有十分深遠的影響。朱子之於師教始終若即若離者，只是心性格局之不同，及某些由闢佛反激出來的忌諱而已。

因此朱子於丙戌年前後時期，雖由於受南軒「察識之教」影響對下手工夫做了某些調整，而有「未發已發，渾然一致」的啟悟。然「渾然一致」的心境卻仍無法使未發、已發二者保持平衡，顯然未發處工夫仍然用不上。二

〔註8〕當然此「渾然一致」亦指「天性」與「人心」二者。

者既不平衡，則所謂「渾然一致」乃成一空話。朱子此時必定又有追憶師教之思，總覺「未發」必須有一終究的安頓處。

　　此時朱子其實又回到原來徘徊在已發、未發如何安排的老問題上，這就是朱子答張南軒詩中所謂的「冰炭」。而此心中鬱積的冰炭使朱子覺得或許只靠書信往來不容易辨究此一複雜的問題。此時朱子對南軒湖湘之教似乎仍具信心，希望從中再得啟發。朱子在〈答羅宗約書〉中已有「非面未易究也」的想法，於是乃有丁亥秋潭州之行。

朱子三十九歲丁亥潭州訪南軒之行

　　朱子潭州之行在丁亥年八月，九月八日抵達潭州，留兩月。此為朱子與南軒第三次會晤，也是時間最長，最能從容討論問題的一次。且此行即是為此目的專程而來，朱子自然懷抱強烈的意願，希望藉此一盡胸中之疑。前文述及：朱子赴潭州之前的〈答何叔京〉書中已因工夫只用在已發上而產生毛病，又有追憶延平師教的傾向；然其時又接受南軒日用間「察識已發」之教，故此時所造成的「冰炭」在朱子赴潭州前必然已有心理準備。故初抵潭州之時與南軒論已發、未發之義而格格不入，這也是朱子意料中的事。因此李本與洪本《年譜》中所謂「是時范念德侍行，嘗言二先生論《中庸》之義，三日夜而不能合」之語必有所據。白田謂「此語絕無所據」，乃因其將〈中和舊說〉四書先已置於丙戌年朱子赴潭州之前。如此則朱子主張「心為已發，性為未發」在長沙晤南軒前已無異論，且當時已「亟以書報欽夫，及當日同為此論者」〔註9〕。如此則朱子至潭州之時，此應為二人共許之論，何致於三日夜不能合？然則王白田《朱子年譜》繫於丙戌年的朱子〈答張南軒〉四書，所謂「中和舊說」者，究竟是如白田所考證在丙戌年朱子赴潭州前，抑或是如錢賓四先生《朱子新學案》一書所考證乃在戊子年朱子長沙晤南軒之後？此一問題牽涉朱子丁亥年赴潭州晤南軒之前與之後其思想脈絡演變之解釋，同時也影響到朱子四十歲己丑年所謂「中和新說」產生的背景，自然成為必須追究的關鍵問題。

〔註9〕見王白田《朱子年譜考異》卷之一「乾道三年丁亥八月訪南軒張公敬夫于潭州」條。《朱子年譜》（臺北：世界書局，1973年4月，頁257。）

〈中和舊說〉四書的年代問題

首先對此一問題提出異議且有詳細之考證者，則爲錢賓四先生〔註10〕。錢先生於《朱子新學案》第二冊〈朱子論已發與未發〉一節中已提出某些證據，讀者可參看。本文僅就錢先生認爲「極明顯，無可置疑」但卻未詳細說明的「中和舊說序」一文中的問題稍作解釋與補充。先列序文如下：

> 余蚤從延平李先生學，受《中庸》之書，求喜怒哀樂未發之旨，未達而先生沒。余竊自悼其不敏，若窮人之無歸。聞張欽夫得衡山胡氏學，則往從而問焉。欽夫告余以所聞，余亦未之省也，退而沈思，殆忘寢食。一日喟然嘆曰：人自嬰兒以至老死，雖語默動靜之不同，然其大體莫非已發，特其未發者爲未嘗發爾。自此不復有疑。以爲《中庸》之旨，果不外乎此矣！後得胡氏書，有與曾吉父論未發之旨者，其論又適與余意合。用是益自信，雖程子之言有不合者，亦直以爲少作失傳而不之信也。然間以語人，則未見有能深領會者。乾道己丑之春，爲友人蔡季通言之。問辨之際，予忽自疑。斯理也，雖吾之所默識，然亦未有不可以告人者，今析之如此其紛糾而難明也，聽之如此其冥迷而難喻也。意者乾坤易簡之理，人心所同然者，殆不如是。而程子之言出其門人高弟之手，亦不應一切謬誤以至於此。然則予之所自信者，其無乃反自誤乎！則復取程氏書虛心平氣而徐讀之，未及數行，凍解冰釋。然後知情性之本然，聖賢之微旨，其平正明白乃如此。而前日讀之不詳，妄生穿冗，凡所辛苦而僅得之者，適足以自誤而已。至於推類究極，反求諸身，則又見其爲害之大，蓋不但名言之失而已也。於是又自懼，亟以書報欽夫，及嘗同爲此論者。惟欽夫復書深以爲然，其餘則或信或疑，或至于今，累年而未定也。夫忽近求遠，厭常棄新，其弊乃至於此，可不戒哉！暇日料檢故書，得當時往還書稿一編，輒序其所以，而題之曰〈中和舊說〉。蓋所以深懲前日之病，亦使有志於學者讀之，因予之可戒而

〔註10〕 牟宗三先生《心體與性體》一書出版於民國五十七年，在錢先生《朱子新學案》之前。牟先生接受王白田《年譜》將四書繫於丙戌年之意見。然只以朱子有自注之二書爲準，其餘二書則視爲舊說下之浸潤。見該書冊三第二章第一、二節，頁71～114。

知所戒也。獨恨不得奉而質之李氏之門，然以先生之所已言者推
之，知其所未言者，其或不遠矣！〔註11〕

朱子一生於四十歲悟中和新說之前與南軒共會晤三次：即隆興元年癸未行在
第一次會晤，隆興二年甲申豫章第二次會晤，第三次即丁亥長沙之會。初會
時朱子尚不知延平之卒。第二次會面時，朱子乃為哭南軒父魏公而來，雖有
舟中三日之款，恐非從容論道之時機。且序文明言「聞張欽夫得衡山胡氏學，
則往從而問焉」。就語氣上來看此行是「專程」而來。可知〈舊說序〉中之「往
從而問」應是指丁亥秋潭州之行。若此事確定，則就序文行文語氣看來，所
謂「一日喟然嘆曰」之所悟，乃在「欽夫告余以所聞，余亦未之省」、「退而
沈思，殆忘寢食」之後。且朱子云「退」而沈思，則此「沈思」顯然已在朱
子丁亥年十二月二十日返家之後。故朱子廢寢忘食之新悟，必在次年戊子無
疑。而序文末所稱「暇日料檢故書，得當時往還書稿一編，輒序其所以而題
之曰〈中和舊說〉」。就文氣語意觀之，此處所謂「當時」應是指「退而沈思，
一口忽有所悟，而自此不復有疑」之時，則應是指潭州歸後的戊子年。則此
「中和舊說」諸書繫於戊子朱子三十九歲之年，實無疑問。而所謂「往還書
稿一編」者，就今《朱文公文集》中〈答張欽夫〉四十餘書檢之，其中論及
「未發已發」之「中和」問題，而且與序文中朱子所稱的「中和舊說」之思
想吻合者，則只有王白田《朱子年譜》中繫之於丙戌年的〈與張欽夫〉四書
而已。因此以這四封書信代表朱子在三十九歲戊子年的中和舊說思想，應無
可疑。〔註12〕

〔註11〕此書朱子自署作於四十三歲壬辰年八月。見《朱文公文集》卷七十五，頁1325
　　　～1326。
〔註12〕中國學者陳來先生於《朱熹哲學研究》第二部份第一章之二丙戌之悟所附〈中
　　　和舊說年考〉中舉出四證，以證明〈中和舊說〉四書（陳書稱〈人自有生四
　　　書〉）作於丙戌年而不作於戊子年。然此四證皆缺乏說服力。今逐條分析如下：
　　　第一證：陳氏以〈答何叔京〉第三書（〈昨承不鄙〉）所云：「未發已發，渾然
　　　一致」與〈中和舊說〉第二書「大抵此處渾然」及第四書「即夫日用之間渾
　　　然全體」意同，遂定〈中和舊說〉與〈答何叔京書〉皆作於丙戌。所謂「渾
　　　然」乃一形容之詞，吾人描述思想理念時亦常用之。若僅據一描述性用語，
　　　即斷定兩部文字作於一時，證據未免過於薄弱。陳氏又指出〈中和舊說〉與
　　　〈答何叔京書〉皆提出對伊川語之懷疑，以證二者出於同時。朱子對伊川語
　　　之可否受其思想轉變之影響而迭有更易，且朱子對伊川語之懷疑可能有一段
　　　時間上之延續，豈可根據二部文字同時對伊川語之懷疑即斷定為同一時之作。
　　　第二證：陳氏以〈答何叔京〉第二書「近得伯崇過此，講論踰月」即中和舊

潭州淹留二月朱子實未有悟

前文述及朱子此次潭州之行，目的在於一盡心中之疑惑。然長沙淹留二月，朱子實未有悟，這從序文中「欽夫告余以所聞，余亦未之省也。退而沈思，殆忘寢食」之語中即可看出。另外從朱子在長沙時與南軒的贈答詩中也可見其端倪，詩曰：

> 昔我抱冰炭，從君識乾坤。始知太極蘊，要眇難名論。
>
> 謂有寧有跡，謂無復何存。惟應酬酢處，特達見本根，
>
> 萬化自此流，千聖同茲源，曠然遠莫禦，惕若初不煩。
>
> 云何學力微，未勝物欲昏，涓涓始欲達，已被橫流吞，
>
> 豈知一寸膠，救此千丈渾。勉哉共無斁，此語期相敦。〔註13〕

前文曾述及朱子赴潭州前心中所鬱積之「冰炭」。冰炭並非在赴潭州時形成，而是延平卒後已經產生。此詩首句「昔我抱冰炭」指延平卒後朱子已陷入已發未發究竟如何在日用間用工夫之苦思。而在得晤南軒之後，接聞其「察識」之教，加上書信往來，於是以日用間觀其流行之體，猛省提撕為然，此於〈答何叔京〉書可見。然工夫仍有罅漏，心體仍不妥貼，矛盾仍在，冰炭未消，於是有長沙之行。故開首二句「昔我抱冰炭，從君識乾坤」是指長沙會晤之前數年間朱子、南軒二人交往切磋而言。此詩從頭至尾所述者也只是這幾年

說第四書（「前書所稟」）「近范伯崇來自邵武，相與講論此甚詳」，以此證二者作於一時。此證錢賓四先生已駁之（見《朱子新學案》冊二，頁171）。且後者所謂「講此甚詳」，通觀〈中和舊說〉第四書乃指「已發者人心而未發者皆其性也」一說。而前者及〈答許順之〉第十一書，皆未提及此事，只強調「講論數十日，甚覺有益」而已，就文氣觀之，前後者所言似為二事。

第三證：陳來以〈中和舊說〉第三書及〈答何叔京〉第八書皆論及以「夜氣」比「復見天地之心」之義，即證二者作於同時，此推論亦嫌草率。討論同一問題不能證明必然作於同一時間。

第四證：陳來以朱子〈答石子重書〉第五有「熹忽有編摩之命，出於意外」之「忽有」二字，以為此必在聞命之初，遂定此書作於戊子正月。而以此判斷〈中和舊說〉第三書不及作於戊子。此證據力亦嫌薄弱。

總此觀之：陳來先生所列諸證，無一能有堅強之證據力足以證明〈舊說〉四書必作於丙戌。而陳氏之書出於1985年，遠較錢書為晚，卻未針對錢先生所列之證據反駁，只籠統以「錢說於此則考之未詳」一語帶過。且陳氏以為錢先生立論之根據主要在〈答石子重書〉第五，而對錢先生列為最重要證據之〈中和舊說序〉中之問題則避而不談。故就雙方所列證據之說服力觀之，仍以錢先生所言較具說服力。

〔註13〕《朱文公文集》卷五〈二詩奉酬敬夫贈言並以為別〉第二首，頁48。

之間朱子所接受的南軒之察識之教，其實完全看不出有任何新悟。所謂「惟應酬酢處，特達見本根」是指日用間省察已發以見未發；而「云何學力微，未勝物欲昏，涓涓始欲達，已被橫流吞」是指〈答何叔京〉書中所謂「終日猛省提撕，僅免憒憒而已，一小懈則復惘然」，這也是長沙會晤之前朱子就已經察覺的毛病。而「豈知一寸膠，救此千丈渾」正是朱子受之於南軒察識之教的舊觀念。可見朱子此詩只是與南軒應酬之作，實未有新悟。朱子此後的「新悟」其實是在離開潭洲回家之後，歸家之後所謂的「新悟」即是後來所謂的「中和舊說」四書。

〈中和舊說〉四書之次第

王懋竑《朱子年譜》中繫於丙戌年的〈答張欽夫〉四書已確定是「中和舊說」的內容，此固無疑問。然此四書之「次序」是否即如白田所列則不能無疑問。牟宗三先生只以有朱子自注的兩封書信為主，而將第三書與第四書視為中和舊說下的浸潤。而且以第四書（〈前書所稟〉）直接置於第一書之後。中國學者陳來先生以第四書承第一書之後，第二書承第四書之後，第三書又承第二書之後。陳來先生所排列的順序最能符合此四書內容中的思想脈絡〔註14〕。本文謹就陳先生所舉的證據之外再加補充，以進一步證成其說。〔註15〕

第四書有「前書所稟，寂然未發之旨，良心發見之端」，此處所謂的「前書」從信中所討論的問題內容看來，所指的應該是第一書。且此書有「比遣書後累日潛玩，其於……因復……」等語，陳來認為這是未接到南軒覆書前立即再發之書，應無問題。可知這兩封書信（第一書、第四書）在時間上甚為接近。而第三書有「而前此方往方來之說，正是手忙足亂，無著身處」，則必在第二書之後無疑。如此則第四書在第一書之後，第三書在第二書之後。因此只要能證明第二書在第一書或第四書之後，則這四封書信的先後次序即可確定〔註16〕。朱子自注第一書云「此書非是，但存之以見議論本末耳，下

〔註14〕見陳來《朱熹哲學研究》第二部份第一章之二〈丙戌之悟〉所附〈中和舊說年考〉，頁120。另錢賓四先生於此四書之次序完全依照白田《年譜》所列。然依此四書中所討論之問題之脈絡，其順序與王譜所列者並不相同，對此一問題錢先生似乎未曾注意。

〔註15〕本文於〈中和舊說〉四書順序之稱，所謂「第一書」、「第二書」等，概依清代王懋竑《朱子年譜》中所列之次序。

〔註16〕第一書與第四書前後連續，中間不可能再有一書。

篇同此」〔註17〕，而自注第二書則曰「此書所論尤乖戾」，究其語氣，第二書
應在第一書之後。且第二書起頭有「前書所扣」之語，可見之前已有書信往
返，決不是開啓討論的第一封書信〔註18〕。凡此都可以證明第二書在第一書
及第四書之後。然最有力的證據則是牟宗三先生所提出第二書中所謂「尚有
兩物之弊」之語，其所指謂者乃是第四書「心爲已發，性爲未發」之說〔註19〕。
如此則朱子第一書、第四書發出之後，中間南軒必有一復書，指出朱子第四
書中所謂「則已發者人心，而未發者皆其性也」，乃是以已發、未發將心、性
分爲「兩物」。於是朱子又復書（第二書）提出「只一念間已具此體用，發者
方往而未發者方來，了無間斷隔的截處」之說，企圖彌縫此病。如此則完全
吻合朱子當時的思想變化脈絡。由上來所述，可以確定〈中和舊說〉四書之
順序依序應爲第一書、第四書、第二書、第三書。四書之順序既定，則朱子
此時參究「中和」所產生的「體用」觀念上的變化歷程才能顯現出來。

　　以下本文再進一步討論朱子在《中和舊說》四書中「已發、未發」、「心、
性」等體用結構之變化，藉以觀察朱子如何在潭州歸後的次年戊子，繼續透
過與南軒書信往返，不斷調整自己在「已發、未發」的修養工夫上之缺失，
因而有四十歲己丑「中和新說」之悟，理學思想結構於是定型的整個歷程。

朱子於〈中和舊說〉四書中體用結構之演變

　　朱子丁亥秋潭州之行之前，心中所蘊積之冰炭，在於工夫用在「已發」
有急迫之病，用在「未發」又覺得無下手處的老問題。此時朱子雖然有「天
性人心、未發已發，渾然一致」的體悟，然其實尚未有清楚的「體用觀念」。
朱子之所以接受南軒「日用間察識端倪」之說，只因此說符合其受之於延平
「日用間用功」之宿見，認爲「察識已發」即所以「涵養未發」，「本末一致，
尤易見功」〔註20〕，不背於西林遺教，故以爲有脫然處。然此時朱子尚未以
未發爲「體」，已發爲「用」，以致二者雜糅，工夫之運作一旦失衡，則弊病

〔註17〕既曰「下篇同此」，則此緊接第一書之「下篇」必無朱子自注之文。故不可能
　　　　指第二書，因第二書下已有朱子自注之文。因此此處所謂「下篇」應指緊接
　　　　第一書之後之第四書。
〔註18〕陳來指出第二書有「茲辱誨論」之語，因此認爲是朱子復南軒之書而承第四
　　　　書之後者。此固無誤，然單舉此證，未免孤弱。
〔註19〕見《心體與性體》第三冊第二章，頁94。
〔註20〕〈答羅參議〉書語。見《朱文公文集》，頁1768。

立現。因此「體用」觀念的清楚安立，實爲朱子參究中和問題能否確定之關鍵，而這又與朱子一向「體用分立」的基本性格有關。朱子潭州歸後的所謂〈中和舊說〉之「新悟」是朱子「體用」觀念清楚建立的重要階段。其中的重要關鍵在於〈舊說〉中已正式注意到「性」這個觀念的地位。此所以不久之後即有己丑「中和新說」之體悟，終於確定朱子「理氣」、「心性」思想結構的重要原因。

第一書

〈中和舊說〉第一書云：

> 人自有生，即有知識。事物交來，應接不暇。念念遷革，以至於死。其間初無頃刻停息，舉世皆然也。然聖賢之言，則有所謂未發之中，寂然不動者。夫豈以日用流行者爲已發，而指夫暫而休息不與事接之際爲未發時耶？嘗試以此求之，則泯然無覺之中，邪暗鬱塞，似非虛明應物之體；而幾微之際，一有覺焉，則又便爲已發，而非寂然之謂，蓋愈求而愈不可見。於是退而驗之於日用之間，則凡感之而通，觸之而覺，蓋有渾然全體應物而不窮者，是乃天命流行生生不已之機。雖一日之間，萬起萬滅，而其寂然之本體則未嘗不寂然也。所謂未發，如是而已，夫豈別有一物限於一時，拘於一處，而可以謂之中哉！然則天理本眞，隨處發現，不少停息者，其體用固如是，而豈物欲之私所能壅遏而梏亡之哉！故雖汩於物欲流蕩之中，而其良心萌蘖，亦未嘗不因事而發見。學者於是致察而操存之，則庶乎可以貫乎大本達道之全體而復其初矣！……程子曰：未發之前更如何求？只平日涵養便是。又曰：善觀者卻於已發之際觀之。二先生（指周程）之說如此，亦足以驗大本之無所不在，良心之未嘗不發矣！〔註21〕

此書從「嘗試以此求之」至「蓋愈求而愈不可見」中所述者，正是朱子徘徊於已發與未發之間，不知工夫如何下手所造成之困惑，也正是潭州行前鬱積數年的冰炭。朱子此時所謂「新悟」，是將「未發已發，渾然一致」調整爲「未發」爲「體」，「已發」爲「用」。從所謂「學者於是致察而操存之」，可見朱子此時仍未放棄南軒從已發下手的「察識端倪」之教；而「未發」則轉而成

〔註21〕《朱文公文集》卷三十，頁410～411。

爲「渾然應物而不窮」的「寂然本體」。籠統看來，這仍然是「未發已發，渾然一致」的觀念，仍然是延平未卒之前朱子所自悟的「萬紫千紅總是春」的格局；然其思想結構則愈趨精密。故可知朱子與南軒長沙講論兩個月，雖然未能言下大悟，內外通透，然必受有南軒湖湘之學「以心成性」，「心性以一氣貫通」的「體用合一」之教的影響。湖湘之學以「心」對事物之警悟當下直透「本性」，挽內外爲一，已發與未發一體。甚至「萬起萬滅」與「寂然本體」之分別亦泯。朱子之根器篤實而不喜儱侗，在工夫層次主「分」而不主「合」，故必然無法完全接受湖湘之教法。然其潭州兩月受南軒影響，乃有此「一日之間，萬起萬滅，而其寂然之本體則未嘗不寂然也」之悟，只是此時未發、已發仍可分別言之而已。

第四書

由此可見，在與南軒湖湘之學相互激盪之下，使得朱子將已發、未發置於一清楚的「體用」關係上，更進而促使朱子將「性」的觀念納入已發、未發的體用關係中。接著〈舊說〉第四書曰：

> 前書所稟，寂然未發之旨，良心發現之端，自以爲有小異於疇昔偏滯之見。但其間語病尚多，未爲精切。比遣書後，累日潛玩，其於實體似益精明，因復取凡聖賢之書，以及近世諸老先生之遺語讀而驗之，則又無一不合。蓋平日所疑而未白者，今皆不待安排，往往自見灑落處。始竊自信以爲天下之理，其果在是，而致知格物，居敬精義之功，自是其有所施之矣！聖賢方策，豈欺我哉？蓋通天下，只是一箇天機活物，流行發用，無間容息。據其已發者，而指其未發者，則已發者人心，而未發者皆其性也。亦無一物而不備矣！夫豈別有一物，拘於一時，限於一處而名之哉！即夫日用之間，渾然全體，如川流之不息，天運之不窮耳。此所以體用精粗，動靜本末，洞然無一毫之間，而鳶飛魚躍，觸處朗然也。存者存此而已，養者養此而已。〔註22〕

朱子以第一書之見語病尙多，累日潛玩之後，似又有悟。於是對前書再做修正，正式提出已發爲「心」，而未發爲「性」的結構。若依朱子此時的體用觀念，則心之已發爲「用」，而性之未發爲「體」。前者固爲向來之意見，然而

〔註22〕《朱文公文集》卷三十二〈答張敬夫〉，頁438。

以「性」為「體」，則其實已經為己丑中和新說之悟跨出了一大步，這是朱子理學思想結構演變以至定型的過程中極為重要的里程碑。

前文已提及，朱子之所以十餘年來苦參「中和」問題，始終於已發、未發究竟該如何下工夫而可有一穩當之地而猶豫，其最大的原因在於未注意到「性」的地位。正因為朱子未注意「性」的地位，只就「心」來參究已發與未發，因此受到伊川「凡心皆是已發」的影響，心只能是已發之用，如此則「未發」必然為「體」。工夫只能用在「已發」上，於是「未發」成為一無著落之處。此所以朱子始終覺得「倉皇急迫」，而無「寬裕雍容」之氣象。

然而朱子終究認為「未發」應有下工夫之實地，修養才能有靜定之氣象。如今朱子已體認出「性」之為「體」，則「未發」即有可能解脫原來為「體」之地位，而轉而為「用」，如此則「未發」、「已發」同屬於「心」，同屬於「用」，則工夫即可用於「未發」，如此則朱子的心病可以一朝解除。因此本文認為：朱子逐漸悟出以「性」為「體」，實為發展出「中和新說」而確定其思想結構的重要關鍵。

然此時朱子以「性」為「未發」，「心」為「已發」乃受南軒影響後之自悟。〈舊說序〉中朱子有「後得胡氏書，有與曾吉父論未發之旨者，其論又適與余意合，用是益自信」之語。可知朱子與南軒交往，南軒只告之以「察識」之說，而五峰「心為已發，性為未發」、「心涵寂感」等湖湘學派的重要觀念，朱子似乎未曾透過南軒而得聞其說，否則朱子必然早有體悟〔註23〕。然朱子此時究竟在湖湘學者「以心成性」觀念的影響之下開始有了以「性」為「未發」，而為「已發」之「體」的創悟，與其後來「中和新說」之悟已十分接近，所剩者只是此時朱子仍以「未發」為「性」而已。由於「未發」仍是「性」，因此工夫仍然只能用在「已發」之「心」上。故朱子此時仍接受南軒「先察識，後涵養」之教。

第二書

第一書與第四書發出後，南軒復書至，於是朱子又有「第二書」，曰：

> 前書所扣，正恐未得端的，所以求正。茲辱誨喻，乃知尚有認為兩物之弊。深所欲聞，幸甚幸甚。當時乍見此理，言之唯恐不親切分

〔註23〕五峰以「性為未發，心為已發」，又主「心涵寂感」之思想結構，實與朱子中和新說之悟已無大差別。其差異只在「未發」究竟為「性」，抑或為心之「寂」之不同而已。

明，故有指東畫西，張皇走作之態。自今觀之，只一念間已具此體
用，發者方往，而未發者方來，了無間斷隔截處。夫豈別有物可指
而名之哉！……又如所謂學者於喜怒哀樂未發之際，以心驗之，則
中之體自見，亦未爲盡善。大抵此事渾然，無分段時節先後之可言。
今著一「時」字，一「際」字，便是病痛。……向見所著〈中論〉
有云：未發之前心妙乎性，既發則性行乎心之用矣！於此竊亦有疑，
蓋性無時不行乎心之用，但不妨常有未行乎用之性耳。今下一「前」
字，亦微有前後隔截氣象，如何如何？熟玩《中庸》，只消著一「未」
字，便是活處，此豈有一息停住時耶。只是來得無窮，便常有箇未
發底耳。〔註24〕

前文提及朱子於第四書中所悟的以「性」爲「體」，爲其參究中和問題十餘年
來之重大突破。只要再將「未發」從「性」轉移爲「心」，與「已發」同爲心
之寂、感兩種狀態，則新說之悟即已完成，可謂距其思想結構之定型已近在
咫尺。

　　然南軒復書至，認爲朱子第四書所云「已發爲心，未發爲性」仍有兩物
之弊〔註25〕。朱子受此影響，順南軒之評語而轉，於是而有「只一念間，已
具此體用」的修正。其實朱子此時問題根本不在體、用間是否有隔截，而是
「未發」究竟應該置於爲「體」之「性」抑或爲「用」之「心」之上的問題。
然朱子既隨南軒之路數思考，遂一味強調「已發之心」與「未發之性」之不
可有絲毫隔截現象，因此「未發」也只能成爲一「來得無窮」的「寂然之體」，
仍然無法在實際工夫上下手。如果則朱子長久以來感覺工夫上少寬裕雍容氣
象的毛病，仍然無法解決。

第三書

　　然朱子究竟是一個聰明善疑的人，雖然一時受南軒轉卻，卻能立即有所
省發。於是而有最後一書（即「第三書」）的啓悟，其書曰：

〔註24〕《朱文公文集》卷三十〈與張欽夫〉，頁411。
〔註25〕南軒以「太極」言「性」，主動化，而「性」之動即爲「心」。故南軒曾曰：「若
　　　　只曰性而不曰太極，則只去未發上認之，不見功用。曰太極，則性之妙都見
　　　　矣，體用一源，顯微無間。」（見《南軒集》卷十九〈答吳晦叔〉第一書）。
　　　　因此朱子主張「心爲已發，性爲未發」時，南軒以爲尚有兩物之弊。此或許
　　　　即朱子與南軒交接時，南軒只告以湖湘「察識」之教，而未告之以五峰「心
　　　　爲已發，性爲未發」之說之故，蓋南軒對於五峰此說亦未能能首肯也。

誨諭曲折數條，始皆不能無疑。既而思之，則或疑或信，而不能相通。近深思之，乃知只是一處不透，所以觸處窒礙。雖或考索強通，終是不該貫。偶卻見得所以然者，輒具陳之，以卜是否。大抵日前所見，累書所陳者，只是儱侗地見得箇大本達道底影象，便執認以爲是了。卻於「致中和」一句，全不曾入思議。所以累蒙教告，以求仁之爲急，而覺自殊無立腳下功夫處。蓋只見得箇直截根源，傾湫倒海底氣象。日間但覺爲大化所驅，如在洪濤巨浪之中，不容少頃停泊。蓋其所見一向如是，以故應事接物處，但覺粗厲勇果增倍於前，而寬裕雍容之氣略無毫髮。雖竊病之，而不知其所自來也。而今而後，乃知浩浩大化之中，一家自有一箇安宅，正是自家安身立命主宰知覺處，所以立大本行達道之樞要。所謂體用一源，顯微無間者，乃在於此。而前此方往只方來之說，正是手忙足亂，無著身處。道邇求遠，乃至於是，亦可笑矣！〔註26〕

朱子此書全集中在工夫氣象的不平衡處，強調「粗厲果勇增倍於前，而寬裕雍容之氣略無毫髮」。這個毛病是朱子十餘年來始終無法祛除的心病。朱子此時注意到「致中和」一句，認爲在此之前對於此句「全不曾入思議」，以致「一處不透，觸處窒礙」。朱子在「致中和」這三個字中逐漸體悟出工夫必須同時用在「已發之和」和「未發之中」上，而朱子所欠缺者尤其在工夫不曾用在「未發」之「中」上。因此朱子有了「而今而後，乃知浩浩大化之中，一家自有一箇安宅」的新體悟，這個「自家安身立命之主宰知覺」的所謂「安宅」必須置於「未發」上，才能有眞正「立腳下功夫處」。而此「安宅」既然是一個「主宰知覺」處，則必須是「心」，而不是「性」。就朱子〈中和舊說〉第三書的內容而論，這個結果其實已呼之欲出。

朱子〈答何叔京書〉

朱子〈答何叔京〉之書信中有數書也作於戊子年，可與〈中和舊說〉諸書相互參照。如第十一書云：「因其良心發現之微，猛省提撕，使心不昧，則是做工夫底本領」，又云：「多識前言往行，不如默會諸心，以立其本」〔註27〕，及第十三書所謂「日用之間，觀此流行之體，初無間斷處，有下功夫

〔註26〕《朱文公文集》卷三十二〈答張敬夫〉，頁438。
〔註27〕《朱文公文集》卷四十〈答何叔京〉第十一書，頁609～610。

處」〔註28〕，這是〈舊說〉第一書「雖汨於物欲流蕩之中，而其良心萌蘗，亦未嘗不因是而發見，學者於是致察而操存之，則庶乎可以貫乎大本達道之全體而復其初矣！」之意。又第十二書云：「性心只是體用，體用豈有相去之理乎」〔註29〕，此即舊說第四書「則已發者人心，而未發者皆其性也」、「體用、精粗、動靜、本末洞然無一毫之間」之意。

由此可知，朱子於戊子年作〈中和舊說〉數書時，雖思想迭有創發，然基本上仍保守南軒於日用間觀此流行之體的「察識」之教。雖在湖湘之學「以心成性」、「心性爲一」的思想格局影響下，逐漸調整其體用結構，而悟出以「性」爲「體」，「未發」是一個可以實際做工夫的「安宅」等觀念。然因仍然主張「體用一源，顯微無間」，以致無法揚棄湖湘「識心」之教。

朱子「體用一源」的思惟模式，實可遠溯自早年所受禪學的影響。從延平未卒以前朱子「萬紫千紅總是春」的體悟，直到延平卒後〈答何叔京書〉中所謂「未發已發，渾然一致」，乃至潭州行後「中和舊說」諸書中的「未發本體即在已發中」的觀念，基本上都不離「體用一源」的思考模式。只是在「中和舊說」之前，朱子尚未有清楚的「體用」結構而已。

然而，依朱子的生命格調，其思想結構實較傾向於體、用分言，加上朱子一向所受延平遺教「未發」應有下功夫之實地的觀念影響，水到終於渠成，於是乃有四十歲己丑「中和新說」之悟。

第二節　跳脫湖湘影響之後朱子中和新說的思想結構

朱子〈中和新說〉之悟

上節述及經過〈中和舊說〉數書反覆討論、思考，加上數年來始終縈繞於心的「平時也須實地用功」的宿見，朱子終於重新注意到「致中和」三字的意義。古人既云「致中和」，可見不論「未發之中」或「已發之和」都必須有「致」的工夫。如此則已發、未發都應該屬於「心」的範圍。凡心未必都是已發，心也有未發之時，即是平時未與事接時之心境。在此下工夫，自然無倉皇急迫之病，而有優柔饜飫之功。這與朱子早年「心只能是已發」，而未發又「只能在迷離恍恍中求」的工夫進路已完全不同。

〔註28〕《朱文公文集》卷四十〈答何叔京〉第十一書，頁611。
〔註29〕《朱文公文集》卷四十〈答何叔京〉第十一書，頁610。

朱子〈與湖南諸公論中和〉第一書

　　朱子致悟的因緣已見於前引之〈中和舊說序〉，而其「中和新說」的思想結構，則見於〈與湖南諸公論中和〉第一書，其書曰：

　　《中庸》未發已發之義，前此認得此心流行之體，又因程子「凡言心者皆指已發而言」，遂目心爲已發，性爲未發。然觀程子之書，多所不合。因復思之，乃知前日之說，非惟心性之名，命之不當；而日用功夫，全無本領。蓋所失者，不但文義之間而已。

　　按《文集》、《遺書》諸說似皆以思慮未萌，事物未至之時，爲喜怒哀樂之未發。當此之時，即是此心寂然不動之體，而天命之性當體具焉。…然未發之前不可尋覓；已覺之後，不容安排，但平日莊敬涵養之功至，而無人欲之私以亂之。則其未發也，鏡明水止：其發也，無不中節矣。此是日用本領工夫，至於隨事省察，即物推明，亦必以是爲本，而於已發之際觀之，則其具於未發之前者，固可嘿識。

　　故程子之答蘇季明，反覆論辨，極於詳密，而卒之不過以「敬」爲言。又曰：敬而無失，即所以中。又曰：人道莫如敬，未有致知而不在敬者。又曰：涵養須是敬，進學則在致知，蓋爲此也。向來講論思索，直以心爲已發，而日用工夫，亦止以察識端倪爲最初下手處，以故闕卻平日涵養一段工夫，使人胸中擾擾，無深潛純一之味。而其發之言語事爲之間，亦常急迫浮露，無復雍容深厚之風。蓋所見一差，其害乃至於此，不可以不審也。〔註30〕

朱子終於將「未發」定位在「心之思慮未萌」狀態

　　朱子此書最大的改變在於其終於將「未發」定位在「心」的「思慮未萌，事物未至」的狀態上，完全推翻舊說時期「以未發爲性」的見解。此一新悟澈底改變了朱子思想結構上的體用關係。未發和已發既同屬於「心」，則爲「體」之「性」勢必另有安立。朱子十餘年來對「中和」問題之參究，重點全在於做爲實際工夫下手處的已發、未發地位之安排，而非「心」與「性」的範疇有何模糊之處。朱子在〈答林擇之〉書中云：「疑舊來所說，於心性之實未有

〔註30〕《朱文公文集》卷六十四，頁 1125～1126。

差，而未發、已發字頓放得未甚穩當」〔註31〕，又於〈已發未發說〉中云「乃
知前日之說，雖於心、性之實未始有差，而未發、已發命名未當」〔註32〕。
由此可知，朱子向來對「心」與「性」的意義與範疇自認清楚無誤。「性」為
形上之「理體」，「心」則總挽形下之知覺氣化。然在參究「中和」問題之時，
由於受到「未發」地位安排的困擾，朱子始終有以「已發」為「用」而相對
的以「未發」為「體」的傾向。以致「未發」和「性」二者的地位產生糾葛，
未能將「性」安立為「理」的地位，致有十餘年的紛擾。如今朱子對「未發」
的地位有新悟：未發、已發皆屬心，分別為心的「寂」「感」兩種狀態；而「性」
則為形上的理體根據。至此朱子的思想架構實已接近完成的階段。朱子此書
深以闕卻平日涵養一段工夫，致有急迫浮露之病為遺憾，與〈中和舊說〉最
後一書（即第三書）所言的疑惑可謂若合符節。

朱子〈答張欽夫〉書中對「已發」、「未發」的定位

　　然而朱子〈與湖南諸公論中和〉第一書似乎只確定「未發」的地位，對
於「隨事省察」的工夫仍然甚為重視，只是強調須以「平日涵養」的工夫為
本而提出「敬」的觀念而已。朱子此時似乎仍未注意「涵養」與「察識」工
夫的「先後」問題，因此對做為「形上理體」的「性」仍未有發揮。朱子稍
後又有〈答張欽夫〉一長書，較之前書，已更進一步。其書云：

> ……然人之一身知覺運用，莫非心之所為，則心者固所以主於身，
> 而無動靜語默之間者也。然方其靜也，事物未至，思慮未萌，而一
> 性渾然，道義全具。其所謂中，是乃心之所以為體而寂然不動者也。
> 及其動也，事物交至，思慮萌焉，則七情迭用，各有攸主。其所謂
> 和，是乃心之所以為用，感而遂通者也。然性之靜也，而不能不動；
> 情之動也，而必有節焉。是則心之所以寂然感通，周流貫徹，而體
> 用未始相離者也。
>
> 未發之前是敬也，固已主乎存養之實；已發之際是敬也，又常行於
> 省察之間。方其存也，思慮未萌而知覺不昧，是則靜中之動，復之
> 所以見天地之心也；及其察也，事物紛糾而品節不差，是則動中之
> 靜，艮之所以不獲其身，不見其人也。

〔註31〕《朱文公文集》卷四十三〈答林擇之〉第六書，頁666。
〔註32〕《朱文公文集》卷六十七，頁1173。

有以主乎靜中之動，是以寂而未嘗不感；有以察乎動中之靜，是以
感而未常不寂。寂而常感，感而常寂，此心之所以周流貫徹，而無
一息之不仁也。蓋主於身而無動靜語默之間者心也。仁則心之道，
而敬則心之貞也，此徹上徹下之道，聖學之本，統明乎此，則性情
之德，中和之妙，可一言而盡矣！熹向來之說，固未及此。〔註33〕

朱子思想變化過程受南軒的影響

　　朱子此書已十分清楚地將「未發」定位爲事物未至時「心之思慮未萌而
知覺不昧」的狀態，而「已發」則爲「事物紛糾而品節不差」。前者爲心之「體」，
後者爲心之「用」；前者爲「一性渾然，道義全具」，後者爲「七情迭用，各
有攸主」。可見朱子此時於「心、性、情」的體用關係又有一番新的調整。朱
子自言「熹向來之說，固未及此」。此一新悟，實爲以下朱子「心」、「性」、「情」
三分的思想結構之基礎。

　　以未發爲「思慮未萌而知覺不昧」之狀態而屬之「心」，固爲朱子中和新說
之體悟。然先前舊說之時「以未發爲性，已發爲心」的結構則是受南軒湖湘學「以
心成性」觀念的影響。朱子後來雖將未發改屬於心，然「以性爲體，以心爲用」
的結構則未曾改變。朱子一生懲於佛家「作用是性」之弊，始終不肯輕許「即心
是性」的儱侗手法，因此傾向於將「性」提昇爲一高標的「理體」，教人老實地
將工夫放在實然之「心」上。朱子所以始終欲將「未發」置於可以實際下工夫的
「心地」上，原因就在於此。此一體認固然有朱子宿具之根器在，然無可否認的
也受到南軒的影響。南軒之學重視「心」的地位，曰：「心也者，貫萬事，統萬
理，而爲萬物之主宰者也」〔註34〕。南軒以心統貫事、理，即是朱子以「心之體
爲性」，以「心之用爲情」的架構。故如就心、性對言，則「性爲體」而「心爲
用」，「性爲理」而「心爲氣」。然若就「心、性、情三分」而言，則心之「體」
爲「性」，而心之「用」爲「情」。這是朱子受南軒影響而特重實際心地工夫之處，
因此強調「心」之所以「寂然感通，周流貫徹，體用未始相離」、「主於身而無語
默動靜之間」。因此朱子對於橫渠「心統性情」一語推崇備至〔註35〕。朱子「心、
性、情」三分的體用結構在〈答張欽夫〉此書中完全確定。

〔註33〕《朱文公文集》卷三十二〈答張欽夫〉，頁449～450。
〔註34〕《南軒集》卷十二〈敬齋記〉，頁308。
〔註35〕見《朱子語類》卷五〈性理二〉「問性、情、心、仁。曰：橫渠說得最好，言：
　　　　心，統性情者也」，頁92。

〈答張欽夫〉書中主張「先察識，後涵養」

〈答張欽夫〉書中另一個值得注意之處，在朱子堅決主張「先涵養後察識」的下手工夫：

> ……又如所謂學者先須察識端倪之發，然後可加存養之功，則熹於此不能無疑。蓋發處固當察識，但人自有未發時，此處便合存養。豈可必待發而後察，察而後存耶！且從初不曾存養，便欲隨事察識。竊恐浩浩茫茫，無下手處，而毫釐之差，千里之謬，將有不可勝言者。

此是將「未發」定位為心的「思慮未萌，知覺不昧」狀態後的必然發展。到此朱子正式揚棄南軒「先察識端倪」之教，轉而主張「先事存養」。

朱子主「靜」

由於主張先事存養，朱子乃於「敬」中又主「靜」，以為「靜」乃「敬」之本，完全不避諱「靜」的工夫與佛教禪宗所可能產生的糾葛。〈答張欽夫〉書曰：

> 來教又謂，言靜則溺於虛無。此固所當深慮，然此二字，如佛者之論，則誠有此患。若以天理觀之，則動之不能無靜，猶靜之不能無動也；靜之不能無養，猶動之不可不察也。但見得一動一靜，互為其根，敬義夾持，不容間斷之意。則雖下靜字，元非死物。……
>
> 蓋當此之時，則安靜以養乎此爾，固非遠事絕物，閉目兀坐，而偏於靜之謂。但未接物時，便有敬以主乎其中，則事至物來，善端昭著，而所以察之者，益精明爾。伊川先生所謂卻於已發之際觀之者，正謂未發則只有存養，而已發則方有可觀也。
>
> 周子之言主靜，乃就中正仁義而言，以正對中，則中為重，以義配仁，則仁為本爾。非四者之外，別有主靜一段事也。

細繹此段文字，朱子之「靜」乃從「事物未至前之涵養未發」之義進而至於涵有「體用」關係上的「本體」義的傾向。即是朱子所謂「方其靜也，事物未至，思慮未萌；而一性渾然，道義全具。其所謂中，是乃心之所以為體」之義。可知由「未發之所謂中」其實很容易引申出「性為理體」的觀念，關鍵則在朱子之主「靜」。而朱子發揮「仁性即為理體」的觀念，則在〈仁說〉一文。

　　以下則繼續就朱子〈仁說〉一文中透過與湖湘諸子討論，形成其形上「理世界」的過程加以探討，以確定朱子一生理氣論的最終思想體系。朱子於四十歲已丑悟「中和新說」之後，思想已經不再受湖湘學派理學觀念的影響，然而仍然保持與湖湘學者之討論。就朱子與湖湘學者的討論以及思想上比較，更可清楚地看出朱子思想最後定型的建構過程。

第三節　湖湘學派與朱子〈仁說〉思想結構最後確定之關係

〈仁說〉是朱子理氣論的最後定型

　　〈仁說〉是朱子己丑中和新說之後確定其理氣論思想結構的最後階段。透過〈仁說〉之中問題的討論，朱子對伊川「性即理也」觀念的闡釋更加清楚確定。就《朱子語類》〔註36〕以及朱子四十三、四歲以後《文集》中的文字看來，終其一生朱子的思想結構已無多大變化，〈仁說〉實可代表朱子哲學思想結構的定型。因此此一時期朱子與張南軒、呂伯恭及其它湖湘學者的討論，在朱子思想結構確定的意義上特別值得注意。茲先引朱子〈仁說〉全文如下：

> 天地以生物爲心者也。而人物之生又各得夫天地之心以爲心者也。故語心之德，雖其摠攝貫通，無所不備，然一言以蔽之，則曰「仁」而已矣！請試詳之：蓋天地之心，其德有四，曰：元、亨、利、貞。而元無不統，其運行焉，則爲春夏秋冬之序；而春生之氣，無所不通。故人之爲心，其德亦有四，曰：仁、義、禮、智。而仁無不包，其發用焉，則爲愛恭宜別之情，而惻隱之心，無所不貫。故論天地之心者，則曰乾元坤元，則四德之體用，不待悉數而足；論人心之妙者，則曰：仁，人心也，則四德之體用，亦不待遍舉而該。
>
> 蓋仁之爲道，乃天地生物之心，即物而在。情之未發，而此體已具；情之既發，而其用不窮。誠能體而存之，則眾善之源，百行之本，莫不在是，此孔門之教所以必使學者汲汲於求仁也。其言有曰：克己復禮爲仁，言能克去己私，復乎天理，則此心之體無不在，而此

<hr>

〔註36〕《朱子語類》對朱子言語之記錄始於朱子四十四歲之時。此說出於錢賓四先生《孔子與論語》，（台北：聯經出版事業公司，1979年8月，頁32）。

心之用無不行也。又曰：居處恭，執事敬，與人忠，則亦所以存此心也。又曰：事親孝，事兄弟，及物恕，則亦所以行此心也。又曰：求仁得仁，則以讓國而逃，諫伐而餓，爲能不失乎此心也。又曰：殺身成仁，則以欲甚於生，惡甚於死，爲能不害乎此心也。此心何心也？在天地則块然生物之心，在人則溫然愛人利物之心，包四德而貫四端者也。

或曰：若子之言，則程子所謂愛情仁性，不可以愛爲仁者非歟！曰：不然。程子之所訶，以愛之發而名仁者也；吾之所論，以愛之理而名仁者也。蓋所謂情性者，雖其分域之不同，然其脈絡之通，各有攸屬者，則曷嘗判然離絕而不相管哉！吾方病夫學者誦程子之言而不求其意，遂至於判然離愛而言仁，故特論此以發明其遺意，而子顧以爲異乎程子之說，不亦誤哉！或曰：程氏之徒言仁多矣，蓋有謂愛非仁，而以萬物與我爲一爲仁之體者矣，亦有謂愛非仁而以心有知覺釋仁之名者矣。今子之言若是，然則彼皆非歟！曰：彼謂物我爲一者，可以見仁之無不愛矣，而非仁之所以爲體之真也。彼謂心有知覺者，可以見仁之包乎智矣，而非仁之所以得名之實也。觀孔子答子貢博施濟眾之問，與程子所謂覺不可以訓仁者，則可見矣，子尚安得復以此而論仁哉！抑泛言同體者，使人含胡昏緩，而無警切之功，其弊或至於認物爲己者有之矣！專言知覺者，使人張皇迫躁，而無沈潛之味，其弊或至於認欲爲理者有之矣。一忘一助，二者蓋胥失之。而知覺之云者，於聖門所示樂山能守之氣象尤不相似。子尚安得復以此而論仁哉。〔註37〕

〈仁說〉是朱子與人討論「仁」的問題的最後定稿。討論的過程見於與張欽夫、胡廣仲、胡伯逢、吳晦叔及呂東萊等諸人往返論辯之書信中〔註38〕。本文以下就朱子與湖湘思想在「體用」觀念的相互激盪影響處做一疏解。從湖湘「氣性合一」的觀點剖析朱子在〈仁說〉階段中建立起來的「理、氣」二分、「心、性、情」三分的思想體系，以突顯這兩種體系之間的相異性。

〔註37〕《朱文公文集》卷六十七〈仁說〉，頁 1178。
〔註38〕牟宗三先生於《心體與性體》第三冊第四章〈中和新說後關於「仁說」之論辨〉中將相關資料一一排比，逐篇詳解，可謂已鉅細靡遺，可參看。

「天地以生物為心」為「性即理」說建立形上根據

　　朱子之〈仁說〉開宗明義即曰：「天地以生物爲心者也，而人物之生又各得夫天地之心以爲心者也」。上一句南軒曾有意見，其答朱子書中曾曰：

　　仁說如天地以生物爲心之語，平看雖不妨，然恐不若只云天地生物之心，人得之爲人之心。〔註39〕

朱子於南軒之異議不以爲然，於復書之中引程子「天只是以生爲道」之言反駁，且謂「以生爲道者，亦非謂將生來做道也」〔註40〕。朱子以「仁」爲「天地生物之心」。牟宗三先生指出此「心」乃虛說，甚是。朱子此語的意義與目的在於指出「仁爲天地生物之理」。《語類》云：

　　仁是一箇渾然溫和之氣，其氣則天地陽春之氣，其理則天地生物之心。〔註41〕

「仁」在傳統觀念上本來都只就「人心之感應」而言，但是朱子必須將「仁」擴大到宇宙自然界的意義，這是宋代理學將個人生命與宇宙天道貫通爲一的通義。因此朱子提出「仁爲天地生物之心」其目的就在於做爲「人心感應之仁」的形上根據。而所謂「天地生物之心」在朱子的二元論哲學體系中的形上部分就稱之爲「理」，當然也可以直接稱之爲「仁」。朱子之論「仁」，有指「人心之仁」者，也有指「天地生物之仁」者。此「仁」就「天地生物之心」的層次而言就謂之爲「理」，如果就「人心之感應」的層次而言則稱之爲「性」；前者是宇宙天地的本體，後者則是內在生命的本體。朱子承繼伊川「性即理也」的格局，其意義正在於展現「理」與「性」兩種本體的合一，而這兩個本體觀念都建立在「天地生物之心」的基礎上。

　　由此可知，朱子「天地以生物爲心」之說，其目的在於爲「性即理也」的觀念向上尋求一形上之根據。南軒受之於湖湘的體用觀念與朱子此時的體用觀念有大差別，因此對於朱子「天地以生物爲心」的說法覺得儱侗不實，以爲「不若只云天地生物之心，人得之爲人之心似完全」〔註42〕。南軒不願虛說「天心」而傾向於落實說「人心」爲「仁」，這是因爲湖湘學者一向沒有「以理說性」的傳統，而「以心成性」的觀念又與朱子分理氣爲二元的體用

〔註39〕《南軒集》卷二十一〈答朱元晦祕書〉第八，頁523～524。
〔註40〕《朱文公文集》卷三十二〈答張欽夫論仁說〉，頁445。
〔註41〕《朱子語類》卷六〈性理三〉，頁111。
〔註42〕《南軒集》卷二十一，頁523～524。

結構格格不入，以致二人有此扞格。然朱子此時的理學思想結構已經定型，不再受湖湘思想的影響，反而對湖湘學者展開尖銳的批駁。受教於師門之日淺的南軒在某些觀念上屈從於朱子。這相較於朱子「中和舊說」時期受湖湘「察識」之教啓發，在體用結構迭有調整的情況已經不可同年而語了！

仁、義、禮、智各有體用

朱子既以「仁性」爲「理」，乃又有「仁、義、禮、智皆爲性」，且各有體用之說。其曰：

> 蓋人生而靜，四德具焉，曰仁曰義曰禮曰智，皆根於心而未發。所謂理也，性之德也。及其發見，則仁者惻隱，義者羞惡，禮者恭敬，智者是非，各因其體以見其本，所謂情也。……又以不忍之心與義禮智均爲發見，則是但知仁之爲性，而不知義禮智之亦爲性也。
>
> 〔註43〕

朱子之所以主張義、禮、智三者與仁同屬「性理」而非仁之發用，主要原因在於承繼伊川「性即理也」、「理一分殊」的二元論義理間架。伊川曰：

> 孟子曰：惻隱之心，仁也。後人遂以愛爲仁。惻隱固是愛也。愛自是情，仁自是性，豈可專以愛爲仁？〔註44〕

自漢代以下中國人常以「愛」言仁，以爲這就是孔孟博施濟眾的本懷〔註45〕。然以愛爲仁，則不免浮濫而無所折衷，反使「仁」的精神搖蕩，伊川認爲這都是性、情不分所產生之弊；因此主張「仁性愛情」，認爲不可直接以「愛」爲「仁」。朱子完全承繼伊川此一觀念，故主張「愛之理爲仁」，如此則性、情分言，合乎其理氣二分的體用結構。

朱子以「愛之理」爲「仁」其實是受伊川以「公」言「仁」的影響。伊川云：「公而以人體之爲仁」〔註46〕。這是歷經六朝隋唐佛學的影響之後，儒家學者將「仁」擴大至與天地萬物一體的傾向之下，宋代理學家用以闡發吾人本心之仁的新解釋〔註47〕。

〔註43〕《朱文公文集》卷三十二〈答張欽夫論仁說〉，頁445。
〔註44〕見《河南程氏遺書》卷十八，頁182。
〔註45〕韓愈於〈原道〉一文中首云「博愛之謂仁」，即是此一傳統下的思慮。
〔註46〕見《河南程氏遺書》卷十五，頁153。
〔註47〕除伊川外，濂溪亦言「公」。《通書》〈聖學〉第二十：「靜虛則明，明則通；動直則公，公則溥。明通公溥，庶矣乎！」，此外明道〈定性書〉「廓然而大公，物來而順應」。另外橫渠〈西銘〉，皆可以「公」解之。以「公」來解釋

朱子以「仁」爲「理」，其目的在分言「性、情」，使之界限名義分明，避免含糊儱侗。然以「仁」爲「理」，此「理」又過於空泛而無所指歸，故以「愛之理」言「仁」。然「仁」若只局限於「愛之理」，則必然大失人所以受之於天地生物之心的本懷；故朱子闡發伊川「以公言仁」的觀念，其目的實在於配合其以「愛之理」言「仁」的主張。故朱子曰：「惟公則視天地萬物皆爲一體，而無所不愛矣」〔註48〕。朱子將「理」推高一層，使與「氣」不雜，然又恐此向上推高一層之「性理」太過空洞儱侗，於是又以「愛」、「公」等實義加以解說，以使「仁」的內容能確然有所指歸。

然朱子以「愛之理」言「仁」究竟已經使「仁性」受到局限。「惻隱」之心固然可以用「愛」解釋，然羞惡、辭讓、是非以及種種外發之情也無法完全以「愛之理」之「仁」來概括。而且朱子也常主張「天下事物皆有對」：

> 大抵天下事物之理，亭當均平，無無對者。唯道爲無對。然以形而上下論之，則亦未嘗不有對也。……反復推之，天地之間，眞無一物兀然無對而孤立者，此程子所以中夜以思，不覺手舞而足蹈也。
>
> 〔註49〕

這一段是朱子致胡廣仲書中批評湖湘學者常主「別有一物之無對者」的文字〔註50〕。朱子既然主張「性」爲「體」，「情」爲「用」，然已發之情非一，有惻隱、羞惡、辭讓、是非之別，而性則只能以「愛之理」解釋，則豈不是「儱侗而無對」？因此朱子又主張「義、禮、智」與「仁」皆爲「性理」。如此則「仁、義、禮、智」爲形上的「性理」，而「惻隱、羞惡、辭讓、是非」則爲形下之「情」。四者各有體用，且名義界分清楚，這就是朱子所謂「形上形下之有對」。朱子這種觀念並非要將形上形下打成兩橛，反而是企圖將形上形下打成一片。在朱子看來，湖湘學者高舉一「無善惡」的性，卻又有形下分善惡的「性」，如此則形上形下二者乃成懸絕而無對，不免「雜亂重複，支離渙散」。

「仁」似乎是唐宋以下的思維習慣。這可能是物性文明發達之後，人類行爲必須依據龐大的客觀知識系統，因此強調隨順物性有關。「公」其實就是遵循客觀物性，不隨主觀私意，而這也同時將士人的胸懷從人生界擴大至宇宙自然界。

〔註48〕《朱文公文集》卷三十二〈答張欽夫又論仁說〉，頁447。
〔註49〕《朱文公文集》卷四十二〈答胡廣仲書〉之五，頁641。
〔註50〕指湖湘學者「性無善惡」之說。

　　因此朱子將「仁義禮智」四者皆視爲「性」，而與「四情」各成體用之對待。已發之情皆各自有一形上之理爲其依據，如此則形上之性與形下之情始能形成一個體用的結構。然而朱子的思想結構究竟是理氣二元的，故性自性，情自情，此在後來與陸象山的論辯中不免被視爲「支離」。然而朱子思想發展至此一階段卻十分重視「名義界分」：

> 大凡理會義理，須先剖析得名義界分，各有歸著，然後於中自然有貫通處。雖曰貫通而渾然之中，所謂粲然者，初未嘗亂也。今詳來示，似於名字界分未嘗剖析，而遽欲以一理包之，故其所論既有巴攬牽合之勢，又有雜亂重複支離渙散之病。〔註51〕

朱子批評湖湘學者「遽以一理包之」，未嘗剖析名分，使之各有其分位。湖湘家學一向主張「性以氣成」，故其論「仁」必主「萬化一體」，不可能主張「仁」可以分爲「仁、義、禮、智」四者且「各有體用」。由此可見朱子與湖湘此時在體用觀念上已有極大的差異，同時也可見朱子爲求名義界分明白，下手實踐工夫能不儱侗淆亂，因而努力建構一做爲「本體」的「形上理世界」的苦心。

朱子與湖湘此時論「仁」已不契

　　正因朱子與湖湘在體用結構上的差異，因此二家論「仁」之時常不能相契。朱子與南軒及其他湖湘學者書疏往返而有爭議者，其癥結大多在此。

　　《朱文公文集》卷三十二〈答張欽夫又論仁說〉一書中「非謂公之一字便是直指仁體也」句下朱子曰：

> 細觀來諭，即謂「公天下而無物我之私，則其愛無不溥矣」，不知此兩句甚處是直指仁體處？若以「愛無不溥」爲仁之體，則陷於以情爲性之失。高明之見必不至此。若以「公天下而無物我之私」便爲仁體，則恐所謂公者漠然無情，但如盧空木石，雖其同體之物尚不能有相愛，況能無所不溥乎？然則此兩句中，初未嘗有一字說著仁體。〔註52〕

南軒以「公天下而無物我之私」即是「仁」，而朱子卻認爲此言「未嘗有一字說著仁體」，可見二人之「仁」所指謂者有不同。湖湘學者論「仁」皆合氣化

〔註51〕《朱文公文集》卷四十二〈答吳晦叔書〉第十，頁647。
〔註52〕《朱文公文集》，頁446。

一體而言，南軒雖從遊五峰之日不長，然此一觀念斷然與湖湘家學無異；因此「公天下而無物我之私」當然可以直接爲「仁」。朱子則必須在「仁」之下再加一「體」字，其所謂「仁」者即是「仁體」，是指陳一「理體」，決不能與「氣」夾雜。此所以朱子主張若以「公天下而無物我之私」即爲「仁體」，則「公」乃成一如虛空木石之無情。

　　而湖湘則不然。朱子以「性理」爲形上之「體」，以「心氣」爲形下之「用」。湖湘則一以「氣」貫通之，心之所以能成性，其基礎在於一氣之流行。因此朱子喜言「心統性情」，而湖湘則是「氣貫心性」，二者體用結構的不同根源在於「性」之與「理」、「氣」二者的關係與定位。

　　《朱文公文集》卷三十二〈答張欽夫論仁說〉中，朱子在南軒「孟子雖言仁者無所不愛，而繼之以急親賢之爲務，其差等未嘗不明」之語下有按語曰：

> 仁但主愛，若其等差，乃義之事。仁義雖不相離，然其用則各有主
> 而不可亂也。若以一仁包之，則義與禮智皆無所用矣！而可乎哉。

〔註53〕

南軒論「仁」以「等差未嘗不明」爲義，此因湖湘不離氣之一體以論「仁」。而朱子卻言「仁但主愛，若其等差乃義之事」，如此則「仁」與「義」乃成對待〔註54〕，而朱子又言「仁」可包四者。如此則有一包四者之「仁」，而又有一與「義、禮、智」分立之「仁」；朱子雖極力主張此二者爲一，然終不免啓人疑竇，這又和他所強力批判的湖湘學者何異？朱子一生固然不喜人含糊儱侗，然爲了建立「名義界分」分明之體系，以求有一著實下工夫之地，卻又不免在體用結構上疊床架屋，以致有「支離」之譏。然朱子寧可條分縷析，不避支離之病，也不願意學者播弄精神，含糊儱侗，而無下手之實地。者正是朱子學問的篤實處。

朱子堅決反對湖湘「知覺為仁」之說

　　此外，朱子與湖湘學者論辨「仁說」又有一衍生的子題：即「以知覺爲仁」的問題〔註55〕。本書第三章已論及湖湘「知覺爲仁」的說法固然是

〔註53〕《朱文公文集》卷三十二，頁446。
〔註54〕推之「禮」、「智」亦然。
〔註55〕朱子反對湖湘「以知覺爲仁」又引中出「觀過知仁」的問題。關於此一問題，牟宗三先生《心體與性體》第三冊第四章頁305～342有詳細的分析，可參看。

受到上蔡的影響，然而也建立在其本身「性氣合一」觀念的基礎上。湖湘這一體用結構與朱子「中和新說」後理氣分言的義理間架已完全不同。南軒夾處湖湘與朱子之間，有時難免有所轉卻。故南軒反對幾乎已成為湖湘家學的「知覺為仁」之說，認為「上蔡之言固是要指其發見，以省學者，然便斷殺知覺為仁，故切以為未免有病」，又認為「仁者必覺，而覺者不可以訓仁」〔註56〕。

　　然南軒究竟是湖湘血肉，雖然反對直接以知覺為仁，卻又主張「心有知覺為仁」。依南軒之意：以「知覺」為仁，難免有指用為體之嫌。因此改為「心有知覺為仁」，至少「心」比「知覺」涵蓋較廣，毛病較小。然在朱子看來，這仍不免五十步之譏。朱子主張「性即理」，但「知覺」是「心」不是「性」；故「知覺」與「仁」永遠受體、用分言的隔絕。朱子認為湖湘所謂的「知覺」不過是「智之事」〔註57〕，因此湖湘以「知覺」為「仁」在朱子看來就成了「強窺仁體」。朱子認為「非用力於仁之久，不足以得之，不應無故而先能自覺」，「未加克復為仁之功」〔註58〕，豈可驟語仁體？

朱子〈大學格物補傳〉中的義理結構

　　朱子之所以始終反對湖湘學者「以知覺為仁」的觀念，原因在於朱子在〈仁說〉中已經清楚的建立了「理氣二元」的思想體系，這一套思維形成其後來在〈大學格物補傳〉中的主體觀念：

> 所謂致知在格物者，言欲致吾之知，在即物而窮其理也。蓋人心之靈莫不有知，而天下之物莫不有理。惟於理有未窮，故其知有不盡也。是以大學始教，必使學者即凡天下之物，莫不因其已知之理而益窮之，以求至乎其極，至於用力之久，而一旦豁然貫通焉，則眾物之表裡精粗無不到，而吾心之全體大用無不明矣！

朱子承認有「人心之靈」，這就是湖湘學者所謂的「知覺」。知覺只能產生對理的彰明作用，但不直接就是「理」，因為「理」是一個「淨潔空闊」的世界。

〔註56〕見《南軒集》卷二十九〈答胡伯逢〉，頁721。

〔註57〕《朱文公文集》卷四十二〈答胡廣仲〉書第五朱子云：「蓋孟子之言知覺，謂知此事，覺此理，乃學之至而知之盡也。上蔡之言知覺，謂識痛癢能酬酢者，乃心之用而知之端也。二者亦不同矣，然其大體皆智之事也。今以言仁，所以多矛盾而少契合也」，頁641。

〔註58〕《朱文公文集》卷四十六〈答胡伯逢〉，頁739。

「理」雖是形上超越之世界，但也可以內在於形下分殊的事物之中。《朱子語類》第一卷第一條即云：

> 問：太極不是未有天地之先有箇渾成之物，是天地萬物之理總名否？
>
> 曰：太極只是天地萬物之理。在天地言，則天地中有太極；在萬物言，則萬物中各有太極。未有天地之先，畢竟是先有此理。

「天地有太極，物物有太極」，朱子認為萬事萬物的「別相之理」與宇宙天地的「總相之理」無二。「未有天地萬物之先，畢竟是先有此理」，此「理」必然是天地宇宙總相之理。朱子之意：由於別相之理與總相之理為一。因此吾人透過心的知覺對外在事物「格物窮理」之時，所窮者雖只是事物個別之理，然工夫積累既久，則總相之理得以顯現。這就是朱子所謂的「一旦豁然貫通」。到此一境地，則「眾物之表裏精粗無不到，而吾心之全體大用無不明」。這兩句話一指「物」，一指「心」，依朱子的體用結構二者同屬形下之氣。然形下的心、氣何以能「表裏精粗無不到」，「全體大用無不明」？原因則在「理」的彰顯。朱子藉「物」之無不通以彰顯「理」之無不明。此「理」本來存在，不論彰顯與否，並不影響其「存有」。「理」的彰顯表現在「心」所對應之「物」。工夫乃在「物」，故曰「格物」。「物格」自然「理窮」，理窮一分，則物自正一分。「物」可以從「不正」到「正」，而「理」則自若也。朱子將「存有」歸之於「理世界」，將「活動」歸之於「氣世界」，以「存有」做為「活動」的根據，這就是「仁說」時期所逐漸定型的體用結構。定型之後的朱子思想與湖湘體系已漸行漸遠。不但此時朱子不可能再受湖湘的影響，反而倒轉過來影響南軒，甚至對湖湘後學施以猛烈的批判與攻擊。

朱子「豁然貫通之理」的思想來自於魏晉之王弼

朱子認為宇宙天地有一共通之理，可以做為天地萬物活動的總依據的觀念，如果在中國思想史上推究，其根源來自於魏晉時代的王弼。王弼在《周易略例·明象篇》中曰：

> 物無妄然，必由其理。統之有宗，會之有元，故繁而不亂，眾而不惑。

王弼提出一「統宗會元之理」以做為聖人統御天地萬物的總根據，以「理」來充實「道」的內容，對先秦以來的「道」做一個內容意義上的轉換。這代表「道」逐漸由人生界擴展至宇宙自然界。不可諱言的這是道家天道思想的

影響。然而王弼只提出天地間有一個「統宗會元的通理」，至於人之「心」是否可以和此「理」合而爲一，則並未明言〔註59〕。朱子「通理」的觀念固然受王弼影響；然朱子認爲「透過格物窮理工夫的累積，則吾心對此理將有豁然貫通之一日」的觀念則顯然並非來自王弼。朱子這個觀念其實是受佛教思想的影響。尤其是隋唐以下「眞常唯心」系的經典如《華嚴》、《法華》大盛之後，無盡法界即是吾人一心，一心可盡三千法界的觀念，將中國人的形上學帶進一個前所未有的境地。中國士人縱使本身並非釋教弟子，也多少涉獵內典，很難不受影響。理學家雖以佛教爲思想上的假想敵，然而既欲與之一爭長短，不免也必須採擷他山之玉。朱子〈格物補傳〉中「豁然貫通」而達到「心與理一」境界的觀念正是受佛教「萬法唯心」思想的影響。

中國人的形上天道思想由道家發端，至《中庸》《易傳》而大發揮，然仍以人生界爲本，對宇宙自然界只採取「位、育」的順應態度。然自從王弼提出「統宗會元之理」，企圖以「理」來充實、轉換中國傳統「道」的內容之後，中國思想史上的「心性」觀念其涵攝範圍逐漸從人生界擴展至宇宙自然界。而後佛教傳入中國，「心物一體」、「色空不二」的觀念大爲流行，儒家學者論心性問題時已不能只局限於人的世界。明道言「仁者渾然與物同體」、「天理是自家體貼出來」即是此一思潮之下的產物。朱子處於南宋時代，自然不能不受影響。

然受佛學影響之下的「心物合一」觀念套在中國傳統思想中言「渾然一體」之時，仍然必須以「氣化一體」爲基礎。故自濂溪、橫渠、明道以下皆不能離於「氣」而言「性」。然朱子之言「一體」卻將形上之「理」與形下之「氣」分開。理、氣既分言，則此理乃成「只是理」，而氣則是宇宙氣化之全體。因此「理」與「氣」各自成爲「一體」。上下截然分隔，「理」成爲一個「純粹指導原則」的「存有」，「理」雖可透過心氣的知覺以彰顯之，然此「彰顯」只是此一「指導原則」的「作用顯示」而已。

朱子之所以將「理」推高一層，以天地生化不息的「最終指導原則」歸之於「理」，將「動化之能」與「動化之理」分開，其目的在於將一般士人的修持工夫置於一個較爲篤實之地。這自然與禪家「作用是性」的觀念有重大

〔註59〕王弼提出「統宗會元之理」的觀念，目的在於「以寡治眾」，「以一制動」。這是懲於兩漢陰陽五行學說之紛然淆亂，以及漢末紛爭擾攘的政治局面，企圖在宇宙天道的層次上加以統合，以對應重建政治社會秩序的要求。

之關聯。朱子有鑒於禪宗「作用是性」將本體與工夫混漫爲一，因此在思想結構上轉向，將本體與工夫隔閡，希望學人能老實的在因地上下工夫，避免學人有「工夫即是本體」的錯覺。故朱子一生學問固然與湖湘學者常相激盪，然另一方面也受到佛教思想的「反影響」，研究朱子思想的學者應注意此一層次的意義。

理氣分言格局下價值創造力的降低

朱子將「動化之能」與「動化之理」分開的思想結構，固然比較上可以使一般的學者老實格物窮理，不致播弄精神，可以避免學者稍有所得，即以爲本性在此的空疏之病。然理、氣既然二分，則氣之動化只是「理」的規範下的活動而已，其本身所代表的「目的性」與「價值性」不免受到「理世界」的限制而降低。而此「理」又是一個「無計度、無造作的淨潔空闊」的世界，則人類藉著旺盛的生命力改造環境、創造價值的動機將不容易被鼓舞。而中國史學以社會集體共業不斷匯集人類群體生活之共同依據的精神價值，也勢必在此一「冷冰冰的理世界」之下受到限制。所以朱子論史主張「明理識體」，認爲：「學者若胸中義理明，從此去量度事物，自然泛應曲當」〔註60〕，這正是「理先氣後」的格局。故朱子頗有輕視史學的心態，《語類》曾有如此之語：

> 看經書與看史書不同。史是皮外物事，沒緊要，可以箚記問人。若是經書有疑，這個是切己病痛，如人負痛在身，欲斯須忘去而不可得，豈可比之看史，遇有疑則記之紙耶？〔註61〕

又云：

> 若未讀徹《語》、《孟》、《中庸》、《大學》，便去看史，胸中無一箇權衡，多爲所惑。〔註62〕

此外《語類》中論及「先經後史」之處所在多有〔註63〕。朱子辨陳龍川「漢唐王霸」之說，其立論也大多立基於此。故朱子承襲伊川「性即理也」之說，進一步在〈仁說〉的論辯中所形成的形上「理體」的觀念，不但決定其實踐修養工夫以涵養爲主的模式，同時也決定了其對整個歷史文化進程的宏觀角

〔註60〕《朱子語類》卷十三〈學七，力行〉，頁237。
〔註61〕《朱子語類》卷十一〈學五，讀書法下〉，頁189。
〔註62〕《朱子語類》卷十一〈學五，讀書法下〉，頁195。
〔註63〕可參看《朱子語類》第十一卷。

度，導致其對歷史文化演進中出於人的具有創造意義的生命動能的忽視。明末大儒王船山晚年時捨棄朱子而改宗橫渠，其原因或許有部分在此。〔註64〕

〔註64〕船山早、中年作《周易外傳》與《讀四書大全說》時主張「道主持分劑夫陰陽」之觀念，雖始終不離「氣」以言「道」，然尚強調有一以「理」爲內容之「道」的觀念以主持分劑夫陰陽之氣，此蓋仍不離朱子之矩矱。至晚年作《周易內傳》及《正蒙注》之時，乃逐漸將「道」之地位打落，改以「渾淪而齊一之元氣」爲宇宙萬化之始，於是乃棄朱子而改宗橫渠。且又較橫渠更進一步，將「太虛一氣」之觀念代之以「萬化之始已是二氣」之新說。認爲宇宙生化皆是此二氣之摩盪而成。船山之說乃是要將宇宙人生價值體系之根源從「道」、「理」直接轉移到「氣」、「心」之上，使人類之行爲更具自發之主宰性，以加強人類改造身心環境之動機。

第五章 湖湘學派理學在宋明理學史上的地位

本章提要

本章透過湖湘學派理學與宋代朱子、象山、明代心學重鎮陽明以及王廷相、王船山等人的氣本論思想之比較，以確定湖湘學派理學在整個宋明理學史上的意義與地位。湖湘理學的基本立場在「性氣合一」、「以心成性」的觀念，本文即以之做爲論述之基礎。

象山重言「心」、「理」，少言「性」、「氣」，以心、理包含性、氣。朱子則以「性」、「理」爲形上本體，「心」則屬形下之氣動。前者重「心」，而後者重「性」。因此湖湘「以心成性」的觀念正可以用來彌縫朱陸之間的罅隙。

湖湘以「氣性合一」立天地之大本，陽明則以「心即理」統合宇宙天地。二者思想結構若有不同，其實思想內容可以相通。陽明只是直接以「良知心」爲天地之主宰，隱藏了背後「性氣合一」的基礎觀念。陽明以良知爲天地造化的實現原則，正是湖湘「以心成性」一語的解釋。湖湘「氣性合一立天下之大本」的觀念可以做爲陽明良知學的基礎思維，而陽明良知學中的所有修養過程也可以爲湖湘「以心成性」一語提供一套更精微更落實的工夫系統。

湖湘論心、性皆以「氣」爲主，重氣者一般而言較容易傾向於重「心之主宰」。王廷相以元氣爲太極，打落性、理的地位，將天地動化的主宰置於心、

氣之上。直至船山，乃直接以「陰陽爲自始靜存之二氣」，二氣之摩盪落於人則爲心之主宰。因此二王此處反近於陽明。湖湘雖然在「以心成性」的框架下，心受有性的約束，不能有絕對充分的主宰性。然湖湘仍有「心也者，知天地，宰萬物」的觀念。本文即依此以論述湖湘與浚川、船山思想的異同，以及浚川、船山對湖湘思想進一步的發揮。

第一節　中國思想史上的基本觀念工具及其通義

前　言

　　本書至此，已將宋代湖湘學派的人物及其理學做了一些論述，並且對朱子參究「中和」問題之時所受湖湘影響的歷程，在前賢的研究基礎上再做一些整理和補充論證的工作。

　　本書最後一章，將檢討湖湘學派的理學結構在宋明理學上的地位。方式則是透過與幾個具有代表性的理學家的思想結構的比較，從中看出湖湘學派在宋明理學史上的地位與意義。本文認爲：宋代以胡五峰爲代表的湖湘學派的理學思想結構在宋明理學史上，甚至是中國思想史上在天道性命思想的結構上都幾乎是一種「原型」的模式〔註1〕。爲解釋湖湘學派理學的所謂思想原型，此處先做一簡要之論述，說明中國思想史上關於天道性命思想結構的一般通義。

中國思想史上的基本觀念工具

　　中國人的思想並無現代人所謂「唯心」或「唯物」的分別。龐大的社會人口使得中國的讀書人幾乎只關心實際政治社會的發展〔註2〕，現實問題的關懷成爲中國學術思想的基礎內容，這種觀念使得中國人肯定世界的「實有

〔註1〕牟宗三先生將宋明理學分爲三系，其中湖湘學派的主要人物五峰即屬於「明道」系，屬一元論由外向內的縱攝系統。牟先生將濂溪、橫渠、五峰、蕺山都歸入此系，已可見此系爲宋明理學之大宗。見《心體與性體》第一冊第一章第四節〈宋明儒之分系〉。

〔註2〕中國思想史上唯一脫離政治社會實務而清談玄理者爲魏晉玄學。然其中「才性玄理」所論才、性同異離合之所謂「四本論」者，仍是當時統治者以法家之術治天下所需的用人哲學。而「自然與名教之分合」、「聖人有情無情」及「逍遙」等論題，都直接關涉當時士人在面對政治情勢劇變之時，其本身出處進退之懷抱，其實也不盡然都是所謂的「玄虛之學」。

性」。而「實有」反映在思想上則是「陰陽氣化生成萬物」的觀念。中國人建立宇宙天地實有的「氣化體系」，其中有幾個重要的觀念工具：一氣之生化萬物即謂之「道」〔註3〕；氣化的過程中落實而生「物」則成此物之「性」；「性」非死物，故動，動則有「心」；「心」有知覺，接物則有「情」。因此「道」、「物」、「性」、「心」、「情」構成了天地一氣之動化，展現爲宇宙人生的內容與歷程。

東西方哲學心物關係的不同

在此必須注意中國思想與西方哲學的不同：西方人「心、物」是二元的，但中國人卻是合一的。依現代人的觀念：所謂「一氣之生化」似乎是物質的世界，但此一氣之化所生成的「性」、「心」、「情」卻又形成了精神世界。換言之，中國人此一氣化發展序列涵蓋了人的「內在生命」，也涵蓋了外在的「天地環境」。微妙清通的「氣」解釋了人的精神，也解釋了人所面對的世界〔註4〕。這種「心物合一」的觀念是中國思想的基礎〔註5〕，也是因爲中國政治社會規模龐大的現實需求所刺激而發展出來的思維〔註6〕。中國人這種「氣之動化」的觀念，並不是西方哲學中所謂的「唯物主義」〔註7〕。

心與性的對應關係

在上述這一系列中國思想的觀念工具中，「性」與「心」是關於生命道德的兩個重要層次。前文已屢次論及中國人「性」的觀念建立在「氣」的思維

〔註3〕《易·繫辭上傳》第五章所謂「一陰一陽之謂道」即是這個觀念。

〔註4〕以現代科學的角度，「氣」是一種能量，而能量與質量可以轉換。二十世紀愛因斯坦的研究完全可以用來解釋中國傳統氣化生萬物的思想。

〔註5〕中國思想史上完全沒有如西方「上帝」的觀念，正是這種「心物合一」思想所造成的結果。

〔註6〕中國人產生「心物合一」思想的原因，除了龐大的政治社會之外，地理位置落腳在溫帶地區也是一個重要的原因。北半球35度上下廣袤的大河文明孕育了大型的農業社會。中國人在生於斯，長於斯，死於斯的常遠歷史中，相較於人定很難勝天的沙漠文明，更容易蘊釀出對環境土地的親厚感。於是在思想上產生「生命與環境同體」的思維。這是中國人「心物合一」思想的起因，也是後來中國人以「陰陽氣化」觀念建立宇宙天地之實存，進而開出社會政教禮制的基礎。

〔註7〕西方的「唯物論」認爲整個實在界毫無例外地完全從屬於物質條件的力量，否定了超物質力量的特殊性，而且認爲心、物之間無互通之處。見布魯格《西洋哲學辭典》，項退結編譯，（台北：國立編譯館、先知出版社印行，1976年10月，頁251）。

之上〔註8〕。「生之謂性」是中國自來一般論「性」的通解〔註9〕。性既立於氣，自然稟受氣之動能，氣之動化雖是攻取百塗，絪縕不測，卻也有一定的「理序」，因此「性」自然含有「理」的意義。「理」是物性存在的解釋。而「性」動則有心之知覺，此心之知覺能思惟故能主宰，「主宰」決定「價值」，「價值」成就「目的」。

故「性」之義近於「理」，其意義較傾向客觀的宇宙人生之軌則，可謂之「天」；而「心」則透過思惟主觀地決定宇宙人生的價值與目的，可謂之「人」。中國人所追求的理想的生命境界就是這種客觀「規則性」與主觀「目的性」的合一，也就是「心」與「性」的合一。

因此「心」與「性」的對應關係就可以有兩種不同的思維：第一是以「性」為大，「心」之義在於呈現客觀之性理，第二則是以「心」為大，心能體現萬物之「理」。

如果從這兩個角度來觀察宋明六百年的理學史，則理學上的所謂門戶之見，其實常只是「心」之對「性理」到底是「消極的體現」抑或「積極的創造」的不同而已。宋代理學中的「朱陸異同」有一部分的問題關鍵就在這裡。

以下本文透過與宋明時代幾個具有代表性的學者如：朱陸、陽明以及王廷相、王船山等人在思想結構上的比較，來抉發湖湘學派理學在宋明理學史上的意義，並藉此「意義」以顯示其「地位」。

第二節　湖湘與朱陸理學思想結構的關係

朱子理學結構之短長

朱子的二元論理學結構基本上承繼了伊川。性、理是靜態的形上本體，心、氣則是形下世界的活動。心氣的活動基本上不能違背性理，但理靜而氣動，因此朱子又說「氣強而理弱」。正因為「氣強而理弱」，因此朱子在心、性、情的關係上又提出「心統性情」，將宇宙人生的重心置於形下之心，而非

〔註 8〕 不過這必須界定在比較早期的中國思想。事實上，宋明理學中的「性」有些已經被形上化成一超越的本體了。

〔註 9〕 中國人自來論「性」近告子、荀子者多，近孟子者少。孔子曰：「性相近，習相遠」，其實是近於告子「生之謂性」之義。孟子言「性善」，並開出「盡心」、「知性」、「知天」的形上進路，乃是就「性」之為「理」的部份發揮。伊川、朱子「性即理也」之說其實有孟子的影響在。

形上之性、理。由此看來，朱子的哲學體系十分重視「心」的主動性的創造力〔註10〕。

　　朱子的理學結構首先肯定一個「超越、靜態的理世界」，以做為形下心氣活動世界的形上根據。這和伊川一樣，使得形下現實世界的心氣活動受到了一定程度的「約束」，不免產生了對人類主觀創造力的限制；然而朱子又提出「心統性情」的主張，將宇宙人生的重心從「形上的性理」轉移到形下有思惟、能主宰的「心」上。這就使得上述的制約得到了某一程度的解套。

　　然而，朱子的理學系統中有一個在理論上無法解決的問題：朱子的「性理」是一個靜態的形上本體，而「心氣」則是形下的活動世界，二者分屬於「異質的」二元世界。然朱子在《大學章句‧格物補傳》中卻主張：不斷地累積修養工夫，有朝一日此二者即可「一旦豁然貫通焉」。形下的事物有一定的時空條件，故顯現為「分殊」，而朱子稱「性理」為「淨潔空闊的世界」，顯然超越了時空。如此，「氣化分殊」如何能與淨潔空闊的理世界「豁然貫通」？這實在是朱子理學體系中一個不容易解決的問題。

湖湘學派對朱子理學的補益

　　然而上述朱子理學結構上的問題，在湖湘學派的理學系統中則完全不構成問題。湖湘先建立「性立天下之大本」的觀念，做為宇宙人生的根據。而湖湘的「性」是通氣化一元的，不是形上的靜態之理，因此透過「心」的修養工夫可以開發、成就此「性」。湖湘所謂「以心成性」是「一氣」呵成的；而朱子的心、性是二元的，心對性只能籠罩〔註11〕，心只是性之郭廓，因此朱子主張「心統性情」。心與性之間究竟有一層二元論之下的「異質的隔閡」。不如湖湘在一氣的結構下直接「以心成性」，不必期待有朝一日的豁然貫通。

　　湖湘之「性」可以「立天下之大本」，而「心」則是「知天地，宰萬物，以成性者也」。湖湘思想的重點在於心、性同屬一氣，因此「以心成性」順理成章的形構了湖湘理學宇宙人生相貫通的生命修養體系，完全免去了朱子二元論體系在天人合一理論上的困境。

―――――――――――

〔註10〕「心統性情」是朱子對伊川「理一分殊」的理學觀念的進一步補充與發揮，
　　　　也是朱子與伊川理學思想的不同處。自從朱子提出「心統性情」的觀念之後，
　　　　南宋以下以至明代，理學似乎也都走上了心學的方向。
〔註11〕《朱子語類》卷五〈性情心意等名義〉曰：「性是理，心是包含、該載、敷施、
　　　　發用底」，又曰：「心以性為體，心將性做餡子模樣」。《朱子語類》，頁88、89。

象山理學思想之短長

象山的理學與朱子不同。在《文集》中幾乎不言「氣」〔註12〕，也不太提到「性」的觀念。象山認為「情、性、心、才，都只是一般物事，言偶不同耳」〔註13〕。象山省略了「道」、「氣」、「性」、「情」等過程的論述，只提「本心」，直接以「心即理」的觀念統攝一切。象山的思想體系中沒有二元的體用結構，因此也沒有如朱子的「靜態的形上理世界」來做為一切生命活動的總依據。從這個角度看，象山的「心」似乎較朱子更具有生命的主動創造力。

然而，如果從相反的立場來思考：也正因為二元論的思想結構，朱子嚴格分別「形上之體」與「形下之用」。因此平日格物窮理的修養工夫只是形下心氣的活動，當下並非性體的呈露〔註14〕。如此，則朱子的「格物」不直接受「理」的管束，反而可以更自由地在實然的物性世界之中發揮主動之創造。這就是朱子所謂「氣強」而「理弱」的意義。如此，則象山的「心即理」反而不如朱子「氣強理弱」的觀念更能開發出在現象世界中格物致知的創造性。

朱子之學重視形下世界的格物窮理，透過事物之間的攻取摩盪，其所產生之「後天理序」其實比起做為形上根據的「先天理序」更具有變化、日新的意義。太虛元氣，雖是清通；氣質萬物，雖是重濁。然清通則「簡易」，而重濁則「豐富」；簡易故可以為萬化之源，豐富則生滅變化而無窮。而人類社會也因為基於此形下氣質萬象的交互感應變化而始能有日新又新的存在與發展的價值，這對於政治社會規模十分龐大的中國社會尤其具有重大的意義。

湖湘學派對象山理學之補益

湖湘學派與象山最大的不同，在於象山以「心」包「性」，只言心而不言性；而湖湘則強調「以性立天下之大本」。

象山只言心，不言氣、性，在理學結構上又不似朱子強調格物窮理，故其所謂「心即理」在當時人看來，未免因缺乏入手處而有落入禪窟之嫌。象山跨越氣、性的觀念，直接以心為宇宙天地的主體。心有主宰義，因此主觀

〔註12〕象山語錄中論及「氣」者只一條云：「人共生乎天地之間，無非同氣」。《陸象山全集》卷三十四，（臺北：世界書局，1979年6月，頁256）。
〔註13〕《陸象山全集》卷35〈語錄〉，頁288。
〔註14〕這與明道〈識仁篇〉所謂「學者須先識仁，仁者渾然與物同體」不同。明道是「性氣合一」的一元論者，當下之善即是本性之呈現。

性較強，象山直接以「心」爲「理」，究竟在外在客觀面上有所不足，在現實世界中老實格物窮理的進路也較不明顯。

而湖湘學者所強調的「性立天下之大本」正可以使代表主觀生命的「心」能透過「性」而有和天地氣化實有相連接的基礎。依湖湘之觀念：「心」之有知覺能主宰，是因「性」動而有，而「性」之立則秉「太虛一氣」之落於人物者〔註15〕。心、性皆立於氣而存有，則生命的主觀面與客觀面同時能夠挺立。當然象山只重言「心」，並不表示其思想中否定「性」的存在，其實象山也曾說：「在天者爲性，在人者爲心」〔註16〕。但究竟落在「心」上多者，生命的客觀面必然略有不足，湖湘學派理學中論「氣性」的觀念體系自然成了象山思想最好的補充。

結　語

上來所述，湖湘學派理學思想能於朱子與象山之理學有補苴罅漏之功者，原因在於湖湘學派的理學思想結構完全是中國傳統天人合一下基於氣化思想的心性論，是最能體現中國人論心性問題之「通義」的思想結構。因此能以「性立天下之大本」的觀念來彌補偏於心學者之空疏，又能以「以心成性」的工夫來連結理、氣二元論在修養成聖上的困境。從湖湘學派理學與朱、陸二人思想的比較，即可確定湖湘在宋明理學史上的意義與地位。

第三節　湖湘心學系統與陽明良知學的關係

牟宗三先生建立「理學三系說」，以湖湘五峰屬「明道系」，以陽明屬「陸王系」。此二系雖在宇宙人生的發展方向上相反〔註17〕，但都屬於「縱貫系

〔註15〕 此即五峰《知言》卷三中所謂「氣之流行，性爲之主；性之流行，心爲之主」之義。

〔註16〕 《陸象山全集》卷三十五：「伯敏云：如何是盡心，性、才、心、情如何分別？先生曰：如吾友此言，又是枝葉。雖然此非吾友之過，蓋舉世之弊。今之學者讀書只是解字，更不求血脈。且如情、性、心、才，都只是一般物事，言偶不同耳！……若必欲說時，則在天者爲性，在人者爲心，此蓋隨吾友而言，其實不須如此」，頁288。

〔註17〕 明道系「由外向內」，從宇宙天道會歸於心性；而陸王系則由「內向外」，從心性放出爲宇宙人生。請參看牟先生《心體與性體》第一冊之第一部「綜論」之第一章「宋代儒學之課題」之第四節「宋明儒之分系」。（台北：正中書局，1981年10月，頁42）。

統」。牟先生所謂「縱貫系統」基本上指的是「性氣一元論」。本文即從此一角度來會通湖湘與陽明的理學系統。

「良知」可以涵攝知識問題

論述湖湘與陽明的關係，必須先從陽明「良知」義說起。陽明於《傳習錄》卷中〈答歐陽崇一〉書曰：

> 良知是天理之昭明靈覺處，故良知即是天理。〔註18〕

良知是「明覺」、「天理」，陽明這句話似乎只指出了人類行為正當性的大方向，並不能展現行為的實際內容。不免令人有「客觀理會面欠缺」的感覺。象山理學被當時人指為「禪」者原因在此〔註19〕。然而陽明終究不是一個重本體而不重現實的「空疏」之人，陽明在強調良知是「自然的靈明」時，仍不忘為「良知」一義建立起與現實世界聯結的管道。《傳習錄》下曰：

> 良知只是箇「是非」之心，是非只是箇「好惡」，只好惡就盡了是非，
> 只是非就盡了萬事萬變。「是非」兩字是箇大規矩，巧處則存乎其人
> 〔註20〕

陽明提出「巧處則存乎其人」，這就將良知從「天理」導入形下世界而牽涉到知識的問題了。陽明的心學之所以較象山精微〔註21〕，原因即在於其思想結構中涵攝了知識系統。究竟「天理」必須落實於事物文為之中才有意義。因此陽明的良知並不排斥「見聞」：

> 良知不由見聞而有，而見聞莫非良知之用。故良知不滯於見聞，而
> 亦不離於見聞。〔註22〕

〔註18〕 見《王陽明全集》卷二《傳習錄》中，頁84。

〔註19〕 此處必須說明這只是從象山重「本心」的「思想結構」上所得出的推論。其實象山本人極勤於理會，不論是讀書或對外在事物。《語錄》中曾曰：「吾家合族而食，每輪差子弟掌庫三年。某適當其職，所學大進。這方是執事敬」。見《陸象山全集》卷三十四《語錄》，頁276。又曰：「某從來勤理會。長兄每四更一點起時，只見某在看書，或檢書，或默坐。常說與子姪，以為勤，他人莫及。今人卻言某懶，不曾去理會，好笑！」。見《陸象山全集》卷三十五《語錄》，頁302。

〔註20〕 《王陽明全集》卷三，《傳習錄》下，頁111。

〔註21〕 陽明曾說象山學問粗。《傳習錄》下：「又問陸子之學何如？先生曰：濂溪明道之後，還是象山，只是粗些。九川曰：看它論學，篇篇說出骨髓，句句似鍼膏肓，卻不見他粗。先生曰：然！他心上用過功夫，與揣摹依倣求之文義自不同。然細看，有粗處。用功久，當見之」。見《王陽明全集》卷三，頁92。

〔註22〕 《王陽明全集》卷二《傳習錄》中〈答歐陽崇一〉，頁71。

「見聞」雖只是「第二義」，但卻是「良知之發用流行」。此即所謂「事上磨鍊」之義。陽明又說：

> 目無體，以萬物之色爲體；耳無體，以萬物之聲爲體；鼻無體，以萬物之臭爲體；口無體，以萬物之味爲體；心無體，以天地萬物感應之是非爲體。〔註23〕

「心無體，以天地萬物感應之是非爲體」一語中，陽明已將「天理」與「萬物之感應」打合在「良知」之中，而北宋以來「致知」與「居敬」工夫統合的困境也可以消彌。而陽明的「良知」之所以能涵攝「天理」與「見聞」，其原因正是因爲建立在「性氣一元」的理論基礎上，這是湖湘與陽明在理學思想結構上可以會通的基礎。

「氣性合一」為湖湘與陽明理學思想的共同基礎

陽明少言「氣」而單提「良知」，又以「天理」解釋「良知」，這是因爲重「本心」者通常必言「天理」：

> 理一而已。以其理之凝聚而言則謂之「性」，以其凝聚之主宰而言則謂之「心」，以其主宰之發動而言則謂之「意」，以其發動之明覺而言則謂之「知」，以其明覺之感應而言則謂之「物」。〔註24〕

陽明以「理一」統合宇宙人生，但此段文字若將「理」字改爲「氣」字，則與湖湘學派的思想體系完全符合。細讀《傳習錄》三卷，陽明亦有論及「氣性」者，其義可與湖湘之論相通。其曰：

> 良知亦只是這口說，這身行，豈能外得氣？別有箇去行去說。故曰：論性不論氣不備，論氣不論性不明。氣亦性也，性亦氣也，但須認得頭腦是當。〔註25〕

可見陽明良知學的底層也建立在「性氣合一」的觀念上，若陽明讀湖湘書應不致如朱子般有如此的扞格。《傳習錄》中有一段陽明與弟子的對話：

> 問：人心與物同體。如吾身原是血氣流通的，所以謂之同體，若於人便異體了，禽獸草木益遠矣，而何謂之同體？

〔註23〕《王陽明全集》卷三《傳習錄》下，頁108。
〔註24〕《王陽明全集》卷二《傳習錄》中〈答羅整庵少宰書〉，頁76～77。
〔註25〕《王陽明全集》卷三《傳習錄》下，頁101。

先生曰：你只在感應之幾上看，豈但禽獸草木，雖天地與我同體的，

鬼神也與我同體的。〔註26〕

弟子認為「人心與物同體」，但人與人，人與草木則不能同體。陽明則主張人
與禽獸、草木、天地、鬼神皆同體。所謂「同體」的根據即是「性氣合一」。
陽明的「良知」之所以能有「自然的靈明」而能為宇宙天地之眞宰，也是建
立在「性氣合一」、「一氣流通」的思想背景之上。湖湘以氣、性之流行為宇
宙造化之本源，而陽明則以「良知」為天地造化之本。故陽明曰：

若草木瓦石無人的良知，不可以為草木瓦石矣！豈惟草木瓦石為

然。天地無人的良知，亦不可為天地矣！〔註27〕

到此陽明不得不言「良知是造化的精靈」，且又說「生天生地，成鬼成帝，皆
從此出」。如此則「良知之心」乃直成一「知天地，宰萬物」者，而此語正出
於五峰。陽明以「良知」為天地造化之實現原則的觀念正是湖湘「以心成性」
一語的解釋，而「心」之所以能成「性」，其基礎正在於「性氣為一」。

由此可見，湖湘「氣性合一以立天地之大本」的觀念可以做為陽明良知
學背後的理論基礎。而陽明的「良知」義，則可以為湖湘學派在「心學」方
面提供一個更精微、更落實的義理內容。

陽明「良知」與湖湘學派「知覺」的關係

陽明「良知」之學既然可以補充湖湘心學的內容，則其與湖湘心學中最
重要的「知覺」觀念之間的關係應有探究的必要。

「知覺」觀念曾被五峰之後的湖湘諸子用來對抗朱子〔註28〕。湖湘「知
覺」之說最能看出其思想特質者，在胡伯逢與朱子論辯的「觀怒說」。伯逢強
調「於怒時，不必忘其怒而觀理之是非。第即夫怒而觀夫怒，則吾之善端固
已萌焉，而可以自得矣」。前文已有論述：此一工夫之要點在於將「怒」的行
為還原為一個「氣化的過程」，而歸之於一「實然之存在」，則善惡自無可言，
而怒自銷。之所以能將「理」擺落，是湖湘學者認為「理」只是氣化過程的
「呈現原則」，而非「指導原則」，因此直接還他氣化實然的本來面目即可。
故季隨亦曰：「才涉思維，便不親切」。可知湖湘「知覺」的工夫乃是直接建

〔註26〕《王陽明全集》卷三《傳習錄》下，頁124。

〔註27〕《王陽明全集》卷三《傳習錄》下，頁107。

〔註28〕參見本書第三章第五節。

立在氣動自然的基礎之上。「氣」本身自然涵有能推動天地生化的動能，此氣之動能落於吾心即謂之「知覺」。而此「動能」起作用即成立一「氣化之過程」，「實然的氣化過程」本身即是一「行為」。在湖湘的系統中「知」與「行」都同樣是一個氣化的過程。因此湖湘所謂「識心」，其實是一個當下「逆覺反照」的「知行合一」的工夫，而不是一個「格物窮理」的過程。若在陽明則曰：

> 知是心之本體，心自然會知。〔註29〕

「心」的本質就是「知」，故自然會「知」。「知」固然可以呈現出「理」，然從一氣實然的角度來看，「知」其實是氣化的活動，可以不必提及「理」。故陽明接著曰：

> 見父自然知孝，見兄自然知弟，見孺子入井，自然知惻隱，此便是
> 良知。〔註30〕

不必知孝弟之理，見父兄自然知孝弟，此是陽明所謂的「良知」，也正是湖湘所謂基於「氣動自然」的「知覺」，本身即是「知行合一」的。

　　宇宙天地之氣化固基源於「氣」本身所涵的動能，此清通之神者謂之「天理」。然氣化過程必有聚散升降，形器世界因重濁故多有不齊，而調劑此氣化之不齊者，別無他者，仍在「知覺」本身。故「知覺」雖本身即是此氣之「動能」，然既落於人為「心」，成為人心之靈明，則此「知覺」反過來可以主宰「氣」的動化過程，這是「人」終究為天地萬物之主宰的原因。

　　然人心之「良知」或「知覺」因其清通、簡易，故能於氣化流行之精微處施此主宰之功。然而形器世界中的條件因素十分複雜，此所謂「良知」或「知覺」者常趨於隱密，此所以其分劑之功常在生命的精微處。此即陽明所謂「誠意」，又謂之「獨知」。《傳習錄》曰：

> 正之問：「戒懼」是己所不知時工夫，「慎獨」是己所獨知時工夫。
> 此說如何？先生曰：只是一箇工夫。無事時固是獨知，有事時亦是
> 獨知。人若不知於此獨知之地用力，只在人所共知處用功，便是作
> 偽。此獨知處，便是誠的萌芽。此處不論善念惡念，更無虛假，一
> 是百是，一錯百錯，正是王霸義利誠偽善惡界頭，於此一立立定，
> 便是端本澄源，便是立誠。〔註31〕

〔註29〕《王陽明全集》卷一《傳習錄》上，頁6。
〔註30〕《王陽明全集》卷一《傳習錄》上，頁6。
〔註31〕《王陽明全集》卷一《傳習錄》上，頁34。

湖湘學者之「知覺」義之所以大啓朱子「迷離惝恍」之疑慮，原因在於朱子認爲空談知覺並無「克復之功」。今陽明言「心之良知」落實於更精微的「克念」以求誠其意於「獨知」之地，這對於湖湘心學核心觀念「知覺」的義理內容有更落實的補充與發明。

陽明「無善無惡心之體」與湖湘「性無善惡」之溝通

另外陽明良知學中的「無善無惡心之體」與湖湘思想中的「性無善惡」在義理內容上的關係爲何，也有論述的必要。《傳習錄下》：

> 先生遊南鎮。一友指岩中花樹問曰：天下無心外之物。如此花樹，在深山中自開自落，於我心亦何相關？先生曰：你未看此花時，此花與汝心同歸於寂，你來看此花時，則此花顏色一時明白起來。便知此花不在你的心外。〔註32〕

這就是在明代理學史上有名的「南鎮問答」公案。這個公案顯示的是「心外無物」的觀念，也就是「心之明覺以上不容說」，而這也正是陽明「無善無惡心之體」一語之所本。心未對物之時，此物與心同歸於「寂」；一旦心對物之後，則此物一時明白起來。陽明此說在於肯定「心之明覺之知」在整個天地氣化酬酢中的「主宰性」地位。

陽明的思想以「心」爲宇宙人生之本體，陽明極少說「性」與「理」，也極少言「氣」，這些都已涵攝在「心體」的觀念之中，而成爲統攝宇宙人生的一實然的生命存在，因此心體無善無惡。湖湘則只說「性無善惡」，不說「心無善惡」。原因在於湖湘主張「以心成性」，因此心與性必須有所分別。湖湘之「心」帶有強烈的主宰性，有「成性」的功能與意義，因此不能定義爲無善無惡；而「性」則是一氣化之實然，故無「善惡」問題。

湖湘以主宰之心成就做爲大本之性，性本身並無善惡，善惡來自於心之好惡是否能中節。而陽明的心體無善無惡，善惡來自於「意之動」。如此看來，湖湘之與陽明只是在心、性的定位上稍有不同而已。就整個理學思想的結構而言其實並無多大的衝突。陽明較近於「主觀的唯心論」，以「心」統攝此天地萬物，良知可以「生天生地，成鬼成帝」。而湖湘學派則近於「客觀的唯心論」，因此雖然主張「心」可以「知天地，宰萬物」，但在客觀面卻仍然以「性」建立天地之「大本」。陽明主張天地之間無心外之理，湖湘則在某一程度上仍

〔註32〕《王陽明全集》卷三，《傳習錄》下，頁107～108。

然尊重萬物存在的客觀性。陽明以湖湘爲基礎，向主觀唯心論方面進一步的提出一套更精微的思想內容。

湖湘理學思想結構的圓融性

上來論述湖湘理學與陽明心學內容之相通，可見湖湘理學系統之博大，故能含融陽明良知學之精微。

中國自孔孟以下數千年的思想發展史不外以「性」、「心」、「情」或「理」、「氣」等做爲觀念工具。有宋以前姑且不論，北宋初期，濂溪、橫渠的理學主要在於建立氣化的實有，以對抗佛老的空無，因此在宇宙天道方面的建樹多，內在心性方面的論述相對的比較少。明道在心性主體上有較多的論述，然其一本論思想又太過渾淪，工夫上常不見下手處。伊川、朱子雖博大精深，在宇宙、人生兩方面都有所論述，然其理氣二元論導致心、性分屬形下與形上，在中國傳統的心性之學上略有扞格。

而湖湘之學不論在「氣」、「性」、「心」、「理」方面，皆有一套嚴密的思想結構體系：先以「性立天下之大本」，做爲人存在於天地之間的根本；再以能「知天地，宰萬物」的「心」做爲成就此「性」的主宰，將生命與天地聯結起來。完成中國人與宇宙天地相貫通的生命格局。在人生實際修養方面，又有一套基於「逆覺取證」的「察識」工夫做基礎。其中「以心成性」的觀念可以說是中國人道德修養議題上的基準。湖湘學術在思想體系上的完整性上其實足以成爲中國思想史中的重鎮。

上文已論述湖湘學派理學與「朱陸」及「陽明」學術可以互補發明之處，以下繼續論述湖湘思想與明代中後期重要思想家如王廷相及王船山諸人在「氣」觀念方面的思想關係。

第四節 湖湘理學與明代王廷相、王船山思想的關係

理學史上重「理」與重「心」的兩種思維方向

中國人的思想中並沒有「唯心」與「唯物」的分別，中國人的宇宙人生觀是心物合一的，至多只是較重客觀之「理」或較重主觀之「心」的不同而已。重「理」者強調宇宙之生化終究有一主持分劑之「道」，陰陽氣化須受此「指導原則」的約束；重「心」者則較重「氣」生化動能的主宰性，將生生

不息的宇宙氣化之目的置於「心」的主宰性上。這是中國思想史上的兩大思維方向。就中國歷代的學者觀之，其中於此兩大方向顯有偏重者固然不少，然能兼融此兩大方向者亦所在多有。

以湖湘學派而論：「氣之流行，性爲之主」，既以「性」立天下之有，則不能不言「理」。故曰「大哉性乎，萬理具焉」〔註33〕，又曰「理，天命也」〔註34〕、「理也者，天下之大體也」〔註35〕。似乎性、理即爲「天命之大體」，爲一切宇宙人生之所依歸。然「性之流行，心爲之主」，則裁制天地萬物者仍落在「心」之上。故《知言》起首即曰：「心也者，知天地宰萬物，以成性者也」，又曰：「心無乎不在，本天道變化爲世俗酬酢」〔註36〕，則實際接物應對而能主宰者仍在「心」。湖湘之所以重「心」的主宰性，其基礎在於重「氣」的流行，只有「心」能主宰「氣」的升降絪縕。既然重視「氣」動化的活潑性，則「理」的重要性必然下降。「理」的指導性意義下降，則「心」的主宰性意義必然提升。此所以中國思想史上重「氣」者，一般而言皆較重「心」。

本文以下則根據此一觀點，論述明代兩位在思想史上較重「氣」觀念的學者——王廷相及王夫之——在「氣」與「心」關係上的思想發展，藉以看出湖湘學派理學與明代中後期傾向氣本論的理學在思想內容上的關聯性。

王廷相的氣學及其與湖湘理學之比較

王廷相，號浚川，明代中葉人。浚川之思想主「氣一本」：

- 天內外皆氣，地中亦氣，物虛實皆氣，通極上下造化之實體也。

- 氣者造化之本。有渾渾者，有生生者，皆道之體也。生則有滅，故有始有終，渾然者充塞宇宙，無跡無執，不見其始，安知其終？世儒止知氣化而不知氣本，皆於道遠。〔註37〕

所謂「道之體」、「造化之實體」，此「體」乃「體質之體」，內容即是「氣」。此氣充塞天地，爲一切萬物構成之體質，故又曰「元氣」。浚川直接以「元氣」解釋「太極」：

〔註33〕《知言》卷四，頁133。
〔註34〕《知言》卷四，頁135。
〔註35〕《知言》卷四，頁134。
〔註36〕《知言》卷二，頁123。
〔註37〕《慎言・道體篇》，見《王廷相全集》（北京：中華書局，2009年2月，頁753、755）。

> 太極者，道化至極之名，無象無數，而天地萬物莫不由之以生，實
> 混沌未判之氣也，故曰「元氣」。……太極，元氣混全之稱，萬物不
> 過各具一支耳，雖水火大化猶涉一偏，而況於人物乎？〔註38〕

浚川指出「太極爲元氣混全之稱」，以「氣」言「太極」，這與朱子以「理」
釋「太極」者有大不同。「太極」一義通常爲一家思想中的首出觀念。浚川改
以「氣」釋「太極」，可見其思想基本上與橫渠「太虛一氣」的觀念近似。浚
川進一步提出「性生於形氣」的觀念。曰：

> 性者，陰陽之神理，生於形氣而妙乎形氣者也。〔註39〕

「性」因氣化之凝聚而成，這基本上與湖湘論性觀念相同。然五峰之「性」
立天下之「大有」，是一個「不可以善惡言」的「至善之體」。五峰立此「性
體」做爲吾人盡心工夫所指向之標的，故曰「以心成性」；然浚川所謂「性」
則似乎並沒有這樣的崇高性，其曰：

> 性與道合則爲善，性與道乖則爲惡。是故性出於氣而主乎氣，道出
> 於性而約乎性。〔註40〕

「性」不足以爲善，必須合「道」乃可爲「善」。而「性」之所以不一定爲善，
是因「氣」有清濁流蕩〔註41〕。性既有善惡之雜，常流於昏蕩〔註42〕，則此
「道」此「善」從何而出？浚川與湖湘論「性」同樣就氣之生化規定，然湖
湘以「性」爲天下之大本，而浚川則認爲「性」只是有常有不常的動化之氣
質。相較之下，浚川思想體系中性、理的地位已大幅度降低。

由於浚川思想中「性」的層次降低，幾乎等同於「形質」。故主張「性亦
有生滅」：

> 故有生則有性可言，無生則性滅矣，安得取而言之？是性之有無，
> 緣於氣之聚散。若曰超然於形氣之外，不以聚散而爲有無，即佛氏

〔註38〕《雅述・上篇》，見《王廷相全集》，頁849～850。

〔註39〕《慎言・問成性篇》，見《王廷相全集》，頁767。

〔註40〕《慎言・君子篇》，見《王廷相全集》，頁814。

〔註41〕《王氏家藏集》卷二十八〈答薛君采論性書〉：「人物之性無非氣質所爲者，
　　　　離氣言性，則性無處所，與虛同歸；離性言氣，則氣非生動，與死同途。是
　　　　性與氣相資，而有不得相離者也。但主於氣質，則性必有惡，而孟子性善之
　　　　說不通矣！……氣有清濁粹駁，則性安得無善惡之雜！」見《王廷相全集》，
　　　　頁518。

〔註42〕《慎言・問成性篇》：「情蕩則性昏，性昏則事迷，迷而不復，則躁激驕吝之
　　　　心滋矣！」見《王廷相全集》，頁765。

所謂「四大之外，別有眞性」矣，豈非謬幽之論乎？〔註43〕

浚川認爲「性」只隨形氣之聚散而生滅，形氣之外，無有所謂「眞性」。浚川論「性」既如此，則其論「理」自然也不可能有如朱子以理爲形上本體的思維。浚川反對「理能生氣」之說〔註44〕，「理」不是氣生化的指導原則，只是氣生化時所呈現的「分理」。故凡是「理」都是分殊的，並無所謂「理一」者〔註45〕。非但無「理一」，甚至「理亦有朽敝」。曰：

> 儒者曰：天地間萬形皆有敝，惟理獨不朽，此殆類痴言也。理無形質，安得而朽？以其情實論之，揖讓之後爲放伐，放伐之後爲篡奪；井田壞而阡陌成，封建罷而郡縣設。行於前者不能行於後，宜於古者不能宜於今。理因時致宜，逝者皆芻狗矣！不亦朽敝乎哉！〔註46〕

浚川「理有敝朽」之語可謂駭人聽聞。然究其義其實只是否定「理」作爲存在指導原則的超越性，而將宇宙之生化不息歸之於「氣」本身而已。浚川企圖將「性」、「理」等屬於超越原則的觀念打破，其目的在於使人將注意力置於歷史社會中的禮樂名物、古今事變之格致。重視現實世界者通常貶低形上之理的地位，而突顯形下心、氣的自主性。心與氣有較直接的關聯，心的主宰義常建立在氣的主動性上。浚川雖形式上打落「理」的地位，本質上卻已將「理」暗藏在「氣」之中，此即所謂「氣種有定」之說：

> 萬物巨細柔剛各異其材，聲色臭味各殊其性，閱千古而不變者，氣種之有定也。人不肖其父，則肖其母，數世之後，必有與祖同其體貌者，氣種之復其本也。〔註47〕

浚川此一觀念值得注意：「氣」的絪縕升降固然是變化不測，攻取百塗，然其中有一定的規律性，此所謂規律性並不是超越於「氣」外之「理」，而是直接

〔註43〕《王氏家藏集‧橫渠理氣辨》，見《王廷相全集》，頁602。

〔註44〕《慎言‧道體篇》：「天內外皆氣，地中亦氣，物虛實皆氣，通極上下造化之實體。是故受乎氣，非能生氣也。理載於氣，非能始氣也。世儒謂「理能生氣」，即老氏道生天地矣；謂理可離氣而論，是形性不相待而立，即佛氏以山河大地爲病，而別有所謂眞性矣，可乎？不可乎？由是，本然之性超乎形氣之外，太極爲理而生動靜陰陽謬幽誣怪之論作矣！」見《王廷相全集》頁753。

〔註45〕天地之間，一氣生生，而常而變，萬有不齊。故氣一則理一，氣萬則理萬。世儒專言理一而遺萬，偏矣！《雅述‧上篇》，《王廷相全集》，頁848。

〔註46〕《雅述‧下篇》，見《王廷相全集》，頁887。

〔註47〕《慎言‧道體篇》，見《王廷相全集》，頁754。

蘊藏於「氣」之本身而爲一「氣種」。如此則「氣」已可跨越「理」而居於生
化天地宇宙之地位〔註48〕。

　　上文比較湖湘理學與浚川在「性」、「理」、「心」、「氣」等觀念上的差異，
可以看出明「性」、「理」的重要性明顯降低。作爲指導原則的觀念被貶低，
則作爲知覺主宰的「心氣」層次必然相對的受到重視〔註49〕。浚川之理學思
想以「氣本論」爲基礎，正是脫離湖湘理學「性立天下之大本」，而朝向「以
心成性」中「知天地，宰萬物」的強調心之主宰義的思維方向。浚川的氣本
論思想結構其實並未溢出湖湘學派的理學體系之外，只是思維的方向已經從
湖湘「性立天下之大本」、「以心成性」的心、性並重的結構，轉移到以「心
氣的主宰性」爲主的進路。

　　浚川對「心之主宰義」的發揮首先表現在對「德行之知」的否定：

　　　　嬰兒在胞中自能飲食，出胞時便能視聽，此天性之知，神化之不容
　　　　已者。自餘因習而知，因悟而知，因過而知，因疑而知，皆人道之
　　　　知也。父母兄弟之親，亦積習稔熟然耳。何以故？使父母生之孩提，
　　　　而乞諸他人養之，長而惟知所養者爲親耳。塗而遇諸父母，視之則
　　　　常人焉耳，可以悔可以詈也，此可謂天性之知乎？由父子之親觀之，
　　　　則諸凡萬物萬事之知，皆因習、因悟、因過、因疑而然，人也，非
　　　　天也。近世儒者務爲好高之論，則出德行之知，以爲知之至，而淺
　　　　博學、審問、愼思、明辯之知爲不足，而不知聖人雖生知，惟性善、
　　　　近道二者而已，其因習、因悟、因過、因疑之知與人大同，況禮樂
　　　　名物，古今事變，亦必待學而後知哉！〔註50〕

浚川將「知」導向後天「人道之知」，主張「必待學而後知」，目的是希望人
心之知能脫離先天「性」、「理」的束縛，使人心之知在後天的物性環境之中
實際透過「學、問、思、辨」，而獲得能適應「古今事變」的知識。如果這個
觀點能成立，則浚川的「心」在「主宰性」方面其實反而是提升了。

〔註48〕浚川「氣種」的觀念，無疑地對船山晚年於《周易內傳》中所提出「陰陽自
　　　　始即各有靜存之體」之「二氣說」有重大影響。

〔註49〕明代理學被稱爲「心學」，正是因爲有此一明顯之傾向。

〔註50〕《雅述・上篇》，《王廷相全集》頁836～837。浚川此說有部分原因是針對陽
　　　　明良知教而發，目的在糾正陽明良知學過度落於主觀虛靈之病，希望人能就
　　　　現實社會的事物愼思明辨。

　　今再就湖湘以觀浚川：湖湘雖以「氣」規定「性」，而以「性之動」建立「心之知覺」，然「性」的地位已足以立天下之大本，則此「心」之主宰性，必有一終極之限制。所謂「以心成性」，此心充其量只能以成性爲其目的，心並無絕對的主宰性。浚川則以「氣一本」言太極，大幅貶抑性、理的地位，將人心之知覺由先天的德行之知轉移到後天須藉由人的學問思辨而掌握的「以類貫通之知」。浚川也提出如荀子「知類通達」的觀念：

> 夫神性雖靈，必藉見聞思慮而知。積知之久，以類貫通，而上天下地，入於至細至精，而無不達矣！雖至聖莫不由此。〔註51〕

人能依據見聞知識，由已知類推未知，以入於「至細至精」，則必憑藉主觀的心知裁斷，這已不是客觀的形上性理原則所可以規範者〔註52〕。由此觀之，浚川之論「心」，在中國理學史上重「氣本」者往往較重主觀「心知」而不重客觀「性理」的思想模式上，似乎又是一個例證。

　　另外浚川「理亦有朽弊」的觀念也刺激了學者思考「時間」因素在本體觀念中的意義。正因爲時間所引發的「進化」意識對傳統「性」、「理」觀念產生了衝擊，才使得「氣」與「心」的觀念在明代中後期理學思想發展中又開出新的視域。這代表湖湘學派理學中所高舉的「性立天下之大本」的傳統觀念已經受到挑戰。這固然有明代社會的影響因素在，然同時也是社會文明不斷進化，人類的知識系統不斷複雜之後，在面對錯綜的物性世界時，人心對外在世界的掌握力必須增強的趨勢之下，必然會有的思維方向。明代思想史上，除了上述的王廷相之外，表現此一思想趨勢最明顯者則是明末的王船山。

王船山一生理學思想的轉變

　　王船山一生的思想可以分爲三個階段：一是三十七歲作《周易外傳》時，二是四十七歲作《讀四書大全說》時期，三是六十七歲作《周易內傳》時期。船山一生始終反對陽明，這當然是受到明朝滅亡的刺激，認爲是王學末流學

〔註51〕《雅述・上篇》，《王廷相全集》，頁836。

〔註52〕荀子主張「心」必須經過「解蔽」才能有「虛、壹、靜」之大清明，而清明之心才能在知識的世界中「知類通達」以追求人類之善。荀子之所以如此重視人類後天的統類之知，原因完全在於其主「性惡」。因主性惡，故形上之根據不能建立，則宇宙人生之重心只能落於吾人內在自主之心上。由荀子思想以觀明代心學之發展，似乎有可以會通之處。

術空疏之影響。然船山早年尊朱子，晚年卻改宗橫渠，這在理學史的意義正是由重客觀之「理」轉而至於重主觀之「心」的發展脈絡。

船山三十七歲作《周易外傳》時，大致仍遵循朱子理氣論的格局。主張「道主持分劑夫陰陽之氣化」〔註53〕。陰陽本身已具動化之能，已可有變合之妙，只是不能「皆妙」，故須「道」爲之主持分劑，使之有「適然之妙」〔註54〕。此時船山之觀念與朱子較爲接近。

船山雖未將宇宙生化之主宰完全歸之於「道」，但至少承認「道」有主持調和陰陽之功，因此「道」終究在某一程度上爲此天地氣化過程之理則。船山究竟不喜此一主張，故四十七歲作《讀四書大全說》時，船山又提出「元氣」之說，認爲天地有「未化之始」，而太極之初乃有渾淪齊一之「元氣」。船山改提此說，目的在於取消「道」之分劑之功，而將陰陽之生化直接改由「元氣」來發動。

船山提出「元氣」說雖然滿足其向來傾向於將主宰宇宙生化之動源直接置於「氣」之上的思維方向，卻也引起一些困惑：元氣爲「未化之始」，然氣涵動能，故必「自然」動化，「元氣」何以能有一在時間上靜止的「未化之始」的狀態？且既有「未化之始」，則元氣何以能由「未化之始」發展至「已形之化」？於此船山乃不得不提出「敦化之德」之觀念，以爲元氣之所以能由靜至動的解釋依據，如此「敦化之德」乃成一「元道」，則豈不是又走回原路〔註55〕？船山思想發展至此，乃不得不在氣的「體質」上重新思考。

船山終於在六十七歲作《周易內傳》時提出「二氣說」，主張「陰陽自始即爲各有靜存之體之二氣」的觀念，正式確定其晚年思想的格局，船山曰：

〔註53〕「一陰一陽之謂道。一之一之云者，蓋以言夫主持而分劑之也。……陽躁以廉，往有餘而來不足；陰重以嗇，來恆疾而往恆遲，則任數之固然而各有竭。……故道也者，有時而任其性，有時而弼其情，有時而盡其才，有時而節其氣。有所宜陽則登陽，有所宜陰則進陰。……其一之一之者，即與爲體，挾與流行，而持之以不過者也。」見王夫之《周易外傳》卷五〈繫辭上〉第五章，《船山全書》冊一，（長沙：岳麓書社，1998 年 11 月，頁 1004～1005）。

〔註54〕船山用一「適」字，代表不承認「道」爲一預定而不變之「理」，可以完全爲萬物生化之善之依據。「善」在事物本身，「道」只不過依陰陽變合之幾以調理之，使其有「適然」合於此陰陽本身變合之妙而已。故船山之所謂「道」與朱子之「理」已不盡相同。

〔註55〕請參看戴景賢先生《王船山之道器論》第五章〈船山思想先後轉變與其治老莊之關係〉，（臺北，廣學社印書館，1982 年 12 月，頁 235）。

> 陰陽者，太極所有之實也。凡兩間之所有，為形為象，為精為氣，
> 為清為濁。自雷風、水火、山澤，以至蜎孑萌芽之小，自成形而上，
> 以至未有成形，相與絪縕以待用之初，皆此二者之充塞無間。而判
> 然各為一物，其性情、才質、功效皆不可強之而同。……合之則為
> 太極，分之則謂之陰陽，不可強同而不相悖害，謂之太和。皆以言
> 乎陰陽靜存之體，而動發亦不失也。〔註56〕

陰陽自始即各有「靜存之體」，且「判然各為一物」。如此則無始以來宇宙一
切生化皆陰、陽二氣摩盪之所出，不必假於「道」之主持。「道」反成為氣化
下的分殊，而「太極」也只成為陰陽氣化之總合。船山此說已將「太極」、「道」、
「理」之地位貶低，將宇宙生化之動源完全繫於陰、陽所各具的「靜存之體」。
船山此一貶低道、理、太極而提升「陰陽之氣」地位的理論施設，必然導致
「人」在宇宙中地位的提升。船山在《張子正蒙注》中於是特別發揮「人心
感應之幾」的觀念：

> 人心萬殊，操縱、取舍、愛惡、慈忍，一唯此陰陽之翕闢。順其理
> 則為聖，從其妄則為狂，聖狂之分，在心幾變易之間，非形色之有
> 善惡也。〔註57〕

船山思想的最後歸宿終究又回到吾人內在之一心。船山一生不喜陽明，自始
至終，攻擊不遺餘力。其所推崇者，早年為朱子，晚年則為橫渠。然船山晚
年思想最後的歸宿卻近於陽明之「本心」。這看似費解，其實正可印證明代以
下從「理學」走向「心學」的時代趨勢。

　　綜觀前文，明代中後期論「氣」觀念之發展，由浚川之「抑理以言氣」，
到船山之「藉氣以立心」，其發展一波三折，最後仍歸結於人心之主宰。而從
浚川「理亦有弊朽」之說到船山進一步開展出「性日生日成」的觀念〔註58〕。

〔註56〕王夫之《周易內傳》卷五〈繫辭上傳〉第五章，《船山全書》冊一，頁524～
　　　　525。
〔註57〕王夫之《張子正蒙注·太和篇》，《船山全書》冊十二，頁43。另〈可狀篇〉
　　　　中船山又曰：「在天者本然，而人能盡性體道以窮神，亦為不失其感之正爾」。
　　　　見頁367。
〔註58〕王船山在《尚書引義》卷三〈太甲二〉中曰：「習與性成者，習成而性與成也。……
　　　　夫性者，生理也，日生則日成也。則夫天命者，豈但初生之頃命之哉！……
　　　　夫天之生物，其化不息，初生之頃，非無所命也。何以知其有所命？無所命
　　　　則仁義禮智無其根也。幼而少，少而壯，壯而老，亦非無所命也，何以知其
　　　　有所命？不更有所命，則年逝而性亦日忘也。……形日以養，氣日以滋，理

船山將性視爲「生之質」而不視爲「理體」的觀念，使船山跨越宋明而回復到先秦以「人」爲三才之主的思維。船山思想成了宋明六百年理學中，從建立客觀的形上性理到收攝於主觀內在之心知的發展脈絡的最後一次體現。

從湖湘理學的角度檢視船山思想

　　五峰曾言「氣之流行，性爲之主」，湖湘之論「性」由氣之生化規定，「性」所內涵之「動化之可能性」就是「氣」本身所涵的「動能」。依此義觀之：天地之「氣」生生不息，則「性」亦應是「日生日成」者。只是湖湘論「性」比較上就「氣之清通之神」論，而不就「性」落於氣質形器中與之摩盪而產生「發展」的意義上論。故湖湘主張「性爲天下之大本」，性雖也有活動義，與朱子之性爲「只是理」者不同，然此「性」仍不免帶有「理體」義，故湖湘主張「以心成性」。然而船山則主張「體生神，神復立體」〔註59〕。湖湘將工夫置於「心」，而「性」儼然成爲盡心之標的；船山則是「性」動接物而有「心」之知覺，此心之知覺所生之神化，又可使「性之體」產生發展性的變化。湖湘以「性」爲大地生化之大本，基於此人本之「實」，故萬物爲一體。船山之「性」可日生日變，無一定之「實」，故萬物只是「同源」而非「一體」。凡此，都是湖湘與船山二者之不同。然推本其原，「性」爲氣化之所生成的基本肯定，則湖湘與船山並無二致。而船山之思想最後歸結於「心之感應之幾」又何嘗不可解釋爲就是湖湘「以知覺爲仁」觀念的引申。只是浚川與船山「理亦有朽敝」、「性日生日成」的觀念較之湖湘理學確實是後出轉精。船山思想其實可視爲湖湘思想體系加上「時間流變」的因素之後所開出的進一步發展。

總　論

　　湖湘學派理學的主軸觀念以「氣之流行，性爲之主；性之流行，心爲之主」數語即可括盡；此數語又可分出兩個觀念：一是「性立天下之大本」，一

日以成，方生而受之，一日生而一日受之。受之者有所自授，豈非天哉！故天日命於人，而人日受命於天，故曰：性者生也，日生而日成之也」。見《船山全書》冊二，頁299～300。

〔註59〕王夫之《張子正蒙注》卷九〈可狀篇〉曰：「健順性也，動靜感也。陰陽合於太和，爲物不貳，然而陰陽已乎成乎其體性，待感而後合以起用。天之生物，人之成能，非有陰陽之體，感無從生，非乘乎感以動靜，則體中槁而不能起無窮之體。體生神，神復立體。由神之復立體，說者遂謂初無陰陽，靜乃生陰，動乃生陽，是徒知感後之體，而不知性在動靜之先本有其體也」。見《船山全書》冊十二，頁366。

是「以心成性」。前者建立人的生命在宇宙天地之間成立的體性基礎，而後者則是人之所以體現此生命存在的主宰心，湖湘「知覺」、「識心」之教即是「以心成性」觀念之下的工夫進路。由此可知，湖湘已經以「氣」、「性」、「心」等觀念建立一套宇宙人生的解釋及實踐的體系，此一體系相當程度的代表了宋明六百年理學的思想結構的「基型」。不論在本體論、心性論，或者是實際的修養實踐工夫方面，湖湘學派理學都能在中國傳統性氣合一的基礎上成其體系。也正因湖湘學派理學的思想結構在理學史上是最具代表性的基本形態，因此，除了伊川、朱子等理氣二元論者之外，和其他宋明數百年來各家理學思想在天道與心性的思想結構上幾乎都可以相通。僅此一義，湖湘學派理學在中國學術思想史上已有其一定的價值。

宋代三百年來的理學雖各家思想方向有所不同，然大致上都傾向於建立一個統合宇宙人生的性理世界，以做爲新時代的儒者人格養成之依據。此一心性修養之體系其消極目的在於對抗並取代佛教的心性修養模式。禪宗行者以「作用」爲性，而儒者則強調「性立天下之大有」。北宋思想之所以重「氣」，其目的即是在於強調「性」之實有，以對抗佛教的空義思想。此時強調客觀宇宙天地之實有以落實中國社會的政教改革似乎較個人生命榮枯的問題更加重要，因此宋代理學強調性、理超過強調心、氣。

然宋代以下數百年，佛教對中國思想的影響力已漸衰，而中國社會又經一段時間的發展，當初北宋士人所面臨的問題已不復存在。此時中國社會的問題是政治、學術、文化本身的發展遲滯，而不是北宋時代所面臨的因長期政治社會秩序失控所導致的混亂。故思想界乃從強調「性理」的實有轉而逐漸強調「心氣」的創造力，從「仁者渾然與萬物同體」轉成「人者善之獨」。而在此宋明六百年理學發展大方向的改變之中，湖湘「以心成性」的思想涵蓋了這兩個不同的發展方向。湖湘理學一方面主張「性立天下之大本」，一方面則強調「成性」之工夫在於「心之知覺」。且湖湘論心、性皆立基於氣，更使心學之發展有一堅實的理論基礎。明代中後期如浚川、船山等人對「氣」觀念的創發，以及整個明代理學大致上朝「心學」方向的發展，雖不能謂其全受湖湘之啓發，然至少可以從湖湘學者論心、氣的觀念中得到引申。故本章論述朱陸、陽明及浚川、船山等人理學思想之大要，以顯示湖湘學派在理學史的發展上，不但對北宋理學有消化融通之作用，甚至對明代理學也有開源導流之功。而本文即以此定湖湘學派理學在整個宋明理學史上的意義及其地位。

附錄：胡致堂《崇正辨》略析

　　致堂有《崇正辨》一書，搜集晉宋以下沙門事跡，斥其荒誕不經之處，為宋代闢佛之要籍，書名「崇正」，其義可知。縱觀全書，致堂所以闢佛之理論基礎，在於儒家「以理義為心」，而佛家則是「以心為法，起滅天地」，這幾乎是歷來儒者闢佛之通義。《崇正辨》云：

> 聖學以心為本，佛氏亦然，而不同也。聖人教人正其心，心所同然者，謂理也，義也。窮理而精義，則心之體用全矣！佛氏教人以心為法，起滅天地而夢幻人世，擎拳植拂，瞬目揚眉，以為作用，于理不窮，于義不精，幾于具體而實則無用，乃心之害也。

致堂並不否認佛氏亦以「心」為本，只是佛氏之「心」不以「理」為本。不以「理」為本，則「義」自無法落實，故乃以天地、世界為夢幻，而以「作用」為「心」。儒家與佛氏在此一問題上的分歧導源於二者對「物性」看法的不同：中國人傳統以氣化建立宇宙之實有。《易繫辭上傳》云：「成之者性」，一陰一陽生「物」之後必成其「性」，有「定性」必有「定理」。儒者認為：人類社會中的一切制度文明都建立在成物之後固然之「性」所顯現的必然之「理」上。中國人即以此「定性」、「定理」確定宇宙天地為「實有」，因此父子、兄弟、夫婦、君臣等一切倫理乃不可移易。

　　然佛教思想則不同。佛思想的基礎在「緣起」，「緣起」故「性空」，因此佛教根本不承認「物性」的存在。「物性」既不能成立，則依於「物性」之「理」乃轉成一「識變」，「理」是依於「心」而非依於「物」，故曰：「萬法唯心」、「法無定法」。因此佛教徒雖然不反對中國社會中禮樂刑政的運作，但卻不認為它有終極的生命意義。因此表現在社會行為上，儒釋二家乃生扞格。歷來

儒者闢佛，基本觀念多不離此。致堂《崇正辨》所言佛氏背棄三綱五常，所
指即此，其曰：

> 釋惠斌博覽經史，十九爲州助教。懷慕出世，年二十三剪髮。其父
> 于汶水之陰，九達之會，建義井一區，仍樹碑銘云：哀哀父母，載
> 生載育；亦既弄璋，我顧我復。一朝棄予，山川滿目；雲擁重關，
> 風迴大谷。愛敬之道，天倫在茲；殷憂莫訴，見子無期。鑿井通道，
> 託事興辭，百年幾日，對此申悲。

「辭親割愛，袈裟披身」於佛門中爲大丈夫之事，而乃大悖儒門之禮教。親
莫大於父子，理莫大於孝順。父子至恩，猶可不顧，則何謂至道？致堂於此，
蓋慨乎其言之也，其曰：

> 惠斌博覽經史，年既踰冠，父母依望以成家者也。棄親而去，無復
> 人心，理之所不容矣！觀井碑之語，哀怨感切，讀之令人怵惕而惻
> 然，想當日之意爲何如也！其所以建碑于九達之會者，必其力不能
> 制其子，庶幾往來之人，官師之間，或見或聞，動心興念，能反之
> 耳。則不知是時爲民上者，以爲是乎？以爲非乎？亦有欲存天理，
> 明人倫，行反道敗德之誅者乎？後人目睹此事者，亦將宗邪毀正，
> 姑置之不問而已乎？夫天性至恩，不可解于心，猶水之溼，猶火之
> 燥，孰能逃之？而佛之教乃一切掃除，謂之至道，嗚呼異哉！嗚呼
> 異哉！（《崇正辨》）

致堂措詞嚴厲，斥之爲「反道敗德」、「理所不容」，幾乎人人得而誅之。蓋以
父子一倫，爲儒者大義，退此一步，即無人理。然出家修道，又爲佛門必經
之路，其扞格自不能免。

《崇正辨》中又有靈潤、惠嵩之故事：

> 靈潤十三出家，二親既終，兄弟哀訴，曾無動容，但爲修冥福而已。
> 釋惠嵩，高昌國人。少出家，兄爲博士，嘗勉嵩令罷道。嵩曰：腐
> 儒小智，當同諸糟粕，餘何可論。元魏末至京，本國請還，嵩曰：
> 以我之博達，非邊鄙之所資。固執不往，高昌乃夷其三族。嵩聞之，
> 告其屬曰：經不云乎：三界無常，諸有非樂。何足怪哉！

親死不歸，曾不動容；家夷三族，而稱三界無常、諸有非樂，此實足以大駭
人心目。儒者闢佛，其理常基於此，蓋有其因也。

依儒者之見，佛氏不但「無父」，亦且「無君」。《崇正辨》曰：

> 晉成帝幼沖，庾冰輔政，謂沙門應敬王者。何充等議不應敬。語曰：
> 父子君臣，百代所不應廢。今慕茫昧，棄禮教，使凡民常人假飾服
> 以傲憲度，吾所弗取。充言：五戒之禁，實助王化。今一令其拜，
> 遂壞其法，修善之俗，廢于聖世，臣所未安。詔曰：百王制法，未
> 有以殊俗參治者也。五戒小善，既擬人倫，而于世主略其禮敬邪？
> 卑尊不陳，王教亂矣！充言：今沙門燒香祝願，必先國家。欲福祐
> 之隆，情無極矣。奉上崇順，出于自然。臣以爲因其所利而惠之，
> 使賢愚敢不用情，則上有天覆地載之施，下有守一修善之人也。冰
> 議遂寢。

前文已述及「沙門不禮敬王者」一事。沙門所以不禮王者，蓋佛教欲與世間政治保持一距離，避免涉入政治，其目的即在於保障佛教不因政政之興衰隆替而受到牽連和影響。中國政治，代有興衰，改朝換姓，亦屬常事，而佛教依然可以在社會傳播，綿延不絕。故沙門不禮王者，固與其塵幻世界，視明心見性，登清淨地之梵行，本高於五欲世界之政治施爲之知見有關；另一方面，亦有其現實社會方面之考慮。故慧遠法師曰：「一旦行此，如來之法滅矣！」因此佛教徒不問政治美惡，亦不問國君得位之邪正，一概與之合作，其目的蓋在於宗教之傳播，眾生之得渡，不在求政治之隆污。否則涉入政治，必與政治共存亡，如大法，如何長存？故守儒家正學如致堂者，自必以沙門不禮王者爲亂尊卑法度之「無君」之行，又以僧人爲人君祝願爲諂諛，此亦不足怪也。《崇正辨》曰：

> 充（何充）服儒衣冠，爲國大臣，反主無父無君之教，千古之罪人
> 也。人之天壽，稟於天命，一定而不可易。燒香祝壽，曰「無量壽
> 佛」者，蓋所以諂諛世主，竊寺宇衣食之安耳！
>
> 今僧于人，不問其賢不肖，苟于己有分毫之利，則焚香唄贊，書棟
> 名鐘，必深致善頌以悅之。僧人以自利存心，而以修善爲言，利與
> 善之間甚微，非明哲不辨。

出世法不能離世間而求，因此「善」與「利」勢必糾葛，其實「義」、「利」之間，儒者亦常不免，此事正如致堂所言，非明哲不能辨也。

《崇正辨》中又指佛徒「毀形殘身，喪其本心」，其曰：

> 釋寶崖于益州城西路首，以布裹左右五指燒之。有問痛邪？崖曰：
> 痛由心起。心既無痛，指何所痛；並燒二手。于是積柴于樓上，作

> 乾麻小室，以油潤之，自以臂挾炬，麻燥油濃，赫然火合，于熾盛
> 中禮拜。比第二拜，身面焦折；復一拜，身踣于炭上。

燒身供佛，此在佛門中皆是特例。非願力宏深，於身命能捨者不能行之，然此亦足以驚世駭俗。致堂以爲：此蓋心與理二，致以理爲障，故以心爲法，而不問理之有無也。殘身毀形，理之必無；理之必無，何有於心？故致堂謂「喪其本心」。然佛氏認爲：「理」之有無，實依於「心」，「心」在則「理」存。「物」本是依他起，心若能不偏計執，則本即圓成實。萬法皆由「心」起滅，故燒身毀形，亦全在一心，「心」正則「理」正，「心」邪則「理」邪。佛氏所謂若能明心，則擔水挑柴，擎拳植拂，無不是性，蓋以其破「物性」而主「空」，故「理」無定體，唯歸於一「心」。然自儒者觀之，則不依人生社會之定理，唯播弄光景，自不免以「作用」爲性了。

致堂斥佛，不但謂其棄三綱，無父無君，滅類毀形；又謂其有「三蔽」。一曰「惑」，二曰「懼」，三曰「貪」。以爲佛氏因人之蔽，張利路以誘之。《崇正辨》云：

> 景龍二年，有御史憑恩暴卒，見二子持簿引馮庭對，官聽案覆罪惡。
> 官吏傍有舊識者張思義手招馮曰：吾爲假貸僧物，于今未脫。汝所
> 坐者，不合于天后宮中亂越。可發願造涅槃經、鑄鐘，以資餘祐。
> 卻放還。馮既甦三日，寫經鑄鐘，更享壽四十八年。

佛氏所言人生，通於三世，過去無始，未來無終，而其中生死流轉，一皆依於業感。然因果業報，理甚微細，不可思議。且一旦造作，種子不滅，遇緣則生果，自作自受，縱使父子歧路相逢，亦不可代受。若欲轉移，令果不生，則唯依願力，造作善業，阻隔惡緣，或可如願，然此亦依願力之強弱爲轉移而不可必者也，此固佛徒所深信。然依儒者觀之，則悖理亂教，莫此爲甚。蓋儒者認爲：「理」既有定，順「理」則吉，逆「理」則凶，此蓋依於天而不可易者也，逆理而不必凶，則又何貴乎有「理」，故致堂曰：

> 地獄固必無，設其有之，人神一理，必公正不阿而後法行。今造經
> 鑄鐘而免其奸罪，錫之永年，不公不正甚矣！使人自此淫濫而無害，
> 豈非邪説害政之甚者與！（《崇正辨》）

人神一理，理定而不可易，故爲善得福，爲惡受禍。此蓋天理，何預人事？然則儒釋之疆界，蓋在「心」與「理」之關係而已。就儒家言，「心」依於「理」；就佛氏言，則「理」依於「心」。故自佛氏觀之：「心」既能造作一

行爲，使成一「力用」（此力用即爲一理），亦必能造作另一反方向之行爲，使亦成一「反力用」，使前者暫時不生，非是此「理」不行，乃因其「反力用」而轉成另一「理」之呈現而已。然在致堂觀之，則造經鑄鐘，即能免不可赦之罪，則斷無是理，故以爲皆佛氏因世人之惑懼，而誘之以利以自養也。

《崇正辨》又曰：

> 釋圓光少耽墳典，詣理窮神。及聞釋宗，反同腐芥，由是出家。

致堂引有道君子之言辨之曰：

> 或問乎有道君子曰：儒學者晚多溺佛，何也？對曰：學而無所得，其年齒長矣，而智力困矣，其必欲遽止焉，則又不安也，一聞超勝侈大之說，是以悅而從之。譬之行人，方履坦途，其進無難也；山忽高乎其前，水忽深乎其下，而進爲難也。于是焉有捷徑，則欣然由之矣！其勢使然也。

人之資性有別，蓋理之自然。少耽墳典，後入釋宗，如圓光者，其亦何異於明道「出入于老釋者幾十年，返求諸六經而後得之」乎？然則若一概以爲由儒入佛者，皆因年長智困，欲超捷徑，如困溺之人，以草芥爲舟，則恐不能服釋者之心也。

今依前文細繹致堂《崇正辨》一書中闢佛之論點，則可知其疆界乃在於儒佛二家對「理」之看法迥異之故。儒者以「理」出於「天」，「天理」不可移易。然致堂所言儒家所謂之「理」，其實已帶有文化累積過程中所形成之社會價值規範，亦即其所謂之「理」，乃爲帶有人文選擇之「道」，致堂以此「理」爲不可變易，實已將歷史因素滲入，而「歷史」之建構與累積，基本上又來自儒家對「物性」之肯定。儒家由肯定「物性」來確定「理」之通性，再由「理」之共通性確立「是非」、「善惡」之原則，以建構政治與社會之秩序。故父子、君臣之倫常乃千古不變之「常理」。佛家既依緣起而破「物性」，則依於「虛妄」之「物性」所呈現之社會規範，對「明心見性」、「成佛作祖」而言充其量只是一隨時可棄之「言筌」而已。《崇正辨》中致堂闢唐高祖信天竺沙門智克「物我皆空」一段，最足以見儒者之立場。其曰：

> 佛之道，以空爲至，以有爲幻，此學道者所當辨也。今日月運乎天，山川著乎地，心物散殊于天地之中，雖萬佛並生，亦不能消除磨滅而使無也。日晝而月夜，山止而川流，人生而物育，自有天地以來，

> 至今而不可易，未嘗不樂也。此物雖壞而彼物自成，我身雖死而人
> 身猶在，未嘗皆空也。

儒者主「有」，其目的在破佛氏之「空」。在致堂之前，橫渠以「太虛即氣」
之觀念大倡「崇有」之論，而《正蒙》一書蓋亦為闢佛而作（見范育序）。故
「崇有」以破佛氏之「空無」，實為北宋守儒家正學者之一般共識。天地萬物
為實有，人生社會為實有，義理心性更是實有，故「心無」之說自不能為儒
者所接受。致堂斥釋元珪「心無」之說曰：

> 人未有無心者也。自古大聖人垂世立教，曰「養心」，曰「宅心」，
> 曰「存心」，曰「洗心」，不言「無心」也。心不可無，無則死矣。
> 聖人之心若鑑，不勞思慮，不用計度，而盡天地之理者，亦曰如鑑
> 之明而已，不言無鑑也。（《崇正辨》）

「理」既實存，「心」即不能是「無」，反之則「物」既虛幻，「心」亦不存。
此為儒釋歧異之因，前文已述之。

《宋元學案》卷四十一〈衡麓學案〉《崇正辨》黃宗羲案語曰：

> 吳必大問《崇正辨》如何？朱子曰：亦好。必大曰：今釋亦謂所辨
> 者皆其門中自不以為然。曰：吾儒守三綱五常，若有人道不是，亦
> 可謂吾儒自不以為然否？又問：此書只論其跡。曰：論其跡亦好。
> 伊川言不若只於跡上斷，畢竟其跡是從那裡出來？明仲說得明白。

可知《崇正辨》一出，雖大為儒者所重，然釋子卻自不以為然，其不能服釋
氏之心，蓋以此書只論其「跡」，此實代表當世人對此一問題之一般看法。前
文已抉出儒釋二家論「跡」致異之因。然朱子卻云「論其跡亦好」，迨為門戶
之見使然。宗羲又案：

> 某案致堂所辨，一部書中，大概言其作偽。雖有然者，畢竟已墮億
> 逆一邊。不若就其所言，件件皆真，愈見其非理。然此皆晉、宋間
> 其徒報應變化之論。後來愈出愈巧，皆吾儒者以其說增益之，牛毛
> 繭絲，辯之所以益難也。（同上）

梨州所謂「作偽」乃指其「本」、「跡」違異，而實際上是以儒之「本」論釋
之「跡」。所謂「墮億逆一邊」即是指致堂所辨者不過只論其「跡」，即所謂
「皆晉、宋間其徒報應變化之論」。可見梨州亦不否認「致堂只論其跡」之說
法。所以梨州謂「不若就其所言，件件皆真，愈見其非理。」，其意蓋主張以
佛之「本」論佛之「跡」，而直攻其「本」，如此則儒家非自出一套可為心性

根源之形上本體論不可。故五峰出，湖湘家學乃有所轉變。然中國學術受佛教思想影響已深，闢佛者其本身不覺已受其沾溉。尤其西元六世紀後，佛教之教義，由「般若性空義」逐漸轉而入「涅槃實相義」，《涅槃經》、《華嚴經》等眞常唯心系的經典大受弘揚。而隋、唐又發展出禪宗教法，佛教哲學之形態，從「眞空」漸入「妙有」，且逐漸生活化，其宗教行為在形式上和中國傳統的社會生活已無多大扞格，此所以梨州謂其「後來愈出愈巧」、「牛毛繭絲，辯之所以益難也」。而社會上一般民眾信仰佛教，乃因其宗教及心理上之需求，本無所謂「儒釋疆界」之問題；然儒者所爭，則是牽涉政治社會發展之學術思想理念，牛毛繭絲，正足以決千里於毫釐，此理學之所以興，而湖湘家學之所以不得不變者也。

參考書目

壹、專書

（一）古人著作

論主著作

1. 《春秋胡氏傳》，宋・胡安國，《四部叢刊》續編，台灣商務印書館。
2. 《斐然集》，宋・胡寅，《文淵閣四庫全書》1137 冊，台灣商務印書館，1983 年。
3. 《崇正辨》，宋・胡寅，中文出版社出版，廣文書局印行。
4. 《知言》，宋・胡宏，《文淵閣四庫全書》703 冊，台灣商務印書館，1983 年。
5. 《五峰集》，宋・胡宏，《文淵閣四庫全書》1137 冊，台灣商務印書館，1983 年。
6. 《皇王大紀》，宋・胡宏，《文淵閣四庫全書》313 冊，台灣商務印書館，1983 年。
7. 《南軒集》，宋・張栻，廣學社印書館。
8. 《南軒易說》，宋・張栻，《四庫全書珍本》二集。
9. 《南軒論語說》，宋・張栻，《通志堂經解》35 冊。
10. 《南軒孟子說》，宋・張栻，《通志堂經解》35 冊。

經　部

1. 《周易王韓注》，魏・王弼，晉・韓康伯，藝文印書館。
2. 《易程傳》，宋・程頤，河洛圖書公司，1974 年 3 月。

3.《周易本義》，宋·朱熹，廣學社印書館。

4.《春秋公羊經傳解詁》，漢·何休，東昇出版事業公司（十三經注疏）。

5.《春秋經傳集解》，晉·杜預，新興書局（相臺岳氏本）。

6.《春秋集傳纂例》，唐·陸淳，《文淵閣四庫全書》146 冊，台灣商務印書館，1983 年。

7.《春秋微旨》，唐·陸淳，《文淵閣四庫全書》，台灣商務印書館，1983 年。

8.《春秋尊王發微》，宋·孫復，《文津閣四庫全書》50 冊，北京商務印書館，2005 年。

9.《春秋皇綱論》，宋·王皙，《文淵閣四庫全書》147 冊，台灣商務印書館，1983 年。

10.《春秋權衡》，宋·劉敞，《文淵閣四庫全書》147 冊，台灣商務印書館，1983 年。

11.《孫氏春秋經解》，宋·孫覺，《文淵閣四庫全書》147 冊，台灣商務印書館，1983 年。

12.《論語注疏》，魏·何晏集解，宋·邢昺疏，《藝文印書館》。

13.《孟子注疏》，漢·趙岐注，宋孫奭疏，藝文印書館。

14.《四書集註》，宋·朱熹，藝文印書館。

15.《經學通論》，清·皮錫瑞，台灣商務印書館。

16.《經學歷史》，清·皮錫瑞，河洛圖書公司。

史 部

1.《左傳紀事本末》，清·高士奇，里仁書局。

2.《史記》，漢·司馬遷，鼎文書局。

3.《資治通鑑》，宋·司馬光，天工書局。

4.《宋史》，元·脫脫等，鼎文書局。

5.《宋史紀事本末》，明·陳邦瞻，鼎文書局。

6.《明史》，清·張廷玉等，鼎文書局。

7.《史通》，唐·劉知幾，世界書局。

8.《文史通義》，清·章學誠，華世出版社。

9.《伊洛淵源錄》，宋·朱熹，藝文印書館。

10.《宋學淵源記》，清·江藩，中華書局。

11.《朱子年譜》，清·王懋竑，世界書局。

12.《王荊公年譜考略》，清·蔡元鳳，洪氏出版社。

子　部

1. 《墨子閒詁》，清・孫詒讓，河洛圖書公司。
2. 《老子注》，魏・王弼，藝文印書館。
3. 《莊子集釋》，清・郭慶藩集釋，河洛圖書公司。
4. 《荀子集解》，清・王先謙，世界書局。
5. 《韓非子集解》，民國・陳奇猷，河洛圖書公司。
6. 《六祖壇經》，唐・釋慧能，法海錄，華藏佛教視聽圖書館。
7. 《周子全書》，清・董榕輯，廣學社印書館。
8. 《上蔡語錄》，宋・謝良佐，中文出版社，廣文書局。
9. 《延平答問》，宋・朱熹編，中文出版社，廣文書局。
10. 《朱子語類》，宋・朱熹，華世出版社。
11. 《近思錄集注》，清・江永，台灣中華書局四部備要本。
12. 《困知記》，明・羅欽順，中國子學名著集成編印基金會。
13. 《學蔀通辨》，明・陳建，廣文書局。
14. 《劉宗周全集》，明・劉宗周，浙江古籍出版社。
15. 《宋元學案》，明・黃宗羲，清・全祖望，華世出版社。
16. 《明儒學案》，明・黃宗羲，《黃宗羲全集》第7、8冊，里仁書局。

集　部

1. 《李文公集》，唐・李翱，上海古籍出版社，1993年。
2. 《范文正公集》，宋・范仲淹，《四部叢刊》，台灣商務印書館。
3. 《歐陽文忠公文集》，宋・歐陽修，《四部叢刊》，台灣商務印書館。
4. 《李覯集》，宋・李覯，漢京文化事業有限公司。
5. 《溫國文正司馬文集》，宋・司馬光，《四部叢刊》，台灣商務印書館。
6. 《張載集》，宋・張載，里仁書局。
7. 《王臨川文集》，宋・王安石，鼎文書局。
8. 《經進東坡文集事略》，宋・蘇軾，《四部叢刊》，台灣商務印書館。
9. 《二程集》，宋・程顥、程頤，漢京文化事業股份有限公司。
10. 《楊龜山先生全集》，宋・楊時，學生書局。
11. 《羅豫章集》，宋・羅從彥，中文出版社出版，廣文書局印行。
12. 《朱文公文集》，宋・朱熹，台灣商務印書館。
13. 《朱子全書》，宋・朱熹，廣學社印書館。
14. 《呂東萊集》，宋・呂祖謙，台灣商務印書館。

15.《陸象山全集》，宋・陸九淵，世界書局。

16.《陳亮集》，宋・陳亮，鼎文書局。

17.《勉齋集》，宋・黃榦，《四庫全書珍本》二集。

18.《白沙子全集》，明・陳獻章，河洛圖書公司。

19.《王陽明全集》，明・王守仁，上海古籍出版社，1997 年 8 月。

20.《王廷相集》，明・王廷相，中華書局。

21.《原抄本日知錄》，明・顧炎武，明倫出版社。

22.《黎洲遺著彙刊》，明・黃宗羲，三民書局。

23.《船山全書》，明・王夫之，岳麓書社。

24.《鮚埼亭集》，清・全祖望，華世出版社。

25.《戴震集》，清・戴震，里仁書局。

（二）近人著作

1.《清代學術概論》，梁啓超，里仁書局，1995 年 2 月。

2.《漢魏兩晉南北朝佛教史》，湯用彤，鼎文書局。

3.《隋唐佛教史稿》，湯用彤，木鐸出版社。

4.《佛教各宗大綱》，黃懺華，天華出版事業公司，1980 年 8 月。

5.《中國佛學源流略講》，呂澂，里仁書局，1985 年 1 月。

6.《印度之佛教》（重版），釋印順，1985 年 10 月。

7.《中國禪宗史》，釋印順，正聞出版社，1971 年 6 月。

8.《印度佛教思想史》，釋印順，正聞出版社，1988 年 4 月。

9.《中國哲學史新編》，馮友蘭，人民出版社，1992 年 5 月。

10.《中國哲學史》，勞思光，友聯出版社，1980 年 11 月。

11.《中國哲學史》，任繼愈，人民出版社，1979 年 3 月。

12.《陽明學述要》，錢穆，正中書局，1979 年 10 月。

13.《中國學術思想史論叢》六，錢穆，東大圖書公司，1978 年 11 月。

14.《中國近三百年學術史》，錢穆，台灣商務印書館，1937 年 5 月。

15.《國史大綱》，錢穆，台灣商務印書館，1984 年 10 月。

16.《中國思想史》，錢穆，學生書局，1951 年 8 月。

17.《莊子纂箋》，錢穆，東大圖書公司，1985 年 11 月。

18.《宋明理學概述》，錢穆，學生書局，1977 年 4 月。

19.《中國思想通俗講話》，錢穆，東大圖書公司，1990 年 1 月。

20.《兩漢經學今古文平議》，錢穆，東大圖書公司，1978 年 7 月。

21.《朱子新學案》，錢穆，三民書局，1982 年 4 月。

22.《莊老通辨》，錢穆，三民書局，1971 年 8 月。

23.《理學六家詩鈔》，錢穆，中華書局，1974 年 1 月。

24.《中國學術通義》，錢穆，學生書局，1984 年 8 月。

25.《宋代理學三書隨箚》，錢穆，東大圖書公司，1983 年 10 月。

26.《道德的理想主義》，牟宗三，學生書局，1982 年 1 月。

27.《政道與治道》，牟宗三，學生書局，1983 年 10 月。

28.《才性與玄理》，牟宗三，學生書局，1985 年 4 月。

29.《心體與性體》，牟宗三，正中書局，1981 年 10 月。

30.《智的直覺與中國哲學》，牟宗三，台灣商務印書館，1987 年 6 月。

31.《從陸象山到劉蕺山》，牟宗三，學生書局，1984 年 11 月。

32.《中國哲學十九講》，牟宗三，學生書局，1983 年 10 月。

33.《中國哲學之會通十四講》，牟宗三，學生書局，1990 年 3 月。

34.《中國哲學原論——導論篇》，唐君毅，學生書局，1980 年 9 月。

35.《中國哲學原論——原性篇》，唐君毅，香港新亞研究所，1968 年 2 月。

36.《中國哲學原論——原道篇》，唐君毅，學生書局，1980 年。

37.《中國哲學原論——原教篇》，唐君毅，學生書局，1979 年 2 月。

38.《中國經學史》，馬宗霍，台灣商務印書館。

39.《經學源流考》，甘鵬雲，廣文書局，1977 年 2 月。

40.《東漢時代之春秋左氏學》，程南洲，政大中研所博士論文，1978 年。

41.《賈逵之春秋左傳學及其對杜預之影響》，程南洲，文津出版社，1981 年
6 月。

42.《中國經學史的基礎》，徐復觀，學生書局，1982 年 5 月。

43.《春秋宋學發微》，宋鼎宗，文史哲出版社，，1986 年 9 月。

44.《宋代經學之研究》，汪惠敏，國立編譯館主編，1989 年 4 月。

45.《春秋公羊傳要義》，李新霖，文津出版社，1989 年 5 月。

46.《杜預及其春秋左氏學》，葉政欣，文津出版社，1989 年 10 月。

47.《歷代人物年里碑傳綜表》，姜亮夫，文史哲出版社，1985 年 2 月。

48.《中國思想研究法》，蔡尚思，台灣商務印書館，1991 年 6 月。

49.《貞元六書》，馮友蘭，香港龍門書店，1942 年 3 月。

50.《中國政治思想史》，蕭公權，聯經出版事業公司，1982 年 3 月。

51.《宋明理學》，吳康，華國出版社，1977 年 10 月。

52.《歐陽修的治學與從政》，劉子健，香港新亞研究所，1963 年 5 月。

53.《王船山學術討論集》，中華書局，1965 年 8 月。

54.《宋明心學評述》，甲凱，台灣商務印書館，1967 年 4 月。

55.《中國思想史論集》，徐復觀，中央書局，1968 年 2 月。

56.《宋明清理學體系論史》，黃公偉，幼獅文化事業公司，1971 年 9 月。

57.《船山學譜》，王孝魚，廣文書局，1975 年 4 月。

58.《經學理學文存》，黃彰健，台灣商務印書館，1976 年 1 月。

59.《胡五峰的心學》，王開府，學生書局，1978 年 4 月。

60.《王船山的致知論》，許冠三，香港中文大學出版社，1981 年。

61.《中國近世儒學史》，宇野哲人，馬福辰譯，中國文化大學出版部，1982年。

62.《朱子哲學思想的發展與完成》，劉述先，學生書局，1982 年 2 月。

63.《中國思想史論集》（續篇），徐復觀，時報文化出版事業有限公司，1982年 3 月。

64.《新儒家的精神方向》，蔡仁厚，學生書局，1982 年 3 月。

65.《朱子門人》，陳榮捷，學生書局，1982 年 3 月。

66.《朱學論集》，陳榮捷，學生書局，1988 年 4 月。

67.《王陽明傳習錄詳註集評》，陳榮捷，學生書局，1983 年 12 月。

68.《王陽明與禪》，陳榮捷，學生書局，1984 年 11 月。

69.《朱子新探索》，陳榮捷，學生書局，1988 年 4 月。

70.《王船山的道器論》，戴景賢，廣學社印書館，1982 年 12 月。

71.《新儒家哲學十八講》，方東美，黎明文化事業公司，1983 年 2 月。

72.《宋明理學研究論集》，馮炳奎，黎明文化事業公司，1983 年 7 月。

73.《王船山張子正蒙注研究》，劉榮賢，東海大學中文所碩士論文，1983 年。

74.《宋明理學史》，侯外廬等，人民出版社，1984 年 4 月。

75.《朱子理先氣後說與氣強理弱說之探討》，戴景賢，廣學社印書館，1985年 12 月。

76.《宋代社會研究》，朱瑞熙，弘文館出版社，1986 年 4 月。

77.《新儒家思想史》，張君勱，弘文館出版，1986 年 2 月。

78.《程明道思想研究》，張德麟，學生書局，1986 年 3 月。

79.《中國社會思想史》，楊懋春，國立編譯館主編，幼獅文化事業公司印行，1986 年 5 月。

80.《中國理學史》，賈豐臻，台灣商務印書館，1987 年。

81.《紀念王安石司馬光九百年學術研討會論文集》，行政院文建會，1986 年10 月。

82. 《黃宗羲心學的定位》，劉述先，允晨文化實業股份有限公司，1986 年 10 月。

83. 《二程學管見》，張永儁，東大圖書公司，1988 年 1 月。

84. 《宋代學術思想研究》，金中樞，幼獅文化事業公司，1989 年 3 月。

85. 《歐陽修研究》，劉若愚，台灣商務印書館，1989 年 5 月。

86. 《李覯與王安石研究》，夏長樸，大安出版社，1989 年 5 月。

87. 《中國哲學的方法論問題》，馮耀明，允晨文化事業股份有限公司，1989 年 9 月。

88. 《容肇祖集》，容肇祖，齊魯書社，1989 年 9 月。

89. 《理學的演變——從朱熹到王夫之戴震》，蒙培元，文津出版社，1990 年 1 月。

90. 《中國心性論》，蒙培元，學生書局，1990 年 4 月。

91. 《漢唐佛教社會史論》，謝重光，國際文化事業有限公司，1990 年 5 月。

92. 《明代理學論文集》，古清美，大安出版社，1990 年 5 月。

93. 《張載哲學與關學學派》，陳俊民，學生書局，1990 年 11 月。

94. 《朱熹哲學研究》，陳來，文津出版社，1990 年 12 月。

95. 《張栻與湖湘學派研究》，陳谷嘉，湖南教育出版社，1991 年。

96. 《湖湘學派與嶽麓書院》，朱漢民，（中國）教育科學出版社，1991 年 2 月。

97. 《王陽明》，張君勱，江日新譯，東大圖書公司，1991 年 4 月。

98. 《北宋中期儒學復興運動》，劉復生，文津出版社，1991 年 7 月。

99. 《宋代書院與宋代學術之關係》，吳萬居，文史哲出版社，1991 年 9 月。

100. 《朱子學研究書目》，林慶彰主編，文津出版社，1992 年 5 月。

101. 《宋代理概念的開展》，鄧克銘，文津出版社，1993 年 6 月。

102. 《開創時期的湖湘學派》，王立新，岳麓書社，2003 年 4 月。

103. 《胡五峰心性思想之研究》，朱南興，東吳大學中文所碩士論文，2006 年。

貳、期刊論文

1. 《兩宋春秋學之主流》，牟潤孫，《大陸雜誌》5 卷 4、5 期，1952 年 8、9 月。

2. 《南宋湘學與浙學》，吳康，《學術季刊》4 卷 2 期，1955 年 12 月。

3. 《心即理之淵源下——胡五峰之知言》上、中、下，牟宗三，《民主評論》15 卷 9、10、11 期，1964 年 5、6 月。

4. 《論朱子與程門之學風轉變》，錢穆，《華岡學報》一期，1965 年 6 月。

5. 《張栻「洙泗言仁」編的源委》，程元敏，《孔孟學報》11 期，1966 年 4月。

6. 《南宋胡氏家學與湖湘學統》，蔡仁厚，《孔孟學報》21 期，1971 年 4 月。

7. 《胡子知言大義述評》，蔡仁厚，《孔孟學報》27 期，1974 年 4 月。

8. 《理學的定義範圍及其理論結構》，黃彰健，《大陸雜誌》50 卷 1 期，1975年 1 月。

9. 《宋明理學之開展與分系》上、下，蔡仁厚，鵝湖 2 卷 11、12，1977年 5、6 月。

10. 《醇儒張南軒的湘學》，蔣勵材，《孔孟學報》36 期，1978 年 9 月。

11. 《南宋湖湘之學序論》，蔡仁厚，鵝湖 4 卷 9 期，1979 年 3 月。

12. 《關於宋明儒學之分系問題》，蔡仁厚，《鵝湖》7 卷 4 期，1981 年 10 月。

13. 《康德道德哲學之出發點——康德哲學中道德情感問題之研究》（1～6），李明輝，《鵝湖》1981 年 10、11、12 月，1982 年 1、3、5 月。

14. 《南宋理學三大系》，蔡仁厚，《新亞學術季刊》3 期，1982 年。

15. 《新儒學思想中的個人主義》，狄百瑞，黃俊傑譯，《大學雜誌》155 期，1982 年 4 月。

16. 《理學的名義與範疇》，董金裕，《孔孟月刊》20 卷 9 期，1982 年 5 月。

17. 《宋明儒學分系問題初探》，林安梧，《中國文化月刊》45 期，1983 年 7月。

18. 《張載太和篇「太虛」與「氣」之關係的兩種詮釋述評》，黃敏浩，《孔孟月刊》22 卷 3 期，1983 年 11 月。

19. 《朱陸異同與康德學派》，謝扶雅，《中國文化月刊》80 期，1986 年 6 月。

20. 《論勞思光的宋明儒學一系說》，祝平次，《中國文學研究》2 期，1988 年5 月。

21. 《宋明理學演講錄》，牟宗三主講，盧雪崑整理，《鵝湖》13 卷 12 期，14卷 1～3 期，1988 年 6～9 月。

22. 《湖湘學源流論》，楊金鑫，《湖南師範大學社會科學學報》18 卷 1 期，1989 年 1 月。

23. 《胡五峰盡心成性之思想》，王俊彥，《孔孟月刊》27 卷 6 期，1989 年 2月。

24. 《胡五峰以心著性之義理結構》，鄧紹光，《鵝湖》14 卷 11 期，1989 年 5月。

25. 《五峰學與王學之義理關係》，鄧紹光，《鵝湖》14 卷 12 期，1989 年 6 月。

26. 《論胡五峰之天理人欲同體而異用》，林家民，《鵝湖學誌》3 期，1989 年

9 月。

27.《胡五峰的聖人觀》，朱漢民，《中國文化月刊》123 期，1990 年 1 月。

28.《胡宏倫理思想探微》，朱漢民，《湖南師範大學社會科學學報》19 卷 2 期，1990 年 3 月。

29.《張栻與岳麓書院》，蔡方鹿，《孔孟月刊》29 卷 7 期，1991 年 3 月。

30.《湖湘文化緣起的社會文化背景》，周躍雲、晨風，《湖南師範大學社會科學學報》20 卷 5 期，1991 年 9 月。

31.《湖湘學派源流及其學術思想特點》，朱漢民，《中國文化月刊》145 期 1991 年 11 月。

32.《朱熹與湖湘學者論辯「涵養察識先後」之探討》，蔡介裕，《文藻學報》14 期，2000 年 3 月。

33.《南宋湖湘學派的興衰》，王立新，《世界中國哲學學報》4 期，2001 年 7 月。